行政法与行政诉讼法：原理与案例

XINGZHENGFA YU XINGZHENGSUSONGFA:
YUANLI YU ANLI

高俊杰◎编

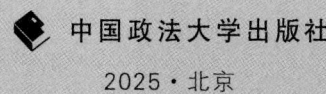

中国政法大学出版社

2025·北京

图书在版编目（CIP）数据

行政法与行政诉讼法 ：原理与案例 / 高俊杰编. -- 北京 ：中国政法大学出版社，2025. 5. -- ISBN 978-7-5764-2146-0

Ⅰ. D922.1；D925.3

中国国家版本馆 CIP 数据核字第 2025AF9650 号

出 版 者	中国政法大学出版社
地　　址	北京市海淀区西土城路 25 号
邮寄地址	北京 100088 信箱 8034 分箱　邮编 100088
网　　址	http://www.cuplpress.com (网络实名：中国政法大学出版社)
电　　话	010-58908586(编辑部) 58908334(邮购部)
编辑邮箱	zhengfadch@126.com
承　　印	固安华明印业有限公司
开　　本	720mm×960mm　1/16
印　　张	21.5
字　　数	360 千字
版　　次	2025 年 5 月第 1 版
印　　次	2025 年 5 月第 1 次印刷
定　　价	86.00 元

编写说明 ⚖

2014 年 7 月，我入职深圳大学法学院，于次年 3 月开始为本科生系统地讲授教育部法学专业核心课程《行政法与行政诉讼法》。之后，我每年都承担该门课程的授课工作，迄今已逾十年。

我很喜欢教学，对教学怀有满腔热忱。在初入职场的几年，这种无法言说的热忱促使我心无旁骛地去思考、去尝试将《行政法与行政诉讼法》课程讲出自己的风格。我努力所求的，是通过自己的方式让初学者悦纳行政法、学懂行政法并会运用行政法，让他们发自内心地认为行政法有用有趣。为此，我购买了市面所有的行政法与行政诉讼法教材，因各种缘故而无法购买的，就去学校图书馆借阅。同时，我还通过北大法宝、最高人民法院公报、《人民法院案例选》等各种渠道收集案例素材。为确保授课内容的充实，我一般是对这些教材、案例反复阅读、比较、筛选并进行摘录，然后再转化为课堂教学 PPT，定时更新。这种习惯一直保留到今天，不觉中形成了近 70 万字的教学笔记。

2024 年，为服务深圳大学法学院申请法学专业博士点之需要，我决定将积累的教学笔记整理成册并出版。整理过程中主要做了三项工作：第一，仅保留通识性的行政法原理、学理以及有助于理解相关学理、原理的必要案例，其余文字一律删减，提高初学者的阅读效率。第二，案例编辑，即在每章之后附一个典型的案例，用以辅助初学者对本章核心知识点的回顾以及培养其学以致用的能力。第三，在每章前后分别添加了本章重点、难点和课后复习与思考题。整理之后的教材，具有以下显著特征：

第一，在框架结构安排和谋篇布局方面，本书以大陆法系传统行政法总论体系为基础，同时总结我国行政法学研究的创新、发展和行政法治实践的经验，分为四编十八章。第一编为行政法绪论（包括行政法的基本概念、行政法的渊源、行政法的基本原则等一般原理）；第二编为行政组织法（主要介绍行政主体、公务员和公物的一般理论和实践）；第三编为行政行为法（包括行政行为的一般理论、行政处罚、行政强制、行政许可、政府信息公开和行政复议等）；第四编为行政诉讼法（涵盖我国行政诉讼和行政赔偿的一般理论和具体制度）。

第二，在具体内容编纂方面，本书不求面面俱到，重点介绍一些共识和成熟经验。首先，本书主要采纳通说或者主流观点，有意减少对不同学术观点的罗列，以避免初学者对各种学术流派思想的混淆。其次，本书的研究素材来自于我国行政法学理研究和行政法治实践，引导初学者了解我国行政法学的实际研究状况，同时吸收借鉴域外行政法学研究的成果。最后，考虑到行政复议作为行政行为的本质，本书将其置于行政行为编。

第三，在编写思路方面，本书采取理论、规则和案例并举的方式，力求通俗易懂。阐释行政法理论的出发点和归宿是为了指导实践，包括解释立法规则和处理行政纠纷。规则是行政法学理化的具体体现，也是解决行政纠纷的直接依据。有关行政组织、行政行为和行政救济的大量行政法律法规，是全面认识我国行政法学研究和行政法治实践发展的重要规则依托。案例是行政法学理和规则运用于行政实践的反映，通过案例能帮助初学者理解相关理论并指导其运用理论和规则解决实践问题。

本书从诸多师友的著述中汲取了养分，惟恐遗漏，恕不逐一列举。谨向各位一并表示最诚挚的敬意与感谢。

感谢深圳大学法学院为本书出版提供资助。感谢出席我课堂教学的历届深圳大学法学院的本科生，你们的鞭策和肯定是本书得以面世的重要源泉。

感谢中国政法大学出版社编辑丁春晖老师对本书的认真编辑，提升了本书的质量。

回首十年来时路，点检初心幸未违。本书是我对过去十年教学内容的总结，不足之处，惟愿读者多包容并予以指正。

高俊杰

2025 年 5 月 10 日

于深圳大学丽湖校区明律楼

目 录

第一编　行政法绪论

第二编　行政组织法

第三编　行政行为法

第一编
行政法绪论

行政法绪论的主要任务是讨论有关行政法的一般性的基本理论问题，是行政法初学者认识和研究行政法学的基础和前提，包括厘定行政法的一些基本概念，揭示行政法律关系的规律，阐释行政法的基本原则，明晰行政法的渊源等。这些一般性的基本理论，是对各种具体的行政法制度和实践经验的抽象总结，因而可以在普遍意义上对行政法的制度和实践进行指导。

第一章　导　论
第二章　行政法的基本原则
第三章　行政法的法源

第一章

导 论

本章重点难点：

1. 行政及其分类

2. 行政法律关系

3. 行政法的本质是控权

4. 行政法的法典化

第一节 行政

行政法学是以行政法现象为研究对象的法学分支，而行政法是"行政固有的法"[1]。因此，欲研究行政法和行政法学，必须先厘清何谓行政。

一、行政的内涵

一般认为，行政是组织内部的决策、管理和执行活动，故而有组织便有行政。行政有公、私之分，其中，以追求公共利益或公共秩序为目的对社会公共事务进行的组织、管理等活动为公行政，而那些与公共利益、公共事务无涉的组织和管理活动为私行政。行政法的关注对象是公行政，主要包括国家行政和社会公权力行政。

（一）国家行政

行政的主要内容是国家行政，"行政在最概括的意义上是指国家为实现其目的而进行的活动"[2]。问题在于，所有的国家活动都是行政吗？以我国为

[1] [日]南博方：《行政法》（第6版·中文修订版），杨建顺译，商务印书馆2020年版，第1页。

[2] [德]奥托·迈耶：《德国行政法》，刘飞译，[德]何意志校，商务印书馆2002年版，第1页。

例。我国《宪法》[1]明确规定了国家机构的民主集中制原则，在这一原则之下，全部的国家活动依其性质、特点被划分为立法、行政、监察、审判和检察五种形式，并交由人民代表大会、行政机关、监察机关、审判机关和检察机关分别行使。这意味着并非所有的国家活动都是行政，行政只是国家活动的其中一种形式。以积极的姿态介入社会经济文化生活并受到立法机关的约束，是行政区别于其他国家活动形式的最典型特征。

（二）社会公权力行政

当代社会，非政府组织对社会公共事务的参与和治理成为公行政的新的重要组成部分。由于这些非政府组织不依赖于国家的财政支持，同时也不同于纯粹以营利为目的的市场主体，而是介于财政拨款的政府（"第一部门"）和纯粹以营利为目的的企业（"第二部门"）之间，故而它们又被称为第三部门。就我国而言，典型的第三部门行政如公共社团（律师协会、医师协会等）的行政、公共企业事业单位（国有企业、公立学校等）的行政以及社区（居民委员会、村民委员会）的行政。[2]这些社会组织行政的依据或是政府的直接委托，或是单行的法律、法规、规章的直接授权，如《律师法》授权律师协会办理实习律师注册登记、《高等教育法》授权高等学校对学生实施学籍管理和毕业证、学位证的发放等。除委托和授权外，许多行业协会或者社会团体基于自身章程或者成员入会时的承诺而与其成员形成事实上的管理与被管理关系，也是现代社会公权力行政的重要表现。[3]

---

[1] 《宪法》，即《中华人民共和国宪法》。为表述方便，本书中涉及我国法律文件，均使用简称，省去"中华人民共和国"字样，全书统一，后不赘述。

[2] 姜明安主编：《行政法与行政诉讼法》（第8版），北京大学出版社、高等教育出版社2024年版，第2页。

[3] 例如，2021年中国演出行业协会发布的《演出行业演艺人员从业自律管理办法（试行）》同样规定，根据演艺人员违反从业规范情节轻重及危害程度，该协会将监督引导会员单位在行业范围内分别实施1年、3年、5年和永久等不同程度的行业联合抵制，并协同其他行业组织实施跨行业联合惩戒。很显然，"行业联合抵制"在本质上已经构成了限制从业这一行政处罚。然而，该协会的属性在其官网上被介绍为"由文化和旅游部业务主管，民政部批准成立的国家一级社团组织""由演出、网络表演经营主体以及相关领域的机构和从业人员自愿结成的全国性、行业性、非营利性社会组织"。既然属于社会团体而非国家公权力机关，其颁布的上述办法也只是行业自律性文件，不是《行政处罚法》所认可的能够设定处罚的法定依据，也就无权设定限制从业类的行政处罚。因此，如何使中国演出行业协会依据上述规定对劣迹艺人作出的行业禁入处罚接受公法监督就成为行政法学不容忽视的问题。

二、行政的分类

对行政进行分类研究，有助于明确行政的概念边界，把握行政的内涵和外延。依据不同的标准，可以对行政作出不同的分类。目前，学理上普遍认同的、对系统化地认识行政有重要意义的分类有如下几类：

（一）实质行政与形式行政

这是从国家机关设置的角度对国家行政做的划分，目的是厘清行政法关注的国家权力范围。

所谓实质行政，是指所有类型的国家机关从事的具有社会公共事务管理性质的活动。就我国而言，根据我国《宪法》，我国的权力组织架构为人民代表大会（立法机关）监督之下的一委（监察委员会，即监察机关）一府（政府，即行政机关）两院（法院和检察院，即司法机关）分工合作的模式，即人民代表大会行使立法权、监察委员会行使监察权、政府行使行政权以及法院、检察院行使司法权，而传统认为后两者仅仅是执行立法的活动。从行政的内涵出发，有组织即有行政，则人民代表大会、监察机关，政府以及司法机关作为由人员和设备构成的组织体，其运作必然离不开行政活动，此为实质行政。

与实质行政相比，形式行政具有两个明显的特征：①形式行政的主体仅限于国家行政机关；②形式行政关注行政主体管理社会事务的一切活动方式，即除了行政机关执行立法的活动，形式行政还关注行政机关制定规则和裁决纠纷的行为，即行政立法和行政司法行为，后两种活动方式是行政机关对社会事务管理范围逐渐增加的过程中，行政权力不断扩张的结果。行政法的关注对象为形式行政。

（二）外部行政与内部行政

公法学理论认为，国家作为抽象意义上的组织体，是由所有国家机关及其公职人员共同组成的，因此，国家机关不同分支之间以及与其有隶属关系的公职人员之间构成内部关系，国家与公民或者社会组织之间构成外部关系。据此，行政可以分为外部行政和内部行政。

外部行政是指行政主体针对与其不具有法律上从属关系的公民、法人或者其他组织实施的组织、管理、执行等行为，如行政处罚、行政许可、行政强制、行政征收、征用等。

内部行政则是指行政主体针对与其具有法律上从属关系的国家公务员实施的人事任命、职务分配、纪律管理或者上级行政机关针对下级行政机关实施的管理、指导、监督等活动。

区分外部行政和内部行政的意义在于，内部行政不属于行政诉讼的受案范围，无论是公务员对所在机关给予的奖惩、任免等决定不服，还是行政机关就其与其他行政机关的职权纠纷，都不能提起行政诉讼。

（三）干预行政、给付行政、规划行政、担保行政

这是从行政对当事人权利义务影响的方式角度对行政活动所作的划分。

干预行政，又称侵害行政，其本质为行政权通过减损相对人权益或者增加相对人义务的方式达到维护社会秩序、实现行政管理的目的，例如通过限制人身自由的强制措施对醉酒之人约束至酒醒以防止危险行为的发生、对可能危害公共安全的自由驾驶行为设置驾照制度、对已经发生的违法行为予以行政处罚并责令改正、为实现社会公共利益对私人财产进行征收征用等。由于干预行政的实施会对相对人的权益造成损害，所以要求行政机关采取干预行政措施必须有明确的法律依据，没有法律的明确授权不得为之。

给付行政，又可以称为服务行政、福利行政，是行政权通过给予相对人利益的方式实现行政任务的一种行政。在我国，行政给付有两个面向：①针对特定人的经济资助；②为不特定公众提供公共设施、公共信息，有时候需要受益人付费，比如公共交通、公租房等需要付费。不同于干预行政须严格遵循法无授权不可为，行政机关在给付行政领域享有更多的自由裁量空间。[1]

规划行政，又称计划行政，是行政权依计划而展开的行政活动。具体而言，行政权为了实现公共利益而设定某种行政目标，并为实现该行政目标综合地提出一系列政策性大纲和实施手段，其外在表现为"通过政策（决定）的形成—实施（执行）—评价—改善的不断循环过程"。[2]在我国，规划行政适用的领域非常广泛，内容和形式也多种多样，在指导国民生活方面起到重要的导向作用。例如，土地规划、学区规划、城市旧城改造等，都是规划

---

[1] 章剑生：《现代行政法总论》，法律出版社2014年版，第15页。

[2] ［日］盐野宏：《行政法 I：行政法总论》（第4版），杨建顺译，北京大学出版社2008年版，第142~146页；杨建顺：《计划行政的本质特征与政府职能定位》，载《中国人民大学学报》2007年第3期。

行政的表现。与干预行政、给付行政相比，规划行政具有强烈的政策导向性，所以由实体法对其内容加以完全制约是不可能的。[1]

担保行政主要是指，在传统的给付行政领域，许多原本由政府承担的公共服务职能向社会转移之后，政府虽不再负有直接提供公共服务的义务，但是要对私人提供公共服务的质量进行监督和担保。担保行政是政府职能外包、民营化、公私合作等政府职能向社会转移的产物，行政法对担保行政的研究旨在防止国家责任因职能向社会转移而遁入私法。

三、行政国家和当代行政

行政国家或全能政府，是指国家行政职能不断扩张并全面介入公民"摇篮到坟墓"的一种现象，即"保护公民的生存环境，在不同的时期教育公民，为公民提供就业、培训、住房、医疗机构、养老金，也就是提供衣食住行"[2]。行政国家、全能政府是"政府万能"这种错误理念的折射，是人们在市场失灵后对公共物品（包括抑制垄断，防止不正当竞争，调节社会收入分配，防止贫富过分两极分化，解决失业、环境污染、信息不对称等外部性问题）的需求大量增加，为满足这种需求而制造出来的一种奇特产物。实际上，政府同样会失灵，威胁民主、自由、人权，产生腐败和滥用权力，导致官僚主义和效率低下，同时还会造成个人生存能力和创造力退化，以及人财物的大量浪费。[3]

自 20 世纪中叶开始，世界各国开始认识到行政国家的危险，纷纷通过公共行政改革来限缩行政的疆域，将大量公共职能转移给社会行使，并通过立法为行政权的行使设置诸多程序限制，由此产生了当代行政。当代行政具有如下鲜明的特征：第一，集立法、司法与行政于一体，但是大量公共服务职能向社会转移；第二，行政的主体不仅限于国家行政机关，还有大量的社会公权力组织；第三，当代行政不仅仅是民族国家的内部事务，也涉及国家的跨国事务；第四，当代行政注重软法治理对实现公共目标的作用，强调协商

〔1〕　姜明安主编：《行政法与行政诉讼法》（第 8 版），北京大学出版社、高等教育出版社 2024 年版，第 264~265 页。

〔2〕　［英］威廉·韦德：《行政法》，徐炳等译，中国大百科全书出版社 1997 年版，第 3 页。

〔3〕　姜明安主编：《行政法与行政诉讼法》（第 8 版），北京大学出版社、高等教育出版社 2024 年版，第 11 页。

和互动，行政管理向公共治理转型。

第二节　行政法

通说认为，行政法是调整行政关系、规范和控制行政权的法律规范系统。根据这一界定，行政法在内容上是调整行政关系的部门法，其本质是控制和规范行政权的法，在形式上则表现为法律规范系统。[1]

一、行政法是调整行政关系的部门法

法是调整社会关系的行为规范，行政法调整的社会关系是基于行政权运作而产生的各种行政关系。

所谓行政权，是指宪法、行政组织法或者有关单行法授予行政主体的各项社会管理职权，其本质是行政主体在行政活动中享有的各种优先权和受益权，在内容上包括行政事权、财权和组织人事权，在表现形式上则包括制定行政法规、规章和各项行政政策的准立法性权力，执行立法的执行性权力以及在特定领域进行定分止争的准司法性权力。

以行政权的运作为基点，行政关系包括行政主体因行使行政职权与行政相对人产生的一般行政关系、有权主体对行政主体行使行政权的行为予以监督而产生的行政法治监督关系、行政相对人对行政主体行使行政权的行为不服而向有权主体寻求法律救济而产生的行政救济关系，以及行政系统内部为提升自身权力运行效率而作出各种安排时产生的内部行政关系。

行政关系经由行政法调整而形成行政法律关系。根据不同的分类标准，行政法律关系可以划分为以下三种类型：

（一）外部行政法律关系和内部行政法律关系

一般行政法律关系、行政法治监督法律关系以及行政救济法律关系发生在行政系统外部而称为外部行政法律关系，内部行政关系经行政法作用后形成内部行政法律关系。后者主要是指上下级行政主体之间的监督、命令、指导关系，同级行政主体之间的协作、合作关系，以及行政主体对与其有隶属

---

〔1〕　姜明安主编：《行政法与行政诉讼法》（第 8 版），北京大学出版社、高等教育出版社 2024 年版，第 19 页。

关系的公务人员所做的职务安排、考核、奖惩、任免等行为产生的法律关系（又称特别权力关系）。行政内部法律关系的最大特征就是不受司法调整，相关争议一般由行政内部途径予以解决。

（二）原生行政法律关系和派生行政法律关系

在外部行政法律关系中，一般行政法律关系是由行政管理活动直接产生的法律关系，如行政处罚关系、行政许可关系、行政确认关系，是最主要的行政法律关系，也是衍生行政法治监督法律关系和行政救济法律关系的前提。因此，一般行政法律关系相较行政法治监督法律关系和行政救济法律关系，是原生的行政法律关系，而行政法治监督法律关系和行政救济法律关系则是由一般行政法律关系中派生出来的行政法律关系，指法院、人民代表大会、监察机关和其他行政机关如上级行政机关、审计机关等监督行政权主体依法行使职权所作的行政诉讼、人员任免、行政复议、财务审计等活动而产生的法律关系。

（三）双边行政法律关系和多边行政法律关系

行政管理法律关系的一方恒为行政主体，另一方恒为行政相对人。简单来说，行政主体是有权以自己名义行使行政权的主体，行政相对人则是权利义务受到行政权影响的公民、法人或者其他组织，外国人和无国籍人在特定情形下也可以成为行政相对人。

行政相对人有直接行政相对人和间接行政相对人之分。直接行政相对人是行政权直接作用的对象；间接行政相对人又称利害关系人，不是行政权的直接作用对象，但是其权利义务受到行政权行使的影响。例如，张三殴打李四，公安机关因此对张三作出处罚，则张三是行政处罚决定的直接相对人，李四是行政处罚决定的利害关系人。

依据是否存在利害关系人，行政管理法律关系可分为双边行政法律关系和多边行政法律关系。

1. 双边行政法律关系

双边行政法律关系是指只有行政主体与行政相对人双方主体的行政法律关系，不存在与行政行为有利害关系的第三方主体。在这种法律关系中，行政相对人既可以是单个自然人，也可以是单个的组织，还可以是有着共同利益的数人或者数个组织。

2. 多边行政法律关系

多边行政法律关系是指行政法律关系中不仅存在行政主体与行政相对人双方，而且还存在权利义务受行政权作用影响的利害关系人。多边行政法律关系要求行政立法、行政执法等，既要考虑相对人的利益，也要考虑利害关系人的利益以及社会公共利益。

在多边行政法律关系中，利害关系人与行政相对人之间的关系一般可以分为互换的法律关系和反对的利害关系两种。

（1）互换的法律关系。

在行政机关将有限的资源或者地位分配给不特定行政相对人的场合，所有争取该资源或者地位的行政相对人围绕该资源或者地位的归属，会形成互换的法律关系。例如，甲、乙竞拍同一块国有土地的使用权，因同一地块的国有土地使用权只能出让给一个私人主体，则甲、乙在该国有土地使用权的获得方面形成互换的法律关系。

（2）反对的利害关系。

在行政相对人和利害关系人存在截然相反的利益诉求的场合，即其中一方的主张是要求行政主体科以另一方义务以保护自己的权益，二者之间形成反对的利害关系。例如，在上文提到的张三殴打李四的事件中，张三希望公安机关减轻对其的处罚，而李四则希望公安机关加重对张三的处罚，张三和李四的利益诉求相反，因此形成反对的利害关系。反对的利害关系在涉及相邻关系的行政许可事件中也普遍存在。

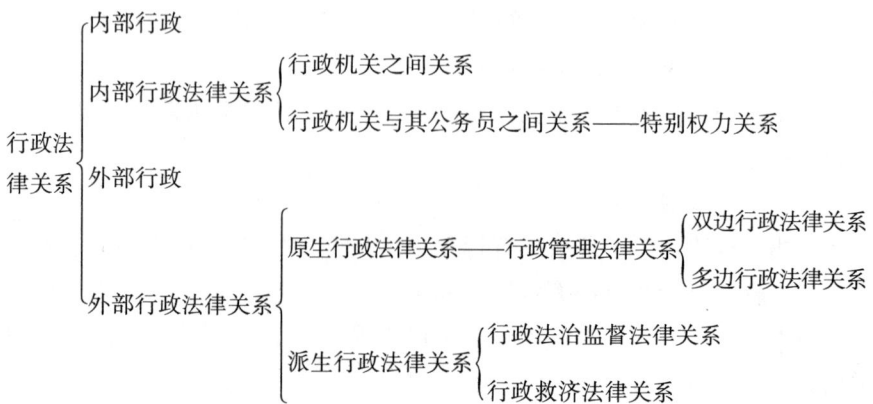

二、行政法的本质是控制和规范行政权

"如果人都是天使，就不需要任何政府了；如果是天使统治人，就不要对政府有任何外来的或内在的控制了。"[1]1787年《美国宪法》的核心人物麦迪逊的这句名言既道破了国家权力存在的必要性，同时也告诫包括行政权在内的所有国家公权力都应当受到必要的控制，以防止其滥用而侵害公民权。在所有公权力作用中，行政权的运作最有必要受到控制和规范。这是因为，一方面，相较于立法权、司法权等国家权力，行政权对社会经济文化生活的介入具有积极性、直接性和广泛性，对公民实施着"从坟墓到摇篮"的照顾（同时也是管理）；另一方面，作为行政国家现象的遗产之一，当代行政权呈现出不断扩张和膨胀的趋势，表现为一种集制定规则、执行规则和裁决纠纷于一体的混合权力，因而更容易被滥用而侵害公民权。行政法则是重要的"控制和限制政府机关权力的法律制约机制"[2]。

（一）行政法是典型的公法

就调整对象而言，行政法主要调整行政机关与市场主体、社会主体之间的管理与被管理关系，以及由此而衍生的行政权监督关系和私人权利救济关系，因而不同于私法所调整的平等主体之间的民商事法律关系；就利益保护重心而言，行政法旨在追求公共利益与私人利益之间的平衡，但是会在必要时以牺牲私人利益的方式来实现公共利益；就理念而言，为防止行政权滥用侵害私人权利，行政法将依法行政原则奉为核心理念，要求行政权严格遵守"法无授权不可为"的原则。

（二）行政法的主要功能是规范和控制行政权

"政府是必要的恶"，行政法的核心任务是规范和控制行政权，确保其既能够有效地实现社会管理、维护社会公共秩序，又不至于膨胀到侵害公民权利的程度。行政法的首要原则是依法行政，依法行政的核心要义则是行政服从权力机关的意志，亦即人民的意志，通过立法防止行政权的不作为、乱作为、滥作为侵害公民权。行政法主要通过明确行政权的范围（职权法定）、规

---

[1]　[美]汉密尔顿、杰伊、麦迪逊：《联邦党人文集》，程逢如、在汉、舒逊译，商务印书馆2015年版，第305页。

[2]　E. Gellhorn, B. B. Boyer, *Administrative Law and Process in a Nutshell*, St, Paul：West Publishing Co. , 1983, p. 3.

范行政权的行政方式（程序法定）和追究行政权违法行使的责任（责任法定）来规范和控制行政权。随着风险社会对行政治理能力提出更高要求，行政法也开始关注行政效能问题，但是控权始终是其首要功能。正如有学者所言，"从行政法始终是规制行政权、行政活动的法规范体系这一点出发，行政法总论的基本导向仍然是"监控者"，只不过，未来体系转型的目标是一个经过改造的、扩宽视野的、充分考虑行政目标和任务实现的监控者角色，而不只是适法的传统监控者类型"〔1〕。

（三）行政法从主客观两方面规范和控制行政权

根据依法行政原则，行政权是立法赋予的，依据立法赋予行政权目的之不同，可以将行政法律规范分为客观法和主观法，前者是指以维护公共利益为目标的法律规范，后者是指以维护相对人个人利益为目标的法律规范。"在以公共行政机关及其权力的组织为目标的行政法中，一切涉及行政组织的法都是客观法，而一切涉及公共行政机关行使权力的法，在产生公务管理的法律关系中，都是主观法。"其中，客观法如行政组织法通过明晰行政组织架构、行政职权划分以及公务员管理制度等框定行政权的行使范围和行使方式，而主观法如行政程序法中有关相对人程序权利的规定和行政救济法中对行政侵权责任的规定则明显地体现了保障个人权利的价值追求，二者共同作用于对行政权的规范和控制。从行政诉讼中的主要类别看，"一类只限于取消行政机构的行为，并不向其索要赔偿，这是纯客观的，另一类要对方负全额责任，因而是主观行为"，充分体现了行政法从主客观两个方面控制和规范行政权运行。〔2〕

三、行政法是法律规范系统

之所以将行政法界定为法律规范系统，是因为行政法在形式上表现为由诸多单行法律法规规章乃至行政规范性文件所构成的一套庞杂的规范合集，这是行政法在形式上不同于民法、刑法的重要特征。首先，凡是行政权触角之所在，便有行政法，而行政疆域之广、行政关系之泛决定了行政法的内容几乎呈一种跑马圈地的状态，随着社会生活的不断发展变化，行政法的外延

---

〔1〕 沈岿：《监控者与管理者可否合一：行政法学体系转型的基础问题》，载《中国法学》2016年第1期。

〔2〕 ［法］莫里斯·奥里乌：《行政法与公法精要》，龚觅等译，郑戈校，辽海出版社、春风文艺出版社1999年版，第147～148页。

也不断扩大，难以制定一部可资所有领域适用的实体法规则。其次，行政涵盖国防、外交、治安、卫生、教育、医疗、交通、文化、金融等各个领域，不同领域的治理需要不同的法律方法和法律手段，将这些不同的法律治理方法和治理手段糅合成一部统一的法律规则无疑存在立法技术上的难题。最后，社会生活的变动不居也决定了行政法律的稳定性比较弱，其有效调整需要更加灵活的规则，与法典的相对稳定性之间存在一定的矛盾，因而形式多样、效力层级和效力范围多元的规范系统更能提高行政法的效率。

另外，行政法难以法典化不等于行政法绝对不能法典化。1986 年，陶希晋就提出"新六法"的观点。全国人民代表大会常务委员会法制工作委员会为推进行政立法工作，专门成立了行政立法研究组。在研究过程中，陶希晋提出制定《行政法通则》的想法，但囿于当时行政法体系的不健全和行政立法经验的不足，最终未能制定出《行政法通则》。在"先程序，后实体"的思想指导下，我国先后制定了《行政诉讼法》（1989 年）、《国家赔偿法》（1994 年）、《行政处罚法》（1996 年）、《行政复议法》（1999 年）、《立法法》（2000 年）、《行政许可法》（2003 年）、《政府信息公开条例》（2007 年）以及《行政强制法》（2011 年）等诸多旨在促进法治政府建设的一系列法律法规，并在最近的十年间基于社会经济的新变化对上述法律法规及时进行了修正、修订。整体来说，四十余年的法治政府建设进程中，我们在规范行政权力运作、保障公民权利方面，积累了具有中国特色的经验，对此需要通过立法加以固化。在此背景下，能够也有必要加快制定统一的行政程序法典已经成为理论界和实务部门普遍接受的观点。更有学者提出："中国行政法法典化的时机已经成熟。在未来行政法法典化的过程中，可以借鉴《民法典》制定的经验，采用'总则+分编'的立法模式进行推进，同时需把握好'中国特色''以人民为中心''与时俱进'三个关键词。"[1]

第三节　行政法学

行政法学是以发现、认识和研究行政法为目的的部门法学。新中国的行政法学研究起步于 20 世纪 70 年代末 80 年代初，基本是伴随着市场经济体制

---

[1]　应松年等：《行政法典编纂七人谈》，载《法学评论》2023 年第 1 期。

改革和法治政府建设而逐渐发展和完善的。迄今为止，中国的行政法学研究在依法行政原理、法治政府建设、行政程序制度构建、行政法制监督和权利救济保障等方面都取得了丰硕的成果，并且对法治实践也起到了有益的指引作用。近年来，随着部门行政法研究的方兴未艾，行政法学科体系的总论、分论以及二者关系的讨论也逐渐进入学者的研究视野。

一般认为，行政法总论（一般行政法）研究的是各个行政领域（比如警察、教育、环境、税务等）的共性问题，是对存在于各个行政领域的一般现象的高度抽象与概括，为分析行政法现象提供基本的技术和路径规范，为各个行政法领域构建具有普适性的原则、原理、价值与理念，学理上普遍将其概括为四个重要范畴，即行政法的基础性概念、基本原则、法源等基础范畴以及行政组织法、行政行为法和行政救济法。行政法总论的任务不在于第一线解决行政法的个别问题，所有个别问题必须依赖各部门行政法自行解决。行政法分论（部门行政法）是特定行政领域的法规范综合，注重研究个性问题，是在总论的框架与指导下展开研究，并通过关注特定行政领域的个性问题不断验证、校正和发展总论的一般性认识。因此，部门行政法是行政法总论的问题源，为行政法总论的发展提供学术资源与素材。行政法总论关注的任何一个问题最终都会落在具体的部门行政法之中，而部门行政法解决具体问题的原理或技术又会不断地修正和补充行政法总论。二者之间的良性互动为行政法的发展提供了内在动力。[1]

就我国行政法学的发展而言，学者普遍认为行政法学的发展已经到了总论必须改革，且需通过发展分论来反哺总论的阶段。目前，已经初步形成体系或者场域的部门行政法包括食品药品安全监管领域、教育领域、警察治理领域、环境保护领域、财税领域等，而当前这些领域的研究更多的偏向法政策学，即为行政部门更好地解决实际问题提供思路或者方案，因而有很多行政学、管理学、经济学、政治学等交叉学科的色彩，给行政法学总论体系的革新与转型带来挑战。

如果说行政法总论的特点是务虚，那么行政法分论的特点就是务实。"相对行政法总论的研究而言，部门行政法研究需要耗费更多智力、体力和心神，

---

〔1〕 参见余凌云：《行政法讲义》（第2版），清华大学出版社2014年版，第60页；章剑生：《现代行政法专题》，清华大学出版社2014年版，第30页。

需要利用公共管理、经济学、社会学乃至自然科学等背景知识，需要利用来源更为芜杂、数量更为繁多的资料，并辅之以实证调研，以弄清某一特定行政领域的制度沿革、利益分布、法律关系、法律框架，以期能深入理解特定的行政领域，并能对行政法予以动态的研究，并探讨在行政法制度和原理约束下，如何建构一个好政策，如何更好地实现行政任务。"[1]

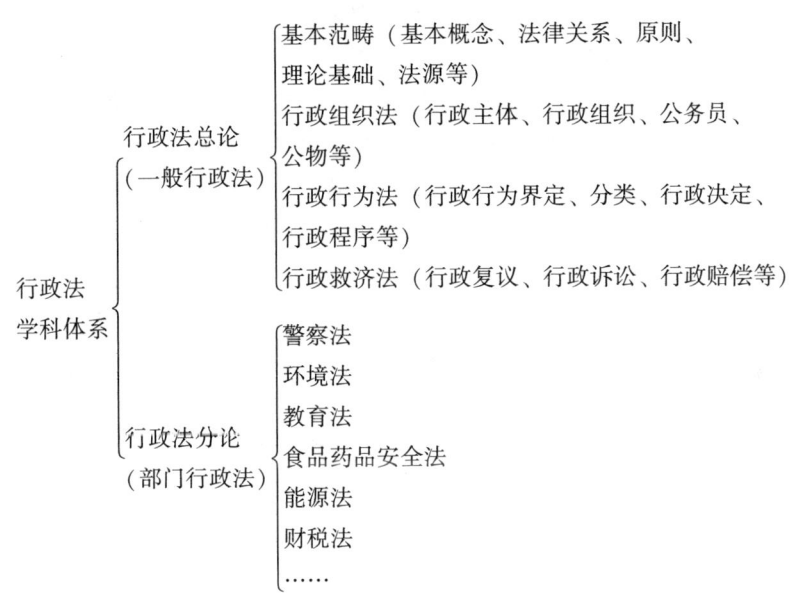

典型案例： 田某诉北京科技大学拒绝颁发毕业证、学位证案

案例来源： 最高人民法院指导案例 38 号

案情简介： 原告田某于 1994 年 9 月考取北京科技大学，取得本科生的学籍。1996 年 2 月 29 日，田某在参加电磁学课程的补考过程中，随身携带写有电磁学公式的纸条。考试中，去上厕所时纸条掉出，被监考教师发现。监考教师虽未发现其有偷看纸条的行为，但还是按照考场纪律，当即停止了田某的考试。被告北京科技大学根据原国家教育委员会关于严肃考场纪律的指示精神，于 1994 年制定了校发［94］第 068 号《关于严格考试管理的紧急通知》（以下简称"第 068 号通知"）。该通知规定，凡考试作弊的学生一律按

---

［1］ 宋华琳：《部门行政法与行政法总论的改革——以药品行政领域为例证》，载《当代法学》2010 年第 2 期。

退学处理，取消学籍。被告据此于 1996 年 3 月 5 日认定田某的行为属作弊行为，并作出退学处理决定。同年 4 月 10 日，被告填发了学籍变动通知，但退学处理决定和变更学籍的通知未直接向田某宣布、送达，也未给田某办理退学手续，田某继续以该校大学生的身份参加正常学习及学校组织的活动。1996 年 9 月，被告为田某补办了学生证，之后每学年均收取田某交纳的教育费，并为田某进行注册、发放大学生补助津贴，安排田某参加了大学生毕业实习设计，由其论文指导教师领取了学校发放的毕业设计结业费。田某还以该校大学生的名义参加考试，先后取得了大学英语四级、计算机应用水平测试 BASIC 语言成绩合格证书。被告对原告在该校的四年学习中成绩全部合格，通过毕业实习、毕业设计及论文答辩，获得优秀毕业论文及毕业总成绩为全班第九名的事实无争议。

1998 年 6 月，田某所在院系向被告报送田某所在班级授予学士学位表时，被告有关部门以田某已按退学处理、不具备北京科技大学学籍为由，拒绝为其颁发毕业证书，进而未向教育行政部门呈报田某的毕业派遣资格表。田某所在院系认为原告符合大学毕业和授予学士学位的条件，但由于当时原告因毕业问题正在与学校交涉，故暂时未在授予学位表中签字，待学籍问题解决后再签。被告因此未将原告列入授予学士学位资格的名单交该校学位评定委员会审核。因被告的部分教师为田某一事向原国家教育委员会申诉，原国家教育委员会高校学生司于 1998 年 5 月 18 日致函被告，认为被告对田某违反考场纪律一事处理过重，建议复查。同年 6 月 10 日，被告复查后，仍然坚持原结论。田某认为自己符合大学毕业生的法定条件，北京科技大学拒绝给其颁发毕业证、学位证是违法的，遂向北京市海淀区人民法院提起行政诉讼。

法院裁判：根据我国法律、法规规定，高等学校对受教育者有进行学籍管理、奖励或处分的权力，有代表国家对受教育者颁发学历证书、学位证书的职责。高等学校与受教育者之间属于教育行政管理关系，受教育者对高等学校涉及受教育者基本权利的管理行为不服的，有权提起行政诉讼，高等学校是行政诉讼的适格被告。

高等学校依法具有相应的教育自主权，有权制定校纪、校规，并有权对在校学生进行教学管理和违纪处分，但是其制定的校纪、校规和据此进行的教学管理和违纪处分，必须符合法律、法规和规章的规定，必须尊重和保护当事人的合法权益。本案原告在补考中随身携带纸条的行为属于违反考场纪律的行为，被告可以按照有关法律、法规、规章及学校的有关规定处理，但其对原告作出退学处理决定所依据的该校制定的第 068 号通知，与《普通高等学校学生管理规定》第 29 条规定的法定退学条件相抵触，故被告所作退学处理决定违法。

退学处理决定涉及原告的受教育权利，为充分保障当事人权益，从正当程序原则出发，被告应将此决定向当事人送达、宣布，允许当事人提出申辩意见。而被告既未依此原则处理，也未实际给原告办理注销学籍、迁移户籍、档案等手续。被告于 1996 年 9 月为原告补办学生证并注册的事实行为，应视为被告改变了对原告所作的按退学处理的决定，恢复了原告的学籍。被告又安排原告修满四年学业，参加考核、实习及毕业设计并通过论文答辩等。上述一系列行为虽系被告及其所属院系的部分教师具体实施，但因他们均属职务行为，故被告应承担上述行为所产生的法律后果。

国家实行学历证书制度，被告作为国家批准设立的高等学校，对取得普通高等学校学籍、接受正规教育、学习结束达到一定水平和要求的受教育者，应当为其颁发相应的学业证明，以承认该学生具有的相当学历。原告符合上述高等学校毕业生的条件，被告应当依《教育法》第 28 条第 1 款第 5 项及《普通高等学校学生管理规定》第 35 条的规定，为原告颁发大学本科毕业证书。

国家实行学位制度，学位证书是评价个人学术水平的尺度。被告作为国家授权的高等学校学士学位授予机构，应依法定程序对达到一定学术水平或专业技术水平的人员授予相应的学位，颁发学位证书。依《学位条例暂行实施办法》第 4 条、第 5 条、第 18 条第 3 项规定的颁发学士学位证书的法定程序要求，被告首先应组织有关院系审核原告的毕业成绩和毕业鉴定等材料，确定原告是否已较好地掌握本门学科的基础理论、专业知识和基本技能，是否具备从事科学研究工作或担负专门技术工作的初步能力；再决定是否向学位评定委员会提名列入学士学位获得者的名单，学位评定委员会方可依名单审查通过后，由被告对原告授予学士学位。

复习与思考题：

1. 结合事例或者案例阐述社会公权力行政现象。
2. 行政的主要分类、分类标准及其意义。
3. 从行政法的内容、本质和形式等方面理解行政法的内涵。
4. 行政法学的理论体系架构。

第二章
行政法的基本原则

本章知识要点：

1. 法律优先原则的含义与适用
2. 法律保留原则的含义、保留范围及在我国的实践
3. 比例原则的内涵及其适用
4. 信赖保护原则的内涵、保护方式和适用
5. 正当程序原则的内涵

第一节　依法行政原则

行政的观念本来是与法无关的，行政，即治山治水、城市建设等政策的实施，是伴随着公共组织的产生而成立的。因此，并不是没有法律的根据就不能实施行政。只是到了法国革命之后的近代国家，为了废除行政领域中由人支配的人治、抑制行政的恣意和专权，确立了以由法律支配为内容的法治国家原理。[1]这便是依法行政原则的由来。依法行政原则的法，专指权力机关制定的法律，其核心要义为立法权优越于行政权。其理论基础在于，行政是国家与人民关系的体现，因而由作为直接民选机关的权力机关之意志即立法对行政加以规范具有特别的民主正当性，换言之，行政应当服从立法。这具体包含了两个方面的要求，即行政不得违反现行有效的立法和行政必须有明确的立法授权，前者称之为法律优先，后者称之为法律保留。

---

〔1〕〔日〕南博方：《行政法》（第 6 版·中文修订版），杨建顺译，商务印书馆 2020 年版，第 7 页。

一、法律优先原则

法律优先原则，又称法律优位原则，是指行政应当受到现行法律的约束，行政违反法律则无效，具有两方面的含义：

第一，在法规范效力方面，法律优先原则强调法律规范优先行政规范，违反法律规范的行政规范无效。换言之，立法机关制定的法律规则在效力上要高于行政机关制定的行政规则。例如，全国人民代表大会及其常委会制定的法律的效力高于国务院制定的行政法规，即法律优先原则在法规范效力方面的表现。再如，《行政处罚法》第 11 条第 2 款规定"法律对违法行为已经作出行政处罚规定，行政法规需要作出具体规定的，必须在法律规定的给予行政处罚的行为、种类和幅度的范围内规定"也是法律优先原则在法规范效力方面的表现。

第二，在具体的行政处理决定方面，法律优先原则强调在存在法律规则的前提下，行政处理决定不得违反法律，且不仅要遵循法律为行政机关设定的行为权限，还要遵循法律为行政机关设定的行为程序、时限、方法、步骤等。法律明确禁止行政机关为某种行为的，行政机关绝不能从事该行为。

法律优先原则的适用前提是存在现行有效的法律，行政违反现行法律的规定即为违法，反之，如果行政不违反现行法律的有效规定，则满足了法律优先原则的要求。因此，法律优先原则对于行政合法性的判断属于消极的标准。在缺乏法律明文规定的情形下，行政不违反现行法律的有效规定（符合法律优先）并不能作为判断行政合法性的充分要素，还需要法律保留原则的积极判断，后者以"存在法律明文授权"作为判断行政合法性的标准。

二、法律保留原则

法律保留原则是指宪法关于人民基本权利限制等专属立法事项，必须由立法机关通过法律规定，行政机关不得代为规定，行政机关实施任何行政行为皆必须有法律授权，法律未作规定的行政主体不得擅自作出行政行为。法律保留原则的核心要义就在于行政活动之作出必须取得法律的授权，否则不得为之，即"法无授权即禁止"。

（一）法律保留原则的具体内容

和法律优先原则一样，法律保留原则具体也有两个面向：

第一，在法规范的制定方面，法律保留原则要求行政机关只能依照法律授权制定行政规范，未经法律授权，行政机关不能染指权力机关的专属立法事项。例如，根据《立法法》第 11 条和第 12 条之规定，国家主权的事项、国家基本制度等事项只能制定法律，但是除有关犯罪和刑罚、对公民政治权利的剥夺和限制人身自由的强制措施和处罚、司法制度等事项外，全国人民代表大会及其常务委员会授权国务院可以根据实际需要对第 11 条规定的部分事项先制定行政法规。根据上述规定，如果国务院在缺乏全国人民代表大会及其常务委员会授权的情形下，自行就《立法法》第 11 条规定的事项制定行政法规，则违反法律保留原则。

第二，行政机关作出具体的行政决定必须要有法律的明确授权，未经法律授权或没有法律依据不得作出具体的行政处理决定。例如，《行政处罚法》第 18 条规定"限制人身自由的行政处罚权只能由公安机关和法律规定的其他机关行使"，据此，其他非经授权的机关如税务机关、教育行政部门等对行政相对人作出"行政拘留"的处罚决定，则违反了法律保留原则。

（二）法律保留、议会保留与法规范保留

因为法律保留在根本指向上是指有些事只能由权力机关亲自做或者行政机关经权力机关授权之后才可以做，所以其经常与议会保留混为一谈。二者的共同点是均需要权力机关针对某事项作出决定，区别则在于议会保留事项不一定通过严格的立法程序明确，但法律保留事项则需要经过严格的立法程序。例如，我国《宪法》第 62 条和第 67 条分别对全国人民代表大会和全国人民代表大会常务委员会的职权作出了具体规定，这些事项均属于议会保留事项，但并非全部需要经过严格的立法程序，如总理的提名和任免。

法规范保留则是指除了权力机关制定的法律之外，行政活动可以基于行政规范的授权作出。

（三）法律保留的范围和重要性理论

法律保留原则要求行政未经法律授权不得擅自行为，因此法律保留的范围将决定行政权的能动界限。保留范围过大，势必压制行政的能动性，无疑会抹杀行政权独立存在的价值，同时也是对行政权的特殊功能结构的否定；反之，如果保留范围过小，又将重新回到封建君主时代的行政特权，这无疑将毁坏依法行政的基础。因此，法律保留范围的发展史就是一个寻找行政的能动性与拘束性的均衡点的过程。在行政法学理中，曾出现过三种保留理论。

1. 干预保留

干预保留，又称侵害性保留，要求凡是对公民造成负担的侵害性事项均需要法律作出保留规定，以防行政权侵害公民权益。干预保留是 19 世纪自由宪政主义的产物，法律保留的范围较小，仅限于侵害公民基本权利等事项，体现的是基本权的消极防御功能。

2. 全部保留

20 世纪，服务行政的理念要求政府不应只是消极地不侵害公民权益，而且要积极地为公民权的实现提供各种保障。因此，法律保留的范围应扩展至所有的行政活动，提倡无法律便无行政。需要指出的是，行政权需要灵敏、迅速地回应社会需求，处理社会发生的新情况、新问题，而全部保留则使得行政无法适应多变的社会需求。

3. 重要性保留

德国联邦宪法法院在 20 世纪 70 年代的一系列判决中提出了重要性保留。该理论认为，不仅干涉人民自由和财产的行政领域，应适用法律保留，而且在给付行政中，凡涉及人民的基本权利的实现与行使，以及涉及公共利益尤其是影响共同生活的重要基本决定，也应由法律来规定。基本权保留则着眼于公民基本权利的保障，即基本权利的限制必须以法律为依据。重要性保留也遭到了一些学者的批评，主要的指责在于"何为重要"缺乏明确的标准，徒增争端。但是，该理论克服了干预保留和全部保留的缺点，为一般保留的判断标准指明一个思考的方向。根据重要性理论，法律保留的范围主要包括两个方面：一是公民基本权利事项；二是重要的公共事务事项，如作为基本权实现基本前提的国家组织机构事项和对基本权实现有重要影响的其他事项。

就具体实践而言，重要性的判断并不是非黑即白的，而是呈现出非常重要、比较重要、不重要的渐变式状态。根据这种渐变，某事项对公民基本权利或者公共利益越重要、影响越深刻，对公众争议性越大，对立法者的要求就越高。总体来说，十分重要的事项，只能由法律加以规定，属于法律的绝对保留；相对重要或者重要性程度低一些的事项，则可以由权力机关授权行政机关以法规的形式加以制定，属于法律的相对保留；而完全不重要的事项，则不需要法律保留，属于行政机关的能动领域，由行政机关自行决定即可。

（四）法律保留在我国的实践

一般认为，《立法法》第 11 条规定了我国的法律保留的事项范围，即"下列事项只能制定法律：（一）国家主权的事项；（二）各级人民代表大会、人民政府、监察委员会、人民法院和人民检察院的产生、组织和职权；（三）民族区域自治制度、特别行政区制度、基层群众自治制度；（四）犯罪和刑罚；（五）对公民政治权利的剥夺、限制人身自由的强制措施和处罚；（六）税种的设立、税率的确定和税收征收管理等税收基本制度；（七）对非国有财产的征收、征用；（八）民事基本制度；（九）基本经济制度以及财政、海关、金融和外贸的基本制度；（十）诉讼制度和仲裁基本制度；（十一）必须由全国人民代表大会及其常务委员会制定法律的其他事项"。

不仅如此，《立法法》第 12 条还区分了法律的绝对保留和法律的相对保留，即"本法第十一条规定的事项尚未制定法律的，全国人民代表大会及其常务委员会有权作出决定，授权国务院可以根据实际需要，对其中的部分事项先制定行政法规，但是有关犯罪和刑罚、对公民政治权利的剥夺和限制人身自由的强制措施和处罚、司法制度等事项除外"。据此，有关犯罪和刑罚、对公民政治权利的剥夺和限制人身自由的强制措施和处罚、司法制度等事项属于十分重要之事项，只能由全国人民代表大会或者全国人民代表大会常务委员会制定法律，属于法律的绝对保留。《行政处罚法》第 10 条规定"限制人身自由的行政处罚，只能由法律设定"以及《行政强制法》第 13 条规定"行政强制执行由法律设定"都是上述规定在单行法中的具体体现。

另外，《立法法》第 12 条规定除有关犯罪和刑罚、对公民政治权利的剥夺和限制人身自由的强制措施和处罚、司法制度以外的事项属于法律相对保留的范畴，尚未制定法律的，全国人民代表大会及其常务委员会授权国务院可以根据实际需要先制定行政法规。对于相对法律保留事项，《立法法》第 13 条至第 15 条还对授权的具体规则作出了细致的规定，包括授权目的、事项、范围、期限以及被授权机关实施授权决定应当遵循的原则。具体而言，授权的期限不得超过 5 年，但是授权决定另有规定的除外。被授权机关应当在授权期限届满的 6 个月以前，向授权机关报告授权决定实施的情况，并提出是否需要制定有关法律的意见；需要继续授权的，可以提出相关意见，由全国人民代表大会及其常务委员会决定。授权立法事项，经过实践检验，制定法律的条件成熟时，由全国人民代表大会及其常务委员会及时制定法律。法律制定后，相应立法事项的授权终止。此外，被授权机关应当严格按照授权决定行使被授予的权力，不得将被授予的权力转授给其他机关。

三、法律优先和法律保留的关系

法律优先和法律保留都要求行政必须有法的依据，但是二者的适用范围和对行政合法性的判断标准不同。

法律优先原则适用于所有的行政活动领域，它所要求的"行政必须有法的依据"是指行政活动不得违反现行法律规定，如果现行法律对行政活动之作成作出了明确规定，则行政必须遵守，不得有所偏离；反之，如果现行法律明确禁止行政为某种行为，则行政亦不得有所僭越。依据法律优先原则，行政只要不违反现行法的有效规定，即为依法行政。因此，法律优先原则又被称为"消极的依法行政原则"。

法律保留原则的适用范围相对较窄，它适用于行政对基本权利构成侵害之事项或者涉及重要公共事务领域的行政事项。它所要求的"行政必须有法的依据"是指行政在未经法律明确授权的情形下，不得从事相应活动，即"法无明文授权不可为"。依据法律保留原则，行政机关未经立法明文授权而施行某一行政活动的，即为违法。在缺乏立法明文规定的情形下，法律保留原则对于行政合法性的判断尤为重要，是"积极的依法行政原则"。

法律保留原则更能体现行政法的控权精神。对于行政机关实施的侵益性行为来说，行政行为不违反法律优先原则并不意味行政行为一定合法，还需要依据法律保留原则作进一步的判断。例如，在我国城市化进程中，各类小广告作为市容市貌的"牛皮癣"令城管部门非常头疼。为了治理城市"牛皮癣"，有些地方城管部门就通过"呼死你"的方式向小广告上的手机发送免费警告短信，要求机主在规定时间内到城管部门接受处理；如未起到预期效果，将采取发送收费短信的方式，不断扣除对方手机话费，直到号码停用。其间，机主的手机一直处于"被呼叫"状态，无法正常通信使用。这一做法并未违反当时的法律，因为当时的法律中并不存在相关禁止性条款，故而该行为并不违反法律优先原则；但是这一举措明显侵害了公民的通信自由权，故而应当遵循法律保留原则，即法无授权不可为，且当时的立法并没有明文的授权规定，因而其属于违法行为。

第二节　比例原则

比例原则，又称行政均衡或者平衡原则、禁止过度原则，是指行政机关实施行政行为应当兼顾行政目标的实现和保障行政相对人的权益，如为实现行政目标可能对相对人的权益造成不利影响时，应将这种不利影响限制在尽可能小的范围和限度内，保持二者处于适度的比例。通说认为，广义的比例原则包含目的取向、结果取向和价值取向三个方面的内涵。

第一，适当性原则体现了比例原则的目的取向，又称妥当性原则、妥适性原则、适合性原则，是指所采取的措施必须能够实现行政目的或至少有助于行政目的达成并且是正确的手段。也就是说，在手段—目的的关系上，行政行为必须是适当的。我们应当从两个方面理解适当性原则：一方面，行政目的本身应当是合法的、正当的，体现的是公共利益的价值追求，而非行政机关的部门利益或者行政机关工作人员的个人利益，这是适用适当性原则的前提；另一方面，行政手段必须是有助于行政目的达成的，与行政目的无关或者对实现行政目的无益的手段构成权力滥用。例如，要求警务人员在执行公务时必须穿制服有助于实现行政目的，即着装是识别警务人员身份及其行为是否构成履职的重要判断因素，而要求警务人员的头发长度不得超过衣领则在识别警务人员身份及其行为是否构成履职方面并无助益，故而前者符合适当性，后者则不满足适当性要求。

第二，必要性原则体现了比例原则的结果取向，又称最少侵害原则、最温和方式原则、不可替代性原则，是指行政机关应当在能达成法律目的的诸多方式中，选择对行政相对人权益侵害最小的那种方式。适用这一原则应当把握两点：其一，对于行政目的的实现存在多个可以选择的方式、方法或者手段，如果仅存在唯一的手段，则没有必要性原则的适用余地；其二，行政机关必须在能够实现行政目的的诸多方式、方法或者手段中，选择对行政相对人权益侵害最小的那种，不能为达目的而不计后果。例如，在"哈尔滨市汇丰实业发展有限责任公司诉黑龙江省哈尔滨市规划局行政处罚案"中，最高人民法院认为被告所作的处罚决定"既要保证行政管理目标的实现，又要兼顾保护相对人的权益，应以达到行政执法目的和目标为限，尽可能使相对人的权益遭受最小的侵害。而上诉人所作的处罚决定中，拆除的面积明显大于遮挡的面积，不必要地增加了被上诉人的损失，给被上诉人造成了过度的不利影响"。[1]

第三，狭义比例原则体现了比例原则的价值取向，又称比例性原则、相称性原则、均衡原则，即行政权力所采取的措施与其所达到的目的之间必须合比例或相称。均衡原则的本质是要求行政机关在作抽象决策或者处理个案时必须进行利益衡量、价值权衡。利益衡量在有些个案中比较容易判断，比如生命权的价值位阶高于财产权。而在有些个案中，利益衡量作为一种方法则缺乏精确性，必须借助成本—收益的计算方法予以必要补充。"陈某诉庄河市公安局行政赔偿纠纷案"充分体现了比例原则的价值取向。该案中，韩某驾驶出租轿车发生交通事故，被夹在驾驶座位中，生死不明，需要立即抢救。为了尽快救出韩某，警方先后采用了撬杠等方法，但都不能打开驾驶室车门，最后采用了气焊切割的方法，并在周围群众的帮助下，将韩某从车中救出送往医院。虽然在气焊切割车门时采取了安全防范措施，但仍造成了轿车失火，因火势较大，事先准备的消防器材无法将火扑灭，扩大了汽车的损失。事后，韩某妻子陈某要求庄河市公安局赔偿抢险警察气焊切割时造成车辆被烧毁的损失，庄河市公安局于2002年4月16日作出不予赔偿决定。陈某不服，故提出诉讼，请求行政赔偿。法院生效裁判认为，"气焊切割车门的方法虽然会破损车门，甚至造成汽车的毁损，但及时抢救韩某的生命比破损车门或者造成汽车的毁损更为重要。因为相对人的生命而言，破损汽车车门或者汽车致他人利益损害明显较小……虽然气焊切割车门导致了轿车的失火，但该行为从性质上属于警方正当的抢险救助行为"，并以此驳回了原告的赔偿请求。[2]

"陈某诉庄河市公安局行政赔偿纠纷案"不仅体现了比例原则的价值衡量功能，还体现了其目的取向和结果取向，是全面使用比例原则的典型案例。首先，交警采取气焊割门方式符合适当性原则。该案中，交警行为的目的是抢救伤者，具备目的正当性的前提；而抢救伤者的前提是打开汽车车门，气焊割门方式无疑有助于抢救伤者这一目的的达成，符合目的取向。其次，交警采取气焊割门方式符合必要性原则。从法院查明的案情看，交警是采取撬

---

[1]　参见最高人民法院［1999］行终字第20号行政判决书。

[2]　参见《陈某诉庄河市公安局行政赔偿纠纷案》，载《中华人民共和国最高人民法院公报》2003年第3期。

杠等各种风险较小的开门方式不能打开车门的情况下，不得已才采取气焊割门这种可能会对被救人员财产造成更大损失的方式，这意味该方式在当时情况下已经是相对损害较小的方式，符合最小侵害的结果取向。最后，交警采取气焊割门方式符合均衡性原则。根据生命健康权优越于财产权的价值考量，交警采取扩大财产损失和救助风险的方式来实施抢救生命的行为，无疑符合均衡性原则。综上，交警采取的施救行为符合比例原则，应当认定为合法的行政行为。

比例原则在我国立法上有多处体现，例如，《行政处罚法》第 5 条第 1、2 款规定："行政处罚遵循公正、公开的原则。设定和实施行政处罚必须以事实为依据，与违法行为的事实、性质、情节以及社会危害程度相当。"《行政强制法》第 16 条第 2 款规定："违法行为情节显著轻微或者没有明显社会危害的，可以不采取行政强制措施。"《人民警察使用警械和武器条例》第 4 条规定："人民警察使用警械和武器，应当以制止违法犯罪行为，尽量减少人员伤亡、财产损失为原则。"

第三节　信赖保护原则

行政法上的信赖保护原则在第二次世界大战后的德国成功发展为一项行政法的基本原则，促使其产生并发展的是 1956 年的一个案例。该案中，西德西柏林内政部向一个公务员的遗孀作出书面保证，如果她从东德国迁到西柏林，她将可以获得一定的福利补助（安寡金）。随后该寡妇迁到了西柏林并定期从内政部领取补助。后来事实证明，她并不符合领取安寡金的法定条件。内政部因而决定停止对她发放补助并要求其退还已领取的补助。该寡妇不服提起诉讼，柏林高级行政法院判决该寡妇胜诉，后来得到德国联邦行政法院的支持。柏林最高行政法院认为，停止给寡妇发放补助是依法行政原则的要求，而领取津贴则是寡妇基于内政部的行为而产生的合理期待，属于法律安定原则的要求。该案中，依法行政原则和法律安定原则之间存在着冲突，授予补助的决定明显违法，然而私人信赖这种决定的有效性也是合乎情理的。依法行政原则和法律安定原则都是法治国的基本原则，任何一个都不自然地优于另一方。只有依法行政原则所保障的公共利益明显优于保护私人对行政行为的信赖利益的时候，才允许撤销非法行政行为。

一、信赖保护原则的概念

所谓信赖保护原则，是指行政机关所实施的某项行为导致一定法律状态的产生，如果私人因正当地信赖该法律状态的存续而安排自己的生产生活，则行政机关应对私人的这种信赖提供一定形式和程度的保护。

二、信赖保护原则的适用条件

信赖保护原则的适用应当同时具备信赖基础、信赖表现和正当信赖。

（一）存在信赖基础

信赖保护原则存在的基础是已经生效的行政行为，可以是具体的行政处理决定、行政计划和行政承诺，也可以是抽象的行政规范而产生的现存法律秩序，还有可能是行政机关的持续的行政实践或者管理以及行政机关的不作为。[1]如果行政行为尚处在作出过程中，并未有效成立，就不产生任何法律效果，故而不能作为信赖基础。对于信赖基础的判断，应考虑以下方面：

第一，构成信赖基础的行政行为是对行政相对人授益的行政行为，对相对人施加负担的行政行为不构成信赖基础。信赖保护原则旨在通过阻碍行政行为撤销以避免行政相对人遭受不利益，只有撤销授益性行政行为才有可能给行政相对人造成不利，而撤销负担性行政行为是对行政相对人有利的行为，所以没有信赖保护原则的适用空间。

第二，从信赖保护原则的起源看，其作用在于通过对抗依法行政原则来保护相对人的合法权益，故而作为信赖基础的行政行为是成立之初存在合法性瑕疵的行政行为。当行政机关基于依法行政原则主张撤销该违法行政行为时，行政相对人可以通过主张信赖保护而阻止该违法行政行为之撤销或撤销后予以财产补偿。随着信赖保护原则发展至今，作为信赖基础的行政行为已经延伸至合法的行政行为。

第三，行政行为因存在重大明显违法而无效的，不构成信赖基础。重大且明显违法的行政行为构成无效行政行为，因相对人容易识别其违法性，故而自始当然无效，既不存在公定力，也不能构成信赖基础。相对人若基于无效行政行为而对个人权利予以处分，则视为不正当信赖，即明知行政行为违

---

〔1〕 李洪雷：《行政法释义学：行政法学理的更新》，中国人民大学出版社2014年版，第89~90页。

法或因重大过失而不知该行政行为违法。

第四，行政不作为可以构成信赖基础，主要存在于行政机关应当对行政相对人作出负担行政行为且在法定期间经过后并没有作出该负担行为的场合。此时，信赖保护通常和时效制度一起产生作用。

（二）信赖表现

所谓信赖表现，是指行政相对人因信赖行政行为而采取的处分行为。行政相对人基于法律安定原则信赖行政行为不会变动，而对自己的生活作出安排和对财产进行处分，从而表现出信赖行政行为。信赖基础与信赖表现之间存在着因果关系，倘若没有信赖基础，信赖表现也就无从谈起。

（三）信赖正当

信赖是否正当的判断标准是行政相对人对于信赖基础之作成没有过错。倘若是由于行政相对人自己的过错，造成违法行政行为的作出，或者其明知或因重大过失而不知行政行为违法，则不能成立信赖保护。通说认为，下列信赖不值得保护：第一，行政机关的行为基于当事人欺诈、胁迫、贿赂或其他不正当方法作出，因为"任何人均不得因自己的违法行为而获益"；第二，当事人对重要事项提供不正确的资料或为不完全陈述，致使行政机关依该资料或陈述作出的行政行为；第三，当事人明知行政行为违法或因重大过失而不知道该行政行为违法，此时明显重大违法的行政行为不构成信赖基础；第四，行政机关预先保留变更权的行政行为，通常是在行政行为的附款之中，明确在特定条件下可以改变行政行为的法律效果。[1]

不仅相对人对于行政行为之作成无过错时可以主张信赖保护，在行政机关和相对人"混合过错"的情形下，行政机关也不得径行撤销违法的行政行为，而应对依法行政所维护的公共利益和私人的信赖利益进行权衡。[2]

---

〔1〕 例如，在"张某文、陶某等诉四川省简阳市人民政府侵犯人力客运三轮车经营权案"（最高人民法院指导案例 88 号）中，原告主张"因简阳市人民政府在 1996 年实施人力客运三轮车经营权许可时未告知许可期限，据此认为经营许可是无期限的"。但是最高人民法院认为："人力客运三轮车是涉及公共利益的公共资源配置方式，设定一定的期限是必要的。客观上，四川省交通厅制定的《四川省小型车辆客运管理规定》（川交运〔1994〕359 号）也明确了许可期限。简阳市人民政府没有告知许可期限，存在程序上的瑕疵，但申请人仅以此认为行政许可没有期限限制，本院不予支持。"该说理其实隐藏了对原告"明知或因重大过失而不知未告知许可期限属于行政违法"的认定，即原告主张许可不受期限限制不属于正当信赖。

〔2〕 ［德］哈特穆特·毛雷尔：《行政法学总论》，高家伟译，法律出版社 2000 年版，第 282 页。

三、信赖保护的方式

对信赖利益予以保护的方式可以分为存续保护和财产保护两种。

（一）存续保护

存续保护，是指行政机关不撤销作为信赖基础的行政行为，是应当优先适用的保护方式，也是更能体现信赖保护原则与依法行政原则分庭抗礼的保护方式。

需要指出的是，实践中，行政机关或者法院也会出于公共利益的考量使违法的行政行为效力存续，如根据《行政许可法》第 69 条第 3 款，撤销违法的行政许可可能对公共利益造成重大损害的，不予撤销。这种情形下的行政行为效力存续并非对行政相对人的信赖保护，而是公共利益优先在行政管理中的具体体现，因此导致他人利益受损的，行政机关应当予以赔偿或者采取其他补救措施。

（二）财产保护

财产保护是指行政机关根据依法行政原则撤销作为信赖基础的行政行为，但对于因此给行政相对人造成的损失要依法予以赔偿或者补偿。财产保护的适用是有前提的，即必须是依法行政所保护的公共利益明显大于私人的信赖利益。根据"对第三人造成负担的授益性行政行为"理论，对受益人的信赖保护原则上应采取财产保护的方式。因为任何人不得以损害第三人正当权益的方式获益，否则，有违公平正义。但是，当撤销该授益性行政行为将会给公共利益造成重大损失的，应允许该授益性行政行为继续有效。此时，行政机关应当对第三人因此蒙受的不利益采取相应补救措施，如给予财产赔偿等。

第四节　正当程序原则

通说认为，正当程序原则源于英国古老的自然正义原则，是行政机关作出任何对行政相对人合法权益有不利影响之行为时应当遵守的最低限度的程序要求，包括任何人不得做自己案件的法官、听取陈述和申辩、说明理由。

一、"任何人不得做自己案件的法官"

"不做自己案件的法官"是正当程序原则的首要要求，旨在防止行政处理过程及其结果出现偏私，具体表现为行政职务执行中的回避和职权分离。

（一）回避

回避制度要求，如果某一行政事务涉及行政机关工作人员本人或者其近亲属的利益，则该行政机关工作人员应当主动回避或者依申请回避对这一行政事务的处理。在1610年的"博纳姆医生案"（Dr. Bonham）中，剑桥大学外科医生博纳姆未经医师协会许可擅自在伦敦执业并受到罚款与监禁，该协会依据的法律规定罚款一半上交国王，一半归于自己，因此协会在自己的裁决中有经济利益，是自己案件的法官。大法官柯克认为，如果议会立法规定了某人能够做自己案件的法官，该立法可以被宣布无效。[1]

回避的缘由是避免行政处理的偏私，而一般认为导致偏私的理由是行政机关工作人员与案件本身或者案件处理结果有利害关系。利害关系则是典型的不确定法律概念，需要进行个案衡量。从行政实践的经验看，存在下列情形之一的，行政机关工作人员会被认为存在利害关系需要回避：①属于行政案件的当事人；②与当事人有近亲属关系；③与当事人的代理人有亲属关系；④与当事人存在监护关系；⑤在与本案有关的程序中担任过证人、鉴定人；⑥当事人为社团法人的，行政机关工作人员为其成员之一；⑦与当事人有公开敌意或者公开的亲密关系；⑧其他有充分证据证明行政机关不可能公正处理该行政事务。然而，基于公共利益高于个人利益之原则，行政回避不能瓦解行政机关的管辖权，即在极其例外的情形下，如果回避导致行政机关系统内有管辖权的行政机关无法对案件行使管辖权，则可不适用回避。

（二）职能分离

职能分离是指在行政机关内部运用分权原则，要求行政机关将其内部的某些相关职能加以分离使之分属不同的机构或不同的工作人员掌管或行使。职能分离的意义在于使行政机关内部建立起相互制约的机制，从而有利于遏制腐败，有效防止权力过于集中所造成的弊端。如行政处罚中调查、控告职能与作出处罚职能的分离，处罚决定职能和决定执行职能的分离等。例如，在我国，行政处罚听证要求"由行政机关指定的非本案调查人员主持"[2]，

---

〔1〕 ［英］威廉·韦德、克里斯托弗·福赛：《行政法》（第10版），骆梅英等译，骆梅英统校，中国人民大学出版社2018年版，第341~342页。

〔2〕 参见《行政处罚法》第64条第4项。

以防止听证主持人在听证过程中存在先入为主的偏见，有碍行政决定的客观公正。

此外，行政处罚中的罚缴分离原则也是职能分离的重要体现，即作出罚款决定的行政机关应当与收缴罚款的机构分离，除依法可以当场收缴的罚款外，作出行政处罚决定的行政机关及其执法人员不得自行收缴罚款。当事人应当自收到行政处罚决定书之日起 15 日内，到指定的银行或者通过电子支付系统缴纳罚款。银行应当收受罚款，并将罚款直接上缴国库。执法人员当场收缴的罚款，应当自收缴罚款之日起 2 日内，交至行政机关；在水上当场收缴的罚款，应当自抵岸之日起 2 日内交至行政机关；行政机关应当在 2 日内将罚款缴付指定的银行。

二、听取陈述和申辩

行政机关作出任何不利于行政相对人的决定之前，必须听取陈述和申辩。在 1723 年"本特利案"（Dr. Bentley）中，剑桥大学一位桀骜不驯的学者因发表侮辱法官的言论被学校剥夺了学位，但剑桥大学在剥夺其学位前没有允许他为自己辩护，于是王座法庭下达书面训令恢复了其学位。法官在判决书中阐述道："我记得曾听一位十分博学的人在一个这样的场合说过，甚至上帝自己也没有在亚当为自己辩护之前进行判决。'亚当'，上帝说，'你在哪里？难道你没有吃掉我令你不得食用的苹果吗？'同样的问题也问了夏娃。"因此，任何人都有权就针对自己的不利决定为自己申辩。[1]

听取陈述和申辩是相对人享有的程序性权利。行政机关作出行政处罚、行政强制等不利于行政相对人的决定，必须听取行政相对人的陈述和申辩。听取陈述和申辩的目的旨在帮助行政机关全面了解案情以便作出公正的行政决定，故而行政机关不得因当事人申辩而加重对其的不利处分。例如，《行政处罚法》第 45 条规定："当事人有权进行陈述和申辩。行政机关必须充分听取当事人的意见，对当事人提出的事实、理由和证据，应当进行复核；当事人提出的事实、理由或者证据成立的，行政机关应当采纳。行政机关不得因当事人陈述、申辩而给予更重的处罚。"《行政强制法》第 18 条第 6 项也规

---

[1] ［英］威廉·韦德、克里斯托弗·福赛：《行政法》（第 10 版），骆梅英等译，骆梅英统校，中国人民大学出版社 2018 年版，第 367 页。

定，行政机关实施行政强制措施应当听取当事人的陈述和申辩。

一般而言，如果是有利于行政相对人的决定，则不必听取相对人的意见，但如果是在存在利害关系人的场合且利害关系人的诉求与相对人的诉求相反时，则要听取利害关系人的陈述和申辩。例如，《行政许可法》第 36 条规定："行政机关对行政许可申请进行审查时，发现行政许可事项直接关系他人重大利益的，应当告知该利害关系人。申请人、利害关系人有权进行陈述和申辩。行政机关应当听取申请人、利害关系人的意见。"

听取陈述和申辩内含告知和听取意见两项基本要求。

（一）告知

告知包括事前的告知和事后的告知。事前告知包括两方面内容：一方面，行政机关应当告知行政相对人或者利害关系人参与行政程序的权利；另一方面，行政机关应当告知行政相对人或者利害关系人拟作出的不利后果及其内容，以便行政相对人或者利害关系人能够进行有针对性的陈述和申辩。

事后告知主要指行政决定应当送达当事人，也包括两方面内容：一方面，送达是行政决定生效的前提，未经送达，行政决定对当事人不产生效力；另一方面，只有将行政决定送达当事人，当事人方能知晓其内容，才能起算申请复议或者提起诉讼的期限。因此，送达不仅是当事人参与行政决定作出过程的时间终点，也是当事人寻求法律救济的时间起点。在"田某诉北京科技大学拒绝颁发毕业证、学位证案"中，法院确立了"送达"的重大意义，即"从充分保障当事人权益的原则出发，作出处理决定的单位应当将该处理决定直接向被处理人本人宣布、送达"[1]。

（二）听取意见

在听取相对人意见的诸多方式中，听证是一种较为正式的方式。它是在听证主持人的主持下，由听证申请人、利害关系人以及作出行政决定的行政机关（由行政机关的工作人员代表）进行举证、质证，并围绕证据展开辩论的过程，是行政程序对司法程序尤其是司法程序中的辩论程序的移植。听证程序的实施主要由以下五项内容构成：

1. 听证通知或者公告

听证通知、公告是申请人、利害关系人以及社会公众有效参与听证程序

---

[1] 参见《田某诉北京科技大学拒绝颁发毕业证、学位证行政诉讼案》，载《中华人民共和国最高人民法院公报》1999 年第 4 期。

的前提。无论是行政机关主动依职权举行听证，还是依行政相对人之申请举行行政许可听证，行政机关都应当在正式举行听证之前的合理期限内将举行听证的时间、地点、听证所涉及的主要问题以及行政机关拟作出的决定内容、行政相对人或者利害关系人在听证程序中享有的权利（如委托代理人等）等事项通知申请人、利害关系人以及在必要时向社会公告。听证通知应当采用书面方式进行。

2. 听证公开

听证公开要求除涉及国家秘密、商业秘密、个人隐私之外的听证都应当公开举行，即"公开为原则、不公开为例外"。不仅如此，听证公开通过一种开放的、公正的言词辩论制度设计，能最大限度地避免行政机关在作出行政决定时的独断专行和恣意妄为，还有利于提高行政决定效率和行政相对人以及社会公众对行政决定的可接受度。在具体操作层面上，听证公开表现为听证通知向社会公告、听证过程向社会开放、允许公众旁听、允许新闻媒体报道等。

3. 指定听证主持人

听证主持人负责听证程序的推进，通过安排听证参加人（主要包括听证申请人、利害关系人、负责行政许可申请审查的行政机关工作人员，以及出席听证的申请人或者利害关系人的代理人、证人、翻译人、鉴定人等）的发言顺序以及对证据的调查顺序等引导听证过程的有序进行，有权对听证中出现的程序性问题予以灵活应对、作出相应处理。因此，听证主持人在地位上与司法程序中的法官相似。为保证听证程序的公正，听证主持人应具有独立地位，能够站在客观、中立的立场上主持听证并听取意见。例如，《行政许可法》为听证主持人的选任设置了两项要求：其一，坚持职能分离原则，听证主持人必须由行政机关指定审查该行政许可申请的工作人员以外的人员担任；其二，坚持"任何人不得做自己案件的法官"，即申请人、利害关系人认为听证主持人与该行政许可事项有直接利害关系的，有权申请回避。

4. 举证、质证和申辩

听证的核心是行政机关通过充分听取听证参加人的意见，全面掌握信息并了解事实，从而在证据充分的基础上作出客观公正的行政决定。因此，为确保听证程序的实效性，而非单纯地通过"走过场"让行政程序为行政实体决定背书，应当允许听证各方参加人就行政许可所涉及的事实认定以及相关法律适用展开充分的质证和辩论、申辩。

5. 制作听证笔录

听证应当制作听证笔录。一般而言，听证笔录应以书面形式作出，并载明下列事项，并由听证员和记录员签名：①听证事项名称；②听证主持人和记录员的姓名、职务；③听证参加人的基本情况，如姓名、名称、住址等；④听证的时间、地点；⑤听证公开情况；⑥听证事项所依据的事实、理由，以及听证参加人的举证、质证和辩论情况；⑦证据调查的情况；⑧听证程序进行中的突发情况以及听证主持人对听证活动中有关事项的处理情况；⑨听证主持人认为的其他事项。听证结束后，听证笔录应当经听证参加人确认无误，并当场签字或者盖章；听证参加人拒绝签字、盖章的，听证主持人应当在听证笔录上载明事由。听证笔录已经签字或者盖章，即具有法律效力，应当作为行政机关作出行政决定的唯一依据，是"案卷排他原则"在听证制度中的体现，能避免行政听证流于形式。

三、说明理由

说明理由是指行政机关在作出不利于行政相对人行政决定的同时，必须向行政相对人说明作出该不利行政决定的理由，包括该不利行政决定的事实依据、法律依据以及相关考量因素，除非法律另有规定。尽管自然正义原则本身并不包括行政行为说明理由的一般性要求，但是行政机关说明作出行政行为的理由属于一般人的正义感要求，旨在防止行政机关因不当目的、不相关考量以及其他错误而作出侵害行政相对人合法权益的行为，从而提高行政决定的可接受性。[1]此外，如果当事人不赞同行政行为的说理，还可以从中找出抗辩事由以寻求法律救济。

（一）伴随行政决定说明理由

行政机关必须在作出行政行为的同时说明作出该行政行为的理由，即行政相对人在收到不利行政决定的同时收到行政机关作出该不利行政决定的理由，任何事后说明理由都构成行政决定的程序违法，除非法律另有规定。所谓事后说明理由，指的是行政相对人因不服行政行为而申请了行政复议或者提起了行政诉讼，行政机关在复议或者诉讼程序中为证明行政行为合法而向

---

〔1〕［英］威廉·韦德、克里斯托弗·福赛：《行政法》（第10版），骆梅英等译，骆梅英统校，中国人民大学出版社2018年版，第395页。

复议机关或者法院提交的某些事实证据材料或者法律依据说明。这种事后作出的说明理由不得作为认定行政行为合法的依据。

因此，依法说明理由意味着用以支撑行政行为合法与合理的理由只能附着在行政机关在作出行政决定的过程中搜集的证据材料之上，故而行政机关必须遵循案卷排他的要求。所谓案卷，是指行政机关作出行政行为所依据的证据、记录和法律文书等根据一定顺序组成的书面材料。案卷排他则是指行政机关只能依据案卷记载的证据和事实作出行政决定，案卷之外的证据材料不能作为行政决定的依据。例如，《行政诉讼法》第35条明确规定："在诉讼过程中，被告及其诉讼代理人不得自行向原告、第三人和证人收集证据。"案卷必须具备如下条件：①案卷的材料必须与案件有关，且来源合法，对相对人不利的证据必须已在行政程序中质证过；②行政机关在行政程序结束后调取的证据或者其他书面材料，不得作为案卷的一部分用以证明行政行为合法；③案卷形成于行政程序结束之后，一旦形成即具有封闭性。

（二）说明理由与行政行为效力

第一，行政机关没有伴随行政决定说明理由，构成行政程序违法，该行政决定依法应当被撤销，但存在两点例外：①行政机关在行政相对人申请复议或者提起诉讼之前补充说明了行政行为的理由，且未对相对人的实体权益造成不利影响的情形，可以出于行政效率之考量视为行政机关对行政决定的程序瑕疵作出了补救，仅确认该行政决定违法而不撤销；②行政机关在行政相对人申请复议或者提起诉讼之前始终没有说明行政行为的理由，则视为该行政决定之作出没有理由而不合法，但是撤销该行政决定会影响公共利益的，不撤销该行政决定仅确认违法。

第二，行政机关伴随行政决定所作的理由说明被法院认为错误的或者不充分的，不能成为行政决定被撤销的全部理由。如果行政机关在行政诉讼中说明的理由能够支持行政行为的合法性（但相关证据必须一定不能是在行政决定作出之后收集的），则法院只因为关于理由的技术性失误或者说明理由的不充分就撤销一个合理的行政决定，"可以说是一种不合比例的、不恰当的回应"。[1]然而，如果行政机关在行政诉讼中说明的理由依然不足以支持其决定

---

〔1〕［英］威廉·韦德、克里斯托弗·福赛：《行政法》（第10版），骆梅英等译，骆梅英统校，中国人民大学出版社2018年版，第399页。

的合理性，则该行政决定应当被认为违法或者无效，除非有公共利益的特别考量。

第三，在有些案件中，法院固然可以因为行政机关未能在行政决策过程中说明理由而判决行政机关的行为违反正当程序，但是在行政机关说明了理由的情况下，法院并非在任何时候都有能力判断其理由是否正当、充分，特别是涉及专业问题时，这一难题便尤为突出。例如，在"刘某文诉北京大学不授予博士学位案"中，北京大学认为刘某文的博士论文并没有达到相应水准而拒绝授予刘某文博士学位，法院缺乏足够的能力对北京大学的这一说理进行判断。

典型案例：于某茹诉北京大学撤销博士学位决定案

案例来源：北京市第一中级人民法院［2017］京01行终277号行政判决书

案情简介：于某茹系北京大学历史学系2008级博士研究生，于2013年7月5日取得历史学博士学位。2013年1月，于某茹将其撰写的论文《1775年法国大众新闻业的"投石党运动"》（以下简称《运动》）向《国际新闻界》杂志社投稿。同年3月18日，该杂志社编辑通过电子邮件通知于某茹按照该刊格式规范对《运动》一文进行修改。同年4月8日，于某茹按照该杂志社要求通过电子邮件提交了修改稿。同年5月31日，于某茹向北京大学提交博士学位论文答辩申请书及研究生科研统计表。于某茹将该论文作为科研成果列入博士学位论文答辩申请书，注明"《国际新闻界》，2013年待发"。于某茹亦将该论文作为科研论文列入研究生科研统计表，注明"《国际新闻界》于2013年3月18日接收"。同年7月23日，《国际新闻界》（2013年第7期）刊登《运动》一文。2014年8月17日，《国际新闻界》发布《关于于某茹论文抄袭的公告》，认为于某茹在《运动》一文中大段翻译原作者的论文，直接采用原作者引用的文献作为注释，其行为已构成严重抄袭。随后，北京大学成立专家调查小组对于某茹涉嫌抄袭一事进行调查。同年9月1日，北京大学专家调查小组召开第一次会议，决定聘请法国史及法语专家对于某茹的博士学位论文、《运动》一文及在校期间发表的其他论文进行审查。同年9月9日，于某茹参加了专家调查小组第二次会议，并就涉案论文是否存在抄袭情况进行了陈述。其间，外聘专家对涉案论文发表了评审意见，认为《运动》

一文"属于严重抄袭"。同年 10 月 8 日，专家调查小组作出调查报告，该报告提到在审查小组第三次会议中，审查小组成员认为《运动》一文"基本翻译外国学者的作品，因而可以视为严重抄袭，应给予严肃处理"。同年 11 月 12 日，北京大学学位评定委员会召开第 117 次会议，对于某茹涉嫌抄袭一事进行审议，决定请法律专家对现有管理文件的法律效力进行审查。2015 年 1 月 9 日，北京大学学位评定委员会召开第 118 次会议，全票通过决定撤销于某茹博士学位。同日，北京大学作出校学位〔2015〕1 号《关于撤销于某茹博士学位的决定》（以下简称《撤销决定》）。该决定载明："于某茹系我校历史系 2008 级博士研究生，2013 年 7 月获得博士学位，证书号为（×××）。经查实，其在校期间发表的学术论文《1775 年法国大众新闻业的'投石党运动'》存在严重抄袭。依据《学位条例》《国务院学位委员会关于在学位授予工作中加强学术道德和学术规范建设的意见》《北京大学研究生基本学术规范》等规定，经 2015 年 1 月 9 日第 118 次校学位评定委员会审议批准，决定撤销于某茹博士学位，收回学位证书。"该决定于同年 1 月 14 日送达于某茹。于某茹不服，于同年 1 月 20 日向北京大学学生申诉处理委员会提出申诉。同年 3 月 16 日，北京大学学生申诉处理委员会作出〔2015〕3 号《北京大学学生申诉复查决定书》，决定维持《撤销决定》。同年 3 月 18 日，于某茹向北京市教育委员会（以下简称"市教委"）提出申诉，请求撤销上述《撤销决定》。同年 5 月 18 日，市教委作出京教法申字〔2015〕6 号《学生申诉答复意见书》，对于某茹的申诉请求不予支持。于某茹亦不服，于同年 7 月 17 日向一审法院提起行政诉讼，请求撤销北京大学作出的《撤销决定》，并判令恢复其博士学位证书的法律效力。

法院裁判： 北京市第一中级人民法院认为，正当程序原则的要义在于，作出任何使他人遭受不利影响的行使权力的决定前，应当听取当事人的意见。正当程序原则是裁决争端的基本原则及最低的公正标准，其在我国《行政处罚法》《行政许可法》等基本行政法律规范中均有体现。正当程序原则作为最基本的公正程序规则，只要成文法没有排除或另有特殊情形，行政机关都要遵守。即使法律中没有明确的程序规定，行政机关也不能认为自己不受程序限制，甚至连最基本的正当程序原则都可以不遵守。应该说，对于正当程序原则的适用，行政机关没有自由裁量权。只是在法律未对正当程序原则设定具体的程序性规定时，行政机关可以就履行正当程序的具体方式作出选择。

本案中，北京大学作为法律、法规授权的组织，其在行使学位授予或撤销权时，亦应当遵守正当程序原则。即便相关法律、法规未对撤销学位的具体程序作出规定，其也应自觉采取适当的方式来践行上述原则，以保证其决定程序的公正性。

正当程序原则保障的是相对人的程序参与权，通过相对人的陈述与申辩，行政机关能够更加全面把握案件事实、准确适用法律，防止偏听偏信，确保程序与结果的公正。而相对人只有在充分了解案件事实、法律规定以及可能面临的不利后果之情形下，才能够有针对性地进行陈述与申辩，发表有价值的意见，从而保证其真正地参与执法程序，而不是流于形式。譬如，《行政处罚法》在设定行政处罚听证程序时就明确规定，举行听证时，调查人员提出当事人违法的事实、证据和行政处罚建议，当事人进行申辩和质证。本案中，北京大学在作出《撤销决定》前，仅由调查小组约谈过一次于某茹，约谈的内容也仅涉及《运动》一文是否涉嫌抄袭的问题。至于该问题是否足以导致于某茹的学位被撤销，北京大学并没有进行相应的提示，于某茹在未意识到其学位可能因此被撤销这一风险的情形下，也难以进行充分的陈述与申辩。因此，北京大学在作出《撤销决定》前由调查小组进行的约谈，不足以认定其已经履行正当程序。北京大学对此程序问题提出的异议理由不能成立，本院不予支持。

复习与思考题：

1. 行政法的基本原则有哪些？各项基本原则的具体含义与内涵是什么？

2. 简要介绍法律保留原则的保留范围。何为重要性保留？

3. 在司法审查中，法院固然可以因为行政机关未能在行政决策过程中说明理由而判决行政机关的行为违反正当程序。法院是否有能力判断行政机关说明理由的正当性呢？特别是涉及专业问题时，这一难题便尤为突出。可结合"刘某文诉北京大学不授予博士学位案"进行思考。

4. 结合案例阐释比例原则的实际应用及其重要价值。

第三章
行政法的法源

本章知识要点:

1. 行政法成文法法源的范围
2. 行政法成文法法源的效力位阶
3. 行政法不成文法源的作用

第一节　行政法法源的表现形式

行政法的法源是作为行政行为合法性依据的各类行政法规范的载体或者表现形式,如法律、法规等,回答的是作为行政合法性依据的法的范围问题。行政法的法源分为制定法法源和非制定法法源两种类型。需要特别说明的是,基于行政法的内在逻辑结构,行政决定要接受司法审查,为了确保司法对行政的有效监督,并不是所有约束行政机关的法规范都同样约束法院,同一行政法律规范在行政决定过程中和司法审查过程中的地位是不同的。

一、宪法和法律

《宪法》序言最后一段规定:"本宪法以法律的形式确认了中国各族人民奋斗的成果,规定了国家的根本制度和根本任务,是国家的根本法,具有最高的法律效力。全国各族人民、一切国家机关和武装力量、各政党和各社会团体、各企业事业组织,都必须以宪法为根本的活动准则,并且负有维护宪法尊严、保证宪法实施的职责。"因此,宪法是其他行政法法源的合宪性基础,也是行政机关行使职权时需要遵守的最根本性准则。除了宪法文本之外,宪法解释也具有宪法同等效力。尽管我国国家机关在法律适用中,很少直接适用宪法，且《行政诉讼法》未将宪法明确作为人民法院审理行政案件的依据，但是司法实践中法院仍可以援引宪法作为裁判的说理依据。例如，在"莫某通不服福清市人事局批准教师退休案"中，福州市中级人民法院经审理指出"上诉人莫某通属于被上诉人福清市人事局所管理的事业机构人员，不属国家公务员序列。不受《中华人民共和国行政诉讼法》第十二条第（三）项规定的'行政机关对行政机关工作人员的奖惩、任免等决定'之例外条款的规范。且被上诉人福清市人事局作出的批准退休决定处分了《中华人民共和国宪法》所规定的公民的劳动权，是具体行政行为，行政相对人对此不服的，有权提起行政诉讼，人民法院应对此具体行政行为进行司法审查"。[1]

根据《行政诉讼法》第 63 条，法律是人民法院审理行政案件的依据，这意味法院对法律不能进行正当性审查，必须适用。法律是全国人民代表大会及其常务委员会制定的一般性规则。法律作为行政法的法源有四种具体形式，即①全国人民代表大会制定和修改的有关刑事、民事、国家机构及其他事项基本法律。②全国人民代表大会常务委员会制定和修改的除基本法律以外的其他法律。③在全国人民代表大会闭会期间，全国人民代表大会常务委员会对基本法律所作的部分补充和修改，但是不得同该基本法律的基本原则相抵触。例如，《行政诉讼法》最早是 1989 年第七届全国人民代表大会第二次会议通过，2014 年第十二届全国人民代表大会常务委员会第十一次会议对其进行第一次修正，2017 年第十二届全国人民代表大会常务委员会第二十八次会议又对其进行第二次修正。④全国人民代表大会常务委员会的决议、决定、法律解释。例如，《立法法》第 48 条规定："法律解释权属于全国人民代表大会常务委员会。法律有以下情况之一的，由全国人民代表大会常务委员会解释：（一）法律的规定需要进一步明确具体含义的；（二）法律制定后出现新的情况，需要明确适用法律依据的。"

二、行政法规

行政法规是国务院为领导和管理国家各项行政工作，根据宪法和法律，并且按照《行政法规制定程序条例》的规定而制定的政治、经济、教育、科

---

[1] 最高人民法院中国应用法学研究所编：《人民法院案例选》（总第 32 辑），人民法院出版社 2000 年版，第 368~369 页。

技、文化、外事等各类法规的总称。行政法规一般以条例、办法、实施细则、规定等形式组成。发布行政法规需要国务院总理签署国务院令。行政法规的效力仅次于宪法和法律，高于部门规章和地方性法规。

根据《宪法》第 89 条和《立法法》第 12 条至第 15 条、第 72 条之规定，行政法规的权限范围包括三个方面：

第一，为执行法律的规定将法律规定加以具体化，如《食品安全法实施条例》是根据《食品安全法》以及为了更好地实施《食品安全法》而制定的行政法规。

第二，就《宪法》第 89 条规定的国务院行政管理职权范围内的事项制定行政法规。一方面，行政法规所规范的事项必须是行政管理事项，不得规定国务院权限范围以外的事项；另一方面，行政法规在效力位阶上低于法律，故而全国人民代表大会及其常务委员会已经就行政管理事项作出规定的，行政法规不得与之相抵触。

第三，全国人民代表大会及其常务委员会授权的事项。这主要是指，应当由全国人民代表大会及其常务委员会制定法律的事项但尚未制定法律的，全国人民代表大会及其常务委员会有权作出决定，授权国务院可以根据实际需要，对其中的部分事项先制定行政法规，但是有关犯罪和刑罚、对公民政治权利的剥夺和限制人身自由的强制措施和处罚、司法制度等事项除外。对于这一授权规定，还应把握如下几方面：①国务院根据全国人民代表大会及其常务委员会的授权决定先制定的行政法规，经过实践检验，制定法律的条件成熟时，国务院应当及时提请全国人民代表大会及其常务委员会制定法律。法律制定后，相应立法事项的授权终止。②全国人民代表大会及其常务委员会的授权决定应当明确授权的目的、事项、范围、期限以及被授权机关实施授权决定应当遵循的原则等。授权的期限不得超过 5 年，但是授权决定另有规定的除外。被授权机关应当在授权期限届满的 6 个月以前，向授权机关报告授权决定实施的情况，并提出是否需要制定有关法律的意见；需要继续授权的，可以提出相关意见，由全国人民代表大会及其常务委员会决定。③被授权机关应当严格按照授权决定行使被授予的权力。被授权机关不得将被授予的权力转授给其他机关。

三、地方性法规、自治条例和单行条例

地方性法规是有权的地方国家权力机关依照法定的权限，在不同宪法、法律和行政法规相抵触的前提下，制定和颁布的在本行政区域范围内实施的规范性文件。自治条例和单行条例则是民族区域自治地方的人民代表大会根据宪法和法律的规定制定的法规。

（一）地方性法规的制定主体

根据《立法法》，有权制定地方性法规的主体包括如下几类：①省、自治区、直辖市的人民代表大会及其常务委员会；②设区的市的人民代表大会及其常务委员会，在我国设区的市又具体可以分为省、自治区的人民政府所在地的市，经济特区所在地的市和国务院已经批准的较大的市；③自治州的人民代表大会及其常务委员会；④广东省东莞市和中山市、甘肃省嘉峪关市、海南省三沙市和儋州市的人民代表大会及其常务委员会，比照设区的市人民代表大会及其常务委员会行使地方立法权。上述有地方性法规制定权的主体不仅可以自己的名义单独立法，还可根据区域协调发展的需要，协同制定地方性法规，在本行政区域或者有关区域内实施。

此外，经济特区所在地的省、市的人民代表大会及其常务委员会，上海市人民代表大会及其常务委员会，海南省人民代表大会及其常务委员会除行使上述一般地方立法权之外，还可以根据有关授权和法律规定行使特别立法权。具体而言，经济特区所在地的省、市的人民代表大会及其常务委员会根据全国人民代表大会的授权决定，制定法规，在经济特区范围内实施。上海市人民代表大会及其常务委员会根据全国人民代表大会常务委员会的授权决定，制定浦东新区法规，在浦东新区实施。海南省人民代表大会及其常务委员会根据法律规定，制定海南自由贸易港法规，在海南自由贸易港范围内实施。

（二）地方性法规的立法权限

《立法法》第 82 条第 1 款对地方性法规的立法权限作了一般性规定，即"地方性法规可以就下列事项作出规定：（一）为执行法律、行政法规的规定，需要根据本行政区域的实际情况作具体规定的事项；（二）属于地方性事务需要制定地方性法规的事项"。对于属于全国人民代表大会及其常务委员会的专属立法事项以外的其他事项，尚未制定法律或者行政法规的，省、自治区、

直辖市和设区的市、自治州根据本地方的具体情况和实际需要，可以先制定地方性法规。在国家制定的法律或者行政法规生效后，地方性法规同法律或者行政法规相抵触的规定无效，制定机关应当及时予以修改或者废止。

《立法法》第81条对设区的市、自治州的地方性法规的权限作了限制性规定，即根据本市或者本自治州的具体情况和实际需要，在不同宪法、法律、行政法规和本省、自治区的地方性法规相抵触的前提下，可以对城乡建设与管理、生态文明建设、历史文化保护、基层治理等方面的事项制定地方性法规，法律对设区的市、自治州制定地方性法规的事项另有规定的，从其规定。换言之，除非法律有特别规定，设区的市、自治州的地方性法规仅能就城乡建设与管理、生态文明建设、历史文化保护、基层治理等方面的事项作出规定。

还需说明的是，2000年制定的《立法法》并没有全面赋予设区的市地方立法权，而仅仅规定了省、自治区的人民政府所在地的市，经济特区所在地的市和国务院已经批准的较大的市可以行使一般地方立法权，权限范围没有特别限制。2015年《立法法》修正，将地方立法权扩展至所有设区的市，同时将立法权限范围限定在"城乡建设与管理、环境保护、历史文化保护等方面的事项"。如此，就产生了省、自治区的人民政府所在地的市，经济特区所在地的市和国务院已经批准的较大的市在《立法法》修正之前就"城乡建设与管理、环境保护、历史文化保护等方面的事项"以外的其他事项制定的地方性法规的效力问题。对此，《立法法》遵循了"法不溯及既往"的原则，允许其继续有效。另外，在2015年《立法法》修正以后，省、自治区的人民政府所在地的市，经济特区所在地的市和国务院已经批准的较大的市不能再就"城乡建设与管理、环境保护、历史文化保护等方面的事项"制定一般性地方性法规。

（三）地方性法规的法律效力

地方性法规是人民法院审理行政诉讼案件的依据，在法律效力上低于法律和行政法规，其中省级人民代表大会及其常务委员会制定的地方性法规在效力上要高于本辖区内设区的市的人民代表大会及其常务委员会制定的地方性法规。在制定程序上，设区的市的地方性法规须报省、自治区的人民代表大会常务委员会批准后施行。省、自治区的人民代表大会常务委员会对报请批准的地方性法规，应当对其合法性进行审查，认为同宪法、法律、行政法规和本省、自治区的地方性法规不抵触的，应当在 4 个月内予以批准。

省、自治区的人民代表大会常务委员会在对报请批准的设区的市的地方性法规进行审查时，发现其同本省、自治区的人民政府的规章相抵触的，应当作出处理决定。

经济特区行使特区立法权制定的经济特区法规可以对法律、行政法规、地方性法规作变通规定，在本经济特区适用经济特区法规的规定。

（四）自治条例和单行条例

制定自治条例和单行条例是自治机关行使自治权的重要方式。自治条例是民族自治地方的人民代表大会依照当地民族的政治、经济和文化的特点制定的全面调整本自治地方事务的综合性规范性文件。单行条例是民族自治地方的人民代表大会依照当地民族的政治、经济、文化的特点制定的调整本自治地方某方面事务的规范性文件。自治条例集中体现民族自治地方的自治权，具有民族自治地方总章程的性质。单行条例是民族自治地方行使某一方面自治权的具体规定，单行条例应当遵循自治条例的规定。

根据《宪法》第 116 条和《立法法》第 85 条，民族自治地方的人民代表大会有权依照当地民族的政治、经济和文化的特点，制定自治条例和单行条例。自治区的自治条例和单行条例，报全国人民代表大会常务委员会批准后生效。自治州、自治县的自治条例和单行条例，报省或者自治区的人民代表大会常务委员会批准后生效，并报全国人民代表大会常务委员会备案。自治条例和单行条例可以依照当地民族的特点，对法律和行政法规的规定作出变通规定，但不得违背法律或者行政法规的基本原则，不得对宪法和民族区域自治法的规定以及其他有关法律、行政法规专门就民族自治地方所作的规定作出变通规定。自治条例和单行条例依法对法律、行政法规、地方性法规作变通规定的，在本自治地方适用自治条例和单行条例的规定。

根据《行政诉讼法》第 63 条第 2 款，人民法院审理民族自治地方的行政案件时，除了依据法律和行政法规，还应当依据该民族自治地方的自治条例和单行条例。

四、行政规章

行政规章，通常称规章，作为法律、法规的补充形式，在我国行政管理活动中发挥着重要作用，包括部门规章和地方政府规章两种类型。

（一）部门规章

部门规章是指国务院各部、委员会、中国人民银行、审计署和具有行政管理职能的直属机构以及法律规定的机构，根据法律和国务院的行政法规、决定、命令，在本部门的权限范围内按照规定的程序所制定的规定、办法、细则、规则等规范性文件的总称。

部门规章规定的事项应当属于执行法律或者国务院的行政法规、决定、命令的事项。没有法律或者国务院的行政法规、决定、命令的依据，部门规章不得设定减损公民、法人和其他组织权利或者增加其义务的规范，不得增加本部门的权力或者减少本部门的法定职责。涉及两个以上国务院部门职权范围的事项，应当提请国务院制定行政法规或者由国务院有关部门联合制定规章。

（二）地方政府规章

地方政府规章是指省、自治区、直辖市和设区的市、自治州的人民政府，根据法律、行政法规和本省、自治区、直辖市的地方性法规，并按照规定的程序所制定的普遍适用于本行政区域的规定、办法、细则、规则等规范性文件的总称。

地方政府规章在权限范围上包括两大类事项：其一是为执行法律、行政法规、地方性法规的规定需要制定规章的事项；其二是属于本行政区域的具体行政管理事项。设区的市、自治州的人民政府制定地方政府规章的权限范围限于城乡建设与管理、生态文明建设、历史文化保护、基层治理等方面的事项。但是，在2015年《立法法》修正之前已经制定的地方政府规章，涉及上述事项范围以外的，继续有效。没有法律、行政法规、地方性法规的依据，地方政府规章不得设定减损公民、法人和其他组织权利或者增加其义务的规范。

应当制定地方性法规但条件尚不成熟的，因行政管理迫切需要，可以先制定地方政府规章。规章实施满2年需要继续实施规章所规定的行政措施的，应当提请本级人民代表大会或者其常务委员会制定地方性法规。

五、国际条约与协定

国际条约与协定中有关一国国内行政的内容，皆可以成为行政法的法源。例如，我国于2001年签署的《中华人民共和国加入世界贸易组织议定书》及其附件中许多有关行政审批、行政许可以及反倾销、反补贴等行政行为的准则都对我国的行政机关构成约束。再如，领事条约中关于领事馆的设立、领事的职权、护照和签证的颁发、同派遣国的联系等，都涉及国家行政管理，调整着一定领域的行政关系。[1]国际法作为行政法的渊源，需要处理好与国内法的关系。对于条约在国内的适用和地位，目前我国宪法没有作出统一明确的规定。从一些涉及条约适用的国内立法看，条约的直接适用、条约与相关国内法并行适用、条约须经国内立法转化才能适用几种情况都存在，同时也有相当一部分法律对于条约事项未作出任何规定。例如，对于 WTO（世界贸易组织）规则，我国虽然是其缔约成员，但其在我国应属于转化适用之列；外交关系和领事关系条约则与我国国内法并行适用，国内法是国际条约的细化和补充。多数条约在我国国内的适用，需要根据与该条约相关的法律规定，结合条约本身的情况进行具体考察才能作出恰当的结论。

六、非制定法法源

随着当代行政管理方式的日渐多元化以及社会公共治理理念的方兴未艾，行政法的非制定法法源也愈发多样化，主要包括规范性文件、行政判例、行政惯例和习惯、行政法理和基本原则、党内法规和软法等。此外，还有学者指出，基于解决行政争议的需要，应将政策、情理纳入行政法的法源之中，其中，"基于合法性审查中的'法'的外在视角，应将政策作为合法性审查中'法'的补充；基于合法性审查中的'法'的内在视角，应将情理作为合法性审查中'法'的补强"。[2]

（一）规范性文件

《最高人民法院关于审理行政案件适用法律规范问题的座谈会纪要》（法〔2004〕96号）指出："这些具体应用解释和规范性文件不是正式的法律渊源，对人民法院不具有法律规范意义上的约束力。但是，人民法院经审查认为被诉具体行政行为依据的具体应用解释和其他规范性文件合法、有效并合理、适当的，在认定被诉具体行政行为合法性时应承认其效力；人民法院可以在裁判理由中对具体应用解释和其他规范性文件是否合法、有效、合理或

---

〔1〕 杨建顺主编：《行政法总论》（第2版），北京大学出版社2016年版，第14页。
〔2〕 章剑生：《行政诉讼合法性审查中"法"的重述》，载《中外法学》2023年第1期。

适当进行评述。"《最高人民法院关于适用〈中华人民共和国行政诉讼法〉的解释》（法释〔2018〕1 号）第 100 条第 2 款将规范性文件的法源地位概括规定为"人民法院审理行政案件，可以在裁判文书中引用合法有效的规章及其他规范性文件"。

（二）习惯和惯例

习惯和惯例虽不是国家法，却是"实际应用的法律"，理应获得行政机关乃至法院的尊重。例如，在"胡某女诉浙江省宁海县人民政府土地行政确认行政争议案"中，法院认为："被上诉人宁海县人民政府认可上诉人之子潘某明与原审第三人潘某兵之间的房屋买卖契约合法有效，是在综合分析所掌握的证据材料的情况下作出的。此项认定符合当地农村村民的生活习惯。被上诉人宁海县人民政府据此作出的颁证行为，并无错误。"又如，在"吴某琴等诉山西省吕梁市工伤保险管理服务中心履行法定职责案"中，最高人民法院提炼的裁判要旨是："行政机关对特定管理事项的习惯做法，不违反法律、法规的强制性规定且长期适用形成的行政惯例的，公民、法人或其他组织基于该行政惯例的合理信赖利益应当得到适当保护。"

（三）判例

我国不是判例法国家，但是作为生效判决形成的先例，判例在客观上对同类案件的处理具有重要的参考价值。最高人民法院确定并统一发布的指导性案例，更是各级人民法院审理类似案例时应当参照的判例。2018 年修订的《人民法院组织法》第 37 条第 2 款规定："最高人民法院对属于审判工作中具体应用法律的问题进行解释，应当由审判委员会全体会议讨论通过；发布指导性案例，可以由审判委员会专业委员会会议讨论通过。"指导性案例作为一项具体的司法制度为《人民法院组织法》所确认，并列于司法解释判例，具有事实上的法规范效力。如在"周口市双立商贸有限公司与被告周口市人民政府及第三人周口市国土资源局不服收回国有使用权决定纠纷案"中，法院认为："原告双立商贸有限公司据此主张，根据最高人民法院于 2014 年 12 月 25 日发布的第九批第 41 号指导性案例，应当视为被诉具体行政行为没有法律依据。"

（四）法的基本原则

在过去几十年的行政诉讼实践中，法院在审理行政案件时，有时也会将合法性审查中的"法"扩大到法的基本原则，以妥善审理手中的行政案件。

例如，在"田某诉北京科技大学拒绝颁发毕业证、学位证案"中，法院引用了"充分保障当事人权益原则"；在"张某银诉徐州市人民政府房屋登记行政复议决定案"中，法院引用了"正当程序原则"；在"周口市益民燃气有限公司诉河南省周口市人民政府等行政行为违法案"中，法院引用了"信赖保护原则"等。上述三个行政案件公布之后，得到了行政法学界的高度认可，社会层面的客观效果也基本上都是正面的。可见，法院在合法性审查中对"法"作这样的扩展也具有正当性。[1]

（五）党内法规

根据《中国共产党党内法规制定条例》的规定，党内法规是党的中央组织、中央纪律检查委员会以及党中央工作机关和省、自治区、直辖市党委制定的规范党组织的工作、活动和党员行为的党内规章制度的总称。党内法规所规范的内容是"党组织的工作、活动和党员行为"。其具体调整范围主要包括党的组织建设，党的工作与活动，对党员行为的规范以及对党组织和党员、党的干部的监督与问责等。[2]党内法规可以在三种形式上构成行政法法源：其一，通过党内法规规范某些行政权事项，如生态环境保护中的督察工作、地方党政领导干部安全生产责任和食品安全生产责任、新闻出版、电影、宗教、华侨等行政管理事项；其二，通过党内法规规范行政组织事项，包括机构编制、国家机关干部选拔任用、公务员选拔及任用和管理、党政领导干部行政问责等，为执政党"依法执政"提供依据；其三，党内法规还逐渐进入行政司法领域，甚至成为法院认定实体问题的依据。例如，法院根据《党政机关公文处理工作条例》，认为行政机关的答复没有加盖公章，缺乏法定形式要件，系无效行政行为。[3]

（六）软法

所谓软法，是那些没有国家法的强制约束力但在事实上具有约束效力的行为准则的统称，如行业协会、高等学校等社会自治组织的内部规则，村规民约，人民政协、社会团体的章程、纲领、规则，国际组织规范的行为规则等。软法在司法审查中居于"参考"的地位，即法院通过合法性审查认为软

---

〔1〕 章剑生：《行政诉讼合法性审查中"法"的重述》，载《中外法学》2023年第1期。

〔2〕 姜明安：《论党内法规在依法治国中的作用》，载《中共中央党校学报》2017年第2期。

〔3〕 欧爱民、李政洋：《党内法规构成行政法渊源——以新时代二元法治规范体系为分析视角》，载《上海政法学院学报（法治论丛）》2020年第5期。

法规则合法、正当的，可以作为说理依据加以援引。例如，在"甘某诉暨南大学开除学籍决定案"中，最高人民法院再审指出："人民法院审理此类案件时，应当以相关法律、法规为依据，参照相关规章，并可参考涉案高等院校正式公布的不违反上位法规定精神的校纪校规。"[1]这意味着法院在审理相关案件时，可以对软法的合法性和合理性进行审查，但是审查强度会因为社会自治程度的不同而有所差异，即如果软法涉及的领域属于社会自治的较弱领域，则法院会对该软法规则实施高强度审查，反之则实施弱强度审查以充分尊重社会自治。最高人民法院指导案例38号、39号可充分说明这一点，前者的裁判要旨指出"高等学校依据违背国家法律、行政法规或规章的校规、校纪，对受教育者作出退学处理等决定的，人民法院不予支持"，而后者的裁判要旨则指出"高等学校依照《中华人民共和国学位条例暂行实施办法》的有关规定，在学术自治范围内制定的授予学位的学术水平标准，以及据此标准作出的是否授予学位的决定，人民法院应予支持"。

第二节　行政法法源的效力位阶

行政法法源种类繁多，相互之间的效力不一，在具体适用中存在一定的次序等级或者顺序关系。厘清不同行政法法源的效力位阶，是在个案中正确适用法律规范的前提。行政法法源的效力位阶既包括制定法法源之间的效力位阶，也包括非制定法法源之间的效力位阶，还包括制定法法源与非制定法法源之间的效力位阶。

一、制定法法源的效力位阶

我国《立法法》专设"适用与备案审查"一章规定了我国行政法制定法法源之间就同一事项的规定冲突或者不一致时，应如何适用的具体规则，其中包括法源的效力位阶、新旧法的适用规则、一般法与特别法的适用规则。

（一）上位法优于下位法

依据《立法法》，行政法的所有制定法法源中，宪法、法律、行政法规、地方性法规、地方政府规章、自治条例和单行条例、部门规章之间既有一般

---

〔1〕　参见最高人民法院〔2011〕行提字第12号行政判决书。

的上位法与下位法的顺序关系，也有变通立法的特别适用和部门规章的特殊适用。

1. 《立法法》规定的一般效力规则

宪法具有最高的法律效力，一切法律、行政法规、地方性法规、自治条例和单行条例、规章都不得同宪法相抵触。法律的效力高于行政法规、地方性法规、规章。行政法规的效力高于地方性法规、规章。地方性法规的效力高于本级和下级地方政府规章。省、自治区的人民政府制定的规章的效力高于本行政区域内的设区的市、自治州的人民政府制定的规章。下位法的内容应当符合上位法的原则和精神，不得与上位法的规定相冲突或者抵触。如果高位阶的法源被废止，依据上位法制定的下位阶法源也通常失去效力。

需要指出的是，不同位阶法源的适用顺序与效力位阶秩序并非同一问题，就法源的具体适用而言，由于下位阶的法源就某一事项的规定相较上位阶法源通常更为具体详细，所以会优先得到适用。只有下位法存在疏漏或者与上位法的规定存在不一致时，才适用上位法的规定。

2. 变通立法的适用问题

根据《宪法》第116条和《立法法》第85条、第101条，民族自治地方的人民代表大会制定的自治条例和单行条例，可以依照当地民族的特点，对法律和行政法规的规定作出变通规定，但不得违背法律或者行政法规的基本原则，不得对宪法和民族区域自治法的规定以及其他有关法律、行政法规专门就民族自治地方所作的规定作出变通规定。自治条例和单行条例依法对法律、行政法规、地方性法规作变通规定的，在本自治地方适用自治条例和单行条例的规定。经济特区法规根据授权对法律、行政法规、地方性法规作变通规定的，在本经济特区适用经济特区法规的规定。

3. 部门规章的适用问题

部门规章之间、部门规章与地方政府规章之间具有同等效力，在各自的权限范围内施行。地方性法规、规章之间不一致时，由有关机关依照下列规定的权限作出裁决：①地方性法规与部门规章之间对同一事项的规定不一致，不能确定如何适用时，由国务院提出意见，国务院认为应当适用地方性法规的，应当决定在该地方适用地方性法规；认为应当适用部门规章的，应当提请全国人民代表大会常务委员会裁决；②部门规章之间、部门规章与地方政府规章之间对同一事项的规定不一致时，由国务院裁决。

（二）新旧法之间、一般法与特别法之间的适用规则

一般而言，同位阶的法源就同一事项规定不一致的，适用新法优于旧法、特别法优于一般法的原则，即同一机关制定的法律、行政法规、地方性法规、自治条例和单行条例、规章，特别规定与一般规定不一致的，适用特别规定；新的规定与旧的规定不一致的，适用新的规定。

此外，《立法法》还明确了"同一机关制定的新的一般规定与旧的特别规定不一致时，由制定机关裁决"的原则，即①法律之间对同一事项的新的一般规定与旧的特别规定不一致，不能确定如何适用时，由全国人民代表大会常务委员会裁决；②行政法规之间对同一事项的新的一般规定与旧的特别规定不一致，不能确定如何适用时，由国务院裁决；③根据授权制定的法规与法律规定不一致，不能确定如何适用时，由全国人民代表大会常务委员会裁决。

二、非制定法法源的效力冲突

通说认为，非制定法法源是制定法法源的补充，制定法法源要优先于非制定法法源适用，只有在制定法法源存在空白或者缺漏的情形下，非制定法法源才会发挥补充制定法法源不足的功能。这并非要求行政机关或者法院在进行个案处理时不能机械地适用既有的成文法规范，一味追求形式上的合法律性。相反，行政机关或者法院应当在综合运用法的精神、一般原理、惯例等进行价值衡量的基础上作出符合一般社会正义的、具有实质正当性的决定或者裁判。例如，在"田某诉北京科技大学拒绝颁发毕业证、学位证案"中，面对当时的制定法规范没有明确规定退学处理应当遵循听取陈述和申辩、送达等程序的情形下，北京市海淀区人民法院直接依据正当程序原则认定北京科技大学退学处理决定违法，即"按退学处理，涉及被处理者的受教育权利，从充分保障当事人权益的原则出发，作出处理决定的单位应当将该处理决定直接向被处理者本人宣布、送达，允许被处理者本人提出申辩意见。北京科技大学没有照此原则办理，忽视当事人的申辩权利，这样的行政管理行为不具有合法性"。[1]

再如，在"吴某琴等诉山西省吕梁市工伤保险管理服务中心履行法定职

---

[1] 参见《田某诉北京科技大学拒绝颁发毕业证、学位证行政诉讼案》，载《中华人民共和国最高人民法院公报》1999 年第 4 期。

责案"中，2007 年，原告吴某琴等 2 人的丈夫被吕梁市社会劳动保障局认定因公死亡，同时认定因其"所在煤矿公司未遵照 2007 年新出台《社会保险费征缴暂行条例》规定在一定期限前缴纳社会保险而无法享受社保待遇"。山西省高级人民法院认为，原告吴某琴等 2 人的丈夫所在煤矿公司自 2002 年至 2007 年均以不定期方式缴纳社会保险，这种不定期缴纳社会保险费用的方式在当地工伤保险管理实际工作中已形成习惯性做法，这种做法需要在以后的工伤保险管理工作中逐步规范，但是被告以该缴费方式不符合《社会保险费征缴暂行条例》为由不予核定并支付原告丈夫工亡后的工伤保险待遇的行为违法。[1] 上述裁判突破了成文法的限制，实质上承认了行政惯例这一非制定法法源对行政机关的约束，以及行政相对人对行政惯例的合法信赖应当得到保护。

理论上，行政法的非制定法法源之间也有冲突的可能。此时，我们需要引入法的价值进行权衡后再作出判断和选择。其中，法的原则源于学说的发展结晶，可以作为一种法的价值进入非制定法法源效力冲突的权衡之中，引导行政法法源的适用主体作出正确的判断和选择。[2] 当然，在法的原则之间本身存在冲突的时候，要引入一般社会正义的考量进行价值权衡，例如在直接导致"信赖保护原则"产生的德国安寡金案件中，依法行政原则与法律安定原则存在冲突，法院即认为只有依法行政原则所要维护的公共利益明显大于私人的信赖利益时，才需要遵循依法行政原则，否则便有违一般社会正义。

典型案例：鲁潍（福建）盐业进出口有限公司苏州分公司诉江苏省苏州市盐务管理局盐业行政处罚案[3]

案例来源：最高人民法院指导案例 5 号

案情简介：2007 年 11 月 12 日，鲁潍（福建）盐业进出口有限公司苏州分公司（以下简称"鲁潍公司"）从江西等地购进 360 吨工业盐。苏州市盐务管理局认为鲁潍公司进行工业盐购销和运输时，应当按照《江苏省〈盐业

---

〔1〕 中华人民共和国最高人民法院行政审判庭编：《中国行政审判案例》（第 4 卷），中国法制出版社 2012 年版，第 77~81 页。

〔2〕 章剑生：《现代行政法总论》，法律出版社 2014 年版，第 86 页。

〔3〕 中华人民共和国最高人民法院行政审判庭编：《中国行政审判案例》（第 4 卷），中国法制出版社 2012 年版，第 82~89 页。

管理条例〉实施办法》的规定办理工业盐准运证，鲁潍公司未办理工业盐准运证即从省外购进工业盐涉嫌违法。2009 年 2 月 26 日，苏州市盐务管理局经听证、集体讨论后认为，鲁潍公司未经江苏省盐业公司调拨或盐业行政主管部门批准从省外购进盐产品的行为，违反了《盐业管理条例》第 20 条、《江苏省〈盐业管理条例〉实施办法》第 23 条、第 32 条第 2 项的规定，并根据《江苏省〈盐业管理条例〉实施办法》第 42 条的规定，对鲁潍公司作出（苏）盐政一般［2009］第 001-B 号处罚决定书，决定没收鲁潍公司违法购进的精制工业盐 121.7 吨、粉盐 93.1 吨，并处罚款 122 363 元。鲁潍公司不服该决定，于 2 月 27 日向苏州市人民政府申请行政复议。苏州市人民政府于 4 月 24 日作出了［2009］苏行复第 8 号复议决定书，维持了苏州市盐务管理局作出的处罚决定。

法院裁判：苏州市盐务管理局对盐业违法案件进行查处时，应适用合法有效的法律规范。《立法法》第 79 条规定："法律的效力高于行政法规、地方性法规、规章。行政法规的效力高于地方性法规、规章。"苏州市盐务管理局的具体行政行为涉及行政许可、行政处罚，应依照《行政许可法》《行政处罚法》的规定实施。法不溯及既往是指法律的规定仅适用于法律生效以后的事件和行为，对于法律生效以前的事件和行为则不适用。《行政许可法》第 83 条第 2 款规定："本法施行前有关行政许可的规定，制定机关应当依照本法规定予以清理；不符合本法规定的，自本法施行之日起停止执行。"《行政处罚法》第 64 条第 2 款规定："本法公布前制定的法规和规章关于行政处罚的规定与本法不符合的，应当自本法公布之日起，依照本法规定予以修订，在 1997 年 12 月 31 日前修订完毕。"因此，苏州市盐务管理局有关法不溯及既往的抗辩理由不成立。根据《行政许可法》第 15 条第 1 款、第 16 条第 3 款的规定，在已经制定法律、行政法规的情况下，地方政府规章只能在法律、行政法规设定的行政许可事项范围内对实施该行政许可作出具体规定，不能设定新的行政许可。法律及《盐业管理条例》没有设定工业盐准运证这一行政许可，地方政府规章不能设定工业盐准运证制度。根据《行政处罚法》第 13 条的规定，在已经制定行政法规的情况下，地方政府规章只能在行政法规规定的给予行政处罚的行为、种类和幅度内作出具体规定，《盐业管理条例》对盐业公司之外的其他企业经营盐的批发业务没有设定行政处罚，地方政府规章不能对该行为设定行政处罚。

人民法院审理行政案件，依据法律、行政法规、地方性法规，参照规章。苏州市盐务管理局在依职权对鲁潍公司作出行政处罚时，虽然适用了《江苏省〈盐业管理条例〉实施办法》，但是未遵循《立法法》第 79 条关于法律效力等级的规定，未依照《行政许可法》和《行政处罚法》的相关规定，属于适用法律错误，依法应予撤销。

复习与思考题：

1. 行政法的法源有哪些？
2. 阐述《立法法》对地方立法权的规定。
3. 行政法不同法源之间的效力冲突如何解决？可结合具体案例进行分析。

第二编
行政组织法

　　国家欲实现其行政作用，必须依赖一定的组织，这种组织在概括意义上可称为行政组织，国家通过行政组织完成对社会公共事务的管理。在我国，行政组织的载体或者表现形式主要为国家行政机关，同时还包括了法律、法规、规章授权的组织以及接受国家行政机关委托行使行政权的主体。与此同时，组织作为一种拟制的主体还必须依赖于人、财、物来完成行政管理任务，即公务员和公物。行政组织法则是规范和调整行政组织关系的法规范的总称，主要包括行政组织的机构设置、管理体制、职责权限和活动原则等内容。

第四章　行政主体
第五章　公务员
第六章　公物

第四章
行政主体

本章知识要点：

1. 行政主体的内涵及其外延
2. 行政机关的主要类别
3. 被授权组织的法律地位及主要类型
4. 受委托主体的法律地位

第一节　行政主体概述

行政法学理认为，"行政主体"成为我国行政组织法研究的统合性概念是1989 年《行政诉讼法》颁布前后的事，"很大程度上是为了解答行政诉讼中被告如何确认以及谁具有独立对外执法资格等问题"。[1] 可以说，自行政诉讼制度诞生伊始，行政主体就和行政诉讼被告紧密关联在一起，即只有具有行政主体资格的主体才能充当行政诉讼被告。

一、行政主体的理论起源

究其本源，行政主体这一概念源自以法国、德国为代表的大陆法系行政法，是大陆法系行政法上研究行政职权行使主体及行政组织的重要概念。以法国为例，行政主体是一个法律概念，之所以在法律上创设这一概念，是因为行政职务由公务员执行，而公务员并不负担由执行职务产生的法律效果，其法律效果归属于一个中心。这个中心把众多的、先后不同的公务员的行为

---

〔1〕　余凌云：《行政法讲义》（第 3 版），清华大学出版社 2019 年版，第 127 页。

统一起来，承担由众多的、先后不同的公务员的行为产生的权利和义务，从而使前任公务员的行为对后任公务员也产生效力，确保行政的统一性和协调一致。这个中心在法律上被称为行政主体，其本质是公法人，指享有实施行政职务的权力并负担由于实施行政职务而产生的权利、义务和责任的主体。因此，创设行政主体概念是使行政活动具有统一性和连续性的一种法律技术。法国法律承认的三种行政主体，即国家、地方团体和以实施某种特定公务而专门成立的公务法人。[1]

在德国，行政主体概念的关键在于权利能力。要使行政受到法律的调整和约束，不仅需要为"行政"设定权利义务的规范，而且需要进一步明确承担这些权利义务的主体。这一点在法理上是通过赋予特定行政组织以权利能力从而使其成为行政法上权利义务的归属主体来实现的，其后果是，这些组织能够独立进行法律活动、处分财产、起诉或者被诉。据此，德国法上的行政主体类型包括：①作为原始行政主体的国家，包括联邦和州；②具有权利能力的团体、公法设施、公法基金会、县、乡镇等；③具有部分权利能力的行政机构；④被授权组织。[2]

二、行政主体的内涵、外延

在我国，行政主体理论是为了解决《行政诉讼法》立法过程中行政诉讼被告的识别问题而构建起来的，在形式上借鉴了德国、法国的行政主体理论，但是本质却大不同。就概念而言，行政主体是指享有国家行政职权，能以自己名义对外行使行政职权，并独立承担由此产生的法律责任的组织。根据这一概念界定，我国的行政主体具有"权""名""责"三个方面的特征，三者缺一不可。

第一，行政主体是享有国家行政职权的组织。这是决定某一组织具有行政主体资格的先决性条件，该组织享有的行政职权或来自宪法、行政组织法的授予，或来自单行法律、法规、规章的授予。

第二，行政主体是能以自己的名义对外行使行政职权的组织。这是判断

---

〔1〕 王名扬：《法国行政法》，北京大学出版社 2007 年版，第 31～33 页。

〔2〕 ［德］哈特穆特·毛雷尔：《行政法学总论》，高家伟译，法律出版社 2000 年版，第 498～502，524～585 页。

某一组织是否享有行政主体资格的形式条件。"以自己的名义对外行使行政职权"是指法律、法规或者规章授权该组织在法定的职权范围内以自己的名义实施行政管理活动，外观上表现为在对外发生效力的文书上签字盖章。该组织在法定职权范围内以自己的名义行使行政职权是其行为对外产生效力的前提，实践中某些不具有相应法定职权的组织或者人员在对外文书上签字盖章的，构成越权或者因不具有行政主体资格导致行政行为重大且明显违法而无效。

第三，行政主体是能够独立承担法律责任的组织。这里的独立承担的法律责任为行政责任，即以自己的名义参加行政复议活动或者在行政诉讼中充当行政诉讼被告，而非单独的财产责任。在我国，行政主体行使职权导致的损害赔偿责任由国家承担，赔偿经费由国家财政支付。

根据《行政复议法》《行政诉讼法》确立的行政复议被申请人、行政诉讼被告的识别规则，我国的行政主体在外延上包括两大类：一类是根据宪法或者行政组织法的一般授权行使行政职权的国家行政机关；另一类是根据单行法律、法规、规章的特别授权在某一领域或者就某一事项行使专门行政职权的被授权组织。

三、我国行政主体理论的反思

总体而言，我国的行政主体理论"将行政主体的界定、种类、权限、责任以及资格的取得作为理论建构的核心，并与执法资格、行政行为效力、行政诉讼被告、法律责任归属等发生内在的勾连，成为识别和确认上述内容的一个重要法律技术标准"。[1]

第一，行政主体是能够确保行政活动连续和统一的法律技术概念。行政职务由公务员来执行，但公务员并不负担由此产生的法律后果。行政主体把众多的、先后不同的公务员行为统一起来，确保前任公务员的行为对后任公务员具有同等约束力，从而保障行政的统一性和协调一致性。

第二，行政主体是识别行政执法资格的法律技术概念。这意味着，并非所有的行政分支都能够以自己的名义对外独立行使行政职权，只有特定的具备行政主体资格的行政分支，才能以自己的名义对外独立行使行政职权。

---

〔1〕　余凌云：《行政法讲义》（第3版），清华大学出版社2019年版，第127页。

第三，行政主体是识别行政行为法律效力的法律技术概念。例如，《行政诉讼法》第 75 条明确规定，"行政行为有实施主体不具有行政主体资格或者没有依据等重大且明显违法情形，原告申请确认行政行为无效的，人民法院判决确认无效"。

第四，行政主体是识别行政诉讼被告的法律技术概念。在行政诉讼的实践中，只有具备行政主体资格的行政组织才能充当行政诉讼被告，也才有使法院受理相关争议的可能性。

第五，行政主体是确定法律责任归属的法律技术概念。行政活动造成侵权的情形下，行政主体是行政相对人可以与之交涉的行政组织，即由行政主体来代表国家履行赔偿责任。

随着行政法治的发展，尤其是随着社会公共治理理论的兴起和公权力行使主体的多元化，行政主体理论也日益暴露出明显的不足并受到学界的批评，主要批评的理由可以概括为两个方面：

第一，行政主体独立承担法律责任并非实情。一方面，公务员个人对于违法行使行政职权存在故意或者重大过失的，应承担必要的行政处分甚至是刑事责任；另一方面，行政活动给公民、法人或者其他组织造成损害的，国家承担损害赔偿责任，此时行政主体只是出于诉讼上的便利而存在的应诉主体和行政赔偿义务机关。因此，行政主体独立承担法律责任与公务员承担违法履职的行政、刑事责任和国家承担行政侵权的损害赔偿责任存在逻辑上的矛盾。[1]

第二，以行政主体资格确认行政诉讼被告给行政法治监督带来了一些障碍。这主要表现为行政机关的内设机构、派出机构或者临时组建机构以自己名义对外作出的越权行为，受委托组织超越委托权限实施的具有行政管理性质的行为，社会团体或者组织基于自治而在事实上行使的社会管理行为等，都因其主体资格的问题无法纳入司法监督的范畴，导致权利救济的真空地带。

本书认为，行政主体作为一种确保行政活动具有连续性和统一性的法律技术概念，仍有其存在的必要性。为解决行政主体不独立承担责任的逻辑矛

---

[1] 参见沈岿：《重构行政主体范式的尝试》，载《法律科学（西北政法学院学报）》2000 年第 6 期。

盾并回应社会公权力行政所产生的司法救济问题，我国的行政主体理论亟待改进和完善。归根结底，导致我国行政主体理论先天不足的症结所在是其法律定位偏差，即"将行政主体等同于行政诉讼被告"。因此，完善行政主体理论的关键是纠偏，应割裂行政主体与行政诉讼被告的内在联系，还原行政主体独立承担责任的公法人本质。在此意义上，行政主体可依据其权力行使主体的不同被分为国家和社会公权力主体。与此同时，在行政诉讼被告的确认方面，国家各级各类行政机关、行政机构都是代表国家来实施行政管理的，其法律后果都由国家承担，故应当以便于当事人诉讼为原则，由行为的实施主体为被告代表国家参加诉讼活动。

第二节　职权性行政主体：行政机关

行政机关是指依照宪法或者行政组织法的规定而设置的行使国家行政职能的国家机关。行政组织法对于行政机关的研究主要是描述国家行政机关体系及其内部关系。

一、现行行政机关体系

根据《宪法》《国务院组织法》《地方各级人民代表大会和地方各级人民政府组织法》，我国现行行政机关体系由中央行政机关、一般地方行政机关和特别行政区行政机关组成。

（一）中央行政机关

中央行政机关由国务院和国务院的工作部门（包括部、委、直属机构、部委归口管理的国家局、中国人民银行、审计署等）组成。

《宪法》第85条明确规定："中华人民共和国国务院，即中央人民政府，是最高国家权力机关的执行机关，是最高国家行政机关。"国务院由全国人民代表大会产生，对全国人民代表大会负责，受全国人民代表大会及其常务委员会监督。在组织结构上，国务院由总理、副总理若干人、国务委员若干人、各部部长、各委员会主任、审计长、秘书长组成，实行总理负责制。各部、各委员会实行部长、主任负责制。国务院的组织由法律规定。同时，依据《国务院组织法》第11条"国务院组成部门的设立、撤销或者合并，经总理提出，由全国人民代表大会决定；在全国人民代表大会闭会期间，由全国人民代表大会常务委员会决定"之规定，国务院机构改革方案须经全国人民代表大会审议通过。

（二）一般地方行政机关

一般地方行政机关包括地方各级人民政府、县级以上人民政府的工作部门和县级以上人民政府的派出机关。就地方人民政府而言，一般存在四级划分，即省、自治区、直辖市的人民政府，市（下设区、县的市）一级人民政府，县、市（下设区、县的市）辖区人民政府和乡镇一级人民政府。此外，根据《地方各级人民代表大会和地方各级人民政府组织法》第85条，省、自治区的人民政府在必要的时候，经国务院批准，可以设立若干派出机关。县、自治县的人民政府在必要的时候，经省、自治区、直辖市的人民政府批准，可以设立若干区公所，作为它的派出机关。市辖区、不设区的市的人民政府，经上一级人民政府批准，可以设立若干街道办事处，作为它的派出机关。派出机关履行一级人民政府职能，具有行政主体资格。

（三）特别行政区行政机关

《宪法》第31条规定："国家在必要时得设立特别行政区。在特别行政区内实行的制度按照具体情况由全国人民代表大会以法律规定。"根据上述规定，我国分别于1997年7月1日和1999年12月20日设立了香港特别行政区和澳门特别行政区，为此全国人民代表大会先后专门制定了《香港特别行政区基本法》和《澳门特别行政区基本法》。香港特别行政区和澳门特别行政区的行政机关组织由其基本法予以规定。

二、行政机关之间的关系

上下级行政机关之间、同级行政机关之间的关系遵循行政一体原则和合理分权原则。

（一）行政一体原则

行政一体原则，是指不同层级的行政机关之间、同一层级不同性质的行政机关之间通过行政首长负责制和组织形式上自上而下的层级监督，实现所有的行政活动在最终意义上都归属于最高行政首长统筹指挥，从而实现行政系统内部的组织、功能一体和外部的责任一体。行政一体原则源自国家一体，奥托·迈耶认为："国家是一个有序的集合体……为此集合体及其目的的实现而进行的一些活动，人们一般概括地称之为行政。"〔1〕由于国家行政事务繁芜杂多、性质多样，为了更好地处理这些事务，提升管理效率，实现有序公共治理之目的，国家分设不同部门且依各部门的专业技能之特长为其配置不同的任务并分别执行。与此同时，为防止各部门各自为政，确保其通过分工合作的方式共同服务于国家整体，法律层面要求各部门在各自执行任务时统一接受最高行政首长的统筹指挥监督。〔2〕因此，行政一体既可以保证通过各行政机关的分工合作提升行政效能，又能确保国家任务的整体性不被分割，从而实现国家目的。

我国《宪法》和《地方各级人民代表大会和地方各级人民政府组织法》有关上下级行政机关领导与被领导、指导与被指导关系的相关规定都较为明显地体现了行政一体原则。例如，《宪法》明确规定国务院"统一领导各部和各委员会的工作，并且领导不属于各部和各委员会的全国性的行政工作"，"统一领导全国地方各级国家行政机关的工作"，以及"县级以上的地方各级人民政府领导所属各工作部门和下级人民政府的工作"等。再如，《地方各级人民代表大会和地方各级人民政府组织法》第69条第2款规定"全国地方各级人民政府都是国务院统一领导下的国家行政机关，都服从国务院"，第83规定"省、自治区、直辖市的人民政府的各工作部门受人民政府统一领导，并且依照法律或者行政法规的规定受国务院主管部门的业务指导或者领导。自治州、县、自治县、市、市辖区的人民政府的各工作部门受人民政府统一领导，并且依照法律或者行政法规的规定受上级人民政府主管部门的业务指导或者领导"。

根据上述规定，我国实行中央行政机关之间和中央人民政府与地方人民政府间"条块分割"为主的管理体制，所谓"条"，是指上级人民政府领导下级人民政府的工作，以及国务院部委对地方各级人民政府职能部门自上而下实行垂直管理，比如，国务院公安部直管省级公安部门；所谓"块"，是指地方各级人民政府通过领导所属各职能部门行政工作的方式统管本行政区域内的全部行政事务。"条块分割"模式下，地方人民政府职能部门受本级人民

---

〔1〕 ［德］奥托·迈耶：《德国行政法》，刘飞译，［德］何意志校，商务印书馆2021年版，第1页。

〔2〕 参见耿宝建、殷勤：《〈行政复议法〉修改如何体现"行政一体原则"？》，载《河南财经政法大学学报》2020年第6期。

政府和上一级主管部门的双重领导。此外，基于行政管理的实际需要，某些行政机关在全国范围内或者省以下实行垂直领导，如海关、金融、外汇管理、国家安全机关等。[1]

行政一体原则下，上下级行政机关之间的领导与被领导、指导与被指导关系，还蕴藏了上下级之间监督与被监督关系以及合作关系。监督与被监督关系最为有力的体现为法律规定"上级机关有权废除下级机关作出的决定……上级机关……能通过职务指令决定下级机关的行为，也可以特别命令下级机关废除某一决定。但上级机关同时又是行政系统中更高的等级——上级，它也可以依职权插手下级机关的职务范围，以在上级的位置上以法律上具有优势地位的意志力来作出决定……这种废除具有直接的效力"[2]。就合作关系而言，根据现行有效的法律、法规、规章的规定以及行政实践，行政机关之间的合作形式是多元的，包括征求意见、信息通报、事务协助等。

（二）合理分权原则

所谓合理分权，是指国家行政事务在不同的行政机关之间合理分配，由不同的行政机关在其职权范围内分别展开行政活动，以提高行政效率，避免权力过于集中导致的腐败、低效。这种分权既包括不同行政机关之间的分权，也包括同一行政机关内部不同机构、人员之间的分权。当然，分权并不代表各自为政，本质上是行政机关之间分工合作的方式。

1. 不同行政机关之间的分权[3]

鉴于我国条块分割的行政管理体制，不同行政机关之间的分权既有职能制的横向分权即行政机关的事务管辖权和地域管辖权，也有层级制的纵向分权即层级管辖权。

事务管辖权，即不同领域的行政事务如警察事务、环保事务、教育事务

---

[1] 垂直管理主要有两种类型：中央垂直管理和派出机构、省以下垂直管理机构。中央垂直管理和派出机构主要有：海关、国税、出入境检验检疫、出入境边防检查、人民银行、银行业监管、证券监管、保险监管、电力监管、煤矿安全生产监察、铁道、民航、邮政、通信管理、气象、地震、测绘、烟草、国家物资储备、水利部流域管理机构、交通运输部长江航务管理局、交通运输部派驻地方海事机构、自然资源部土地监察局等。

[2] [德] 奥托·迈耶：《德国行政法》，刘飞译，[德] 何意志校，商务印书馆2021年版，第131页。

[3] 李洪雷：《行政法释义学：行政法学理的更新》，中国人民大学出版社2014年版，第196~198页。

在部门行政机关之间的分配。

地域管辖权，即行政事务在不同地域行政机关之间的分配，基本的原则是：①涉及公民身份的事务，由住所地（户籍所在地）行政机关管辖；住所地与经常居住地不一致的，由经常居住地的行政机关管辖；住所地与经常居住地都不明的，由其最后居住地的行政机关管辖。②涉及法人或者其他组织主体资格事务的，由其主要营业地或者主要办事机构所在地的行政机关管辖。③涉及不动产的，由不动产所在地的行政机关管辖；④其他行政事务，由行为发生地的行政机关管辖。

层级管辖权，即行政事务在不同层级行政机关之间的分配，指根据行政机关的层级构造，在上下级行政机关之间分配行政任务，规定某项行政事务应由哪一级行政机关处理。在确定层级管辖权时，应当遵循有利于发挥行政效能、财权与事权相匹配、权力与责任相一致、管理重心适当下移等原则。依据一般原则，下级行政机关如果处理了应当由上级行政机关处理的事务，则构成超越法定职权；同时，下级行政机关能够自行决定和处理的行政事务，应当由下级行政机关自行决定和处理。此外，根据行政一体原则，如果存在被延误的风险或者下级行政机关不遵守上级行政机关的指示，上级行政机关可以例外地取得下级行政机关的管辖权，前者属于紧急管辖权，后者是垂直介入权。

2. 行政机关内部不同机构之间的分权

职能分离是指在行政机关内部不同机构之间的分权，即行政机关将其内部的某些相关职能加以分离使之分属于不同的机构或不同的工作人员掌管或行使。职能分离的意义在于使行政机关内部建立起相互制约的机制，从而有利于遏制腐败，有效防止权力过于集中所造成的弊端。如行政处罚中调查、控告职能与作出处罚职能的分离，处罚决定职能和决定执行职能的分离，以及罚缴分离等。

第三节　法律、法规、规章授权的组织

法律、法规、规章授权的组织，一般简称为被授权组织，是指经法律、法规、规章授权而行使公共行政权力的非行政机关组织。与行政机关不同，被授权组织具有如下特征：第一，被授权组织行使的行政职权来自单行法律、

法规或者规章的授权，而非来自宪法或者行政组织法的授权；第二，被授权组织行使的行政职权通常都是特定的，仅限于特定领域或者特定事项，其至其权力行使的方式也不同于行政机关；第三，被授权组织不具有国家机关的地位，通常是一般的民事主体，只有在行使法律、法规、规章授予的职权时才具有行政主体资格。例如，《行政诉讼法》第 2 条第 2 款规定："前款所称行政行为，包括法律、法规、规章授权的组织作出的行政行为。"

一、被授权组织的条件

被授权组织的条件是指某一主体应当具备什么样的资格资质才可以获得法律、法规或者规章的授权。对此，尚无立法对此作出统一规定。根据行政法的一般原理和既有单行法律、法规或者规章中的授权规定，通说认为，相应组织应当具备下述条件，法律、法规或者规章才可以授予其特定领域的行政管理职权：①该组织与所授予的行政职权不存在利害关系；②该组织具有了解和掌握与所授予的公共管理职权相关的法律、法规和技术知识的人员；③该组织具备所有行政职能行使所需的基本设备和条件；④对于某些特别的行政职能，被授权组织还应具备特别的条件，如保密、安全、技术、经验和工作人员的特殊素质要求等。其中，条件①是公平公正的要求，防止被授权组织以权谋私，条件②③④则是确保授权的有效性，即被授权组织能够保质保量地完成行政管理的任务。

二、被授权组织的类型

根据我国实际，被授权组织大致可以被归纳为以下五种类型：

（一）行政机构

行政机构包括行政机关的内设机构、派出机构、临时组建机构等。行政机关的内设机构是指行政机关为了更好地完成本职工作而在内部设立的组织机构，在称谓上通常为室、科、处、司等。行政机关的派出机构是行政机关根据实际需要针对某项特定行政事务派驻到某区域代表其行使某些方面职权的工作机构，常见的有公安派出所、税务所等。行政机关的临时组建机构通常是各级人民政府根据工作需要或者为解决某一临时性或专门性问题而向有关单位抽调人员组成的工作机构，具有非常设性，如拆迁办、招商办、领导小组、重点工程建设指挥部等。

　　无论是内设机构、派出机构还是临时组建机构，都不具有行政主体资格，一般都无权对外以自己的名义发布决定和命令，其行为的对外法律后果归属于其所属的行政机关。《最高人民法院关于适用〈中华人民共和国行政诉讼法〉的解释》（法释［2018］1 号）第 20 条第 1 款、第 3 款分别规定"行政机关组建并赋予行政管理职能但不具有独立承担法律责任能力的机构，以自己的名义作出行政行为，当事人不服提起诉讼的，应当以组建该机构的行政机关为被告"，"没有法律、法规或者规章规定，行政机关授权其内设机构、派出机构或者其他组织行使行政职权的，属于行政诉讼法第二十六条规定的委托。当事人不服提起诉讼的，应当以该行政机关为被告"。

　　在特定情况下，如果法律、法规或者规章授予其特定的职权，则其便在一定范围内具备了独立行使行政职权的资格。例如，2012 年《治安管理处罚法》第 91 条规定："治安管理处罚由县级以上人民政府公安机关决定；其中警告、五百元以下的罚款可以由公安派出所决定。"这一规定授权公安派出所自行作出警告、500 元以下罚款的行政决定，具有行政主体资格。《最高人民法院关于适用〈中华人民共和国行政诉讼法〉的解释》（法释［2018］1 号）第 20 条第 2 款就此规定："法律、法规或者规章授权行使行政职权的行政机关内设机构、派出机构或者其他组织，超出法定授权范围实施行政行为，当事人不服提起诉讼的，应当以实施该行为的机构或者组织为被告。"

　　（二）行业协会

　　行业协会是自然人、法人或其他组织基于共同的利益需求自愿结成的社会组织，通常是社团法人，如律师协会、医师协会、注册会计师协会等。多数情形下，行业协会根据其组织章程对协会内部事务进行自律管理，同时也接受法律、法规或者规章的特别授权行使特定的行政管理职能。例如，《律师法》第 46 条授权律师协会履行多项行政管理职能，包括保障律师依法执业、维护律师的合法权益、组织律师业务培训、总结、交流律师工作经验、调解律师执业活动中发生的纠纷等。在"杨某诉广州市律师协会履行职责案"中，二审法院认为："律师协会行使的对申请律师执业人员实习管理权是《律师法》授予的行政管理权，是律师执业许可的必备条件，是实习律师能否成为执业律师无法逾越的法定程序，是对实习登记申请人产生重大权利义务影响的行政管理行为。"[1]

（三）基层群众性自治组织

根据《宪法》和《村民委员会组织法》《城市居民委员会组织法》的规定，以及我国城乡基层社会组织建设的实际情况，基层群众性自治组织指的是依照有关法律规定，以城乡居民（村民）一定的居住地为纽带和范围设立，并由城乡居民（村民）选举产生的成员组成的，实行自我管理、自我教育、自我服务的社会组织。基层群众性自治组织与国家基层政权关系密切：一方面，基层人民政府应依法对基层群众性自治组织的工作给予指导、支持和帮助，但是不得干预依法属于基层群众性自治组织自治范围内的事项；另一方面，基层群众性自治组织应依法协助基层人民政府开展行政管理工作。《村民委员会组织法》第 2 条、《城市居民委员会组织法》第 2 条至第 3 条分别授权村民委员会和居民委员会办理本村或本居住地区的公共事务和公益事业，调解民间纠纷，协助维护社会治安，向人民政府反映村民/居民的意见、要求和提出建议等行政管理职责。

例如，在"陈某飞诉宁波市鄞州区横溪镇梅岭村村民委员会不履行建房用地上报法定职责案"中，法院指出，"……被告宁波市鄞州区横溪镇梅岭村村民委员会是'由法律、法规授权的组织'，其'讨论并公布村民提出的建房申请'的职能属于公共职能，带有公共管理性质……村民委员会与村民之间是管理和被管理的关系，这种管理关系体现在全体村民的利益与个体村民之间的利益的调整或者说是再分配，是一种公共职能。它在进行经济管理和社会管理时以实现其'公共职能'为直接目的的行为是一种行政行为"。[2]

（四）事业单位

根据《事业单位登记管理暂行条例》第 2 条第 1 款，事业单位是指国家为了社会公益目的，由国家机关举办或者其他组织利用国有资产举办的，从事教育、科技、文化、卫生等活动的社会服务组织。《中共中央、国务院关于分类推进事业单位改革的指导意见》（中发［2011］5 号）将我国现有事业单位按照社会功能划分为三个类别，即承担行政职能、从事生产经营活动和从

---

〔1〕 参见广州铁路运输中级法院［2016］粤 71 行终 35 号行政裁定书。
〔2〕 参见浙江省宁波市中级人民法院［2007］甬行终字第 112 号行政判决书。

事公益服务。事业单位改革的基本方向是只保留从事公益服务的事业单位，例如承担义务教育、基础性科研、公共文化、公共卫生及基层的基本医疗服务等基本公益服务的事业单位。法律、法规、规章授权事业单位行使特定行政职能的情形是比较常见的，如在"王某奇诉河北省产权交易中心国有资产管理行政信息公开案"中，法院认为，"被告是河北省人民政府为规范产权转让行为，防止国有资产流失而批准成立的产权交易机构（相当于处级），机构类型为事业法人。根据《河北省企业国有资产产权交易管理暂行规定》第八条、第九条规定，被告作为为产权交易提供服务并履行相关职责的事业法人，在产权交易活动中，不仅具有为产权交易提供服务的中介身份，而且具有对产权交易活动相关事项进行管理的行政主体身份，属于规章授权的具有国家行政职权的组织"。[1]

（五）工青妇等社会团体

根据《社会团体登记管理条例》第 2 条，社会团体，是指中国公民自愿组成，为实现会员共同意愿，按照其章程开展活动的非营利性社会组织。在我国，社会团体依其性质和法律定位可以分为两大类：一类为准政府机关，即虽然形式上不是国家机关，但是经费支出却来自国家财政，其主要任务、机构编制和领导职数也由中央机构编制管理部门直接确定，在很大程度上行使着部分政府职能，例如，中华全国总工会、中国共产主义青年团、中华全国妇女联合会、中华全国工商业联合会、中国法学会等；另一类则主要指民办非企业单位，《民办非企业单位登记管理暂行条例》将其界定为"企业事业单位、社会团体和其他社会力量以及公民个人利用非国有资产举办的，从事非营利性社会服务活动的社会组织"。例如，《妇女权益保障法》第 6 条规定："中华全国妇女联合会和地方各级妇女联合会依照法律和中华全国妇女联合会章程，代表和维护各族各界妇女的利益，做好维护妇女权益、促进男女平等和妇女全面发展的工作。工会、共产主义青年团、残疾人联合会等群团组织应当在各自的工作范围内，做好维护妇女权益的工作。"

---

[1]　中华人民共和国最高人民法院行政审判庭编：《中国行政审判案例》（第 3 卷），中国法制出版社 2013 年版，第 27~32 页。

第四节　受委托的组织和个人

受委托的组织和个人是指接受行政机关委托，并以委托行政机关名义行使行政职能的组织和个人。例如，《行政处罚法》第 20 条、第 21 条规定行政机关可以委托"依法成立并具有管理公共事务职能"的组织实施行政处罚；《税收征收管理法实施细则》第 44 条规定"税务机关根据有利于税收控管和方便纳税的原则，可以按照国家有关规定委托有关单位和人员代征零星分散和异地缴纳的税收，并发给委托代征证书"。行政委托具有如下典型特征：

第一，受委托的组织和个人应当具备相应的资格、资质。根据相关法律、法规或者规章的规定，受委托行使行政管理职权的组织应当具备以下条件：①是依法成立的管理公共事务的事业组织；②具有熟悉有关法律、法规、规章和业务的工作人员；③对违法行为需要进行技术检查或者技术鉴定的，应当有条件组织进行相应的技术检查或者技术鉴定。

第二，委托应当以书面形式进行，且依法进行公开。委托书应当载明委托的具体事项、权限、期限等内容。委托行政机关和受委托组织应当将委托书向社会公布。实践中，行政机关在履行行政职能过程中，若公民自愿协助公务的执行且行政机关没有明确拒绝的，构成行政机关默认的委托。

第三，受委托组织和个人无权以自己的名义行使行政管理职权。受委托组织和个人只能在委托范围内，以委托行政机关的名义实施行政管理职权；且不得再将受托职权委托其他任何组织或者个人。委托行政机关对受委托组织实施的行政管理行为予以监督，并对该行为的后果承担法律责任。

典型案例： 杨某诉广州市律师协会履行职责案

案例来源： 广州铁路运输中级法院［2016］粤 71 行终 35 号行政裁定书

案情简介： 2015 年 4 月，杨某从广州市人民检察院辞职获批后就职于广东大同律师事务所。2015 年 4 月 27 日，杨某向广州市律师协会递交申请律师执业人员实习的全部材料，其中包括户籍地公安派出所出具的《无犯罪记录证明书》。广州市律师协会要求杨某提供"自 14 周岁以来的无犯罪记录证明"，否则不予实习登记。由于各地派出所均只能开具其户籍在当地的这段时间的无犯罪记录证明，杨某至少需跨省、前往五个派出所才能证明自己无犯罪记录。杨某认为，这一要求于情于法于理毫无依据，属于额外增设的条件，无端制造公民就业困难，因而她拒绝提供完整的无犯罪记录证明。同年7月24日，杨某向越秀区人民法院提起行政诉讼，要求广州市律师协会对其实习申请作出实习登记行政决定。

法院裁判：一审法院认为，律师协会对实习人员实施的只是行业自律性管理行为，并非法律、法规、规章授权组织依照其行政管理职责作出的行政行为，杨某的诉讼请求不属于行政诉讼的受案范围。包括杨某在内的申请实习人员对律师协会的实习登记有异议的，只能通过复核的方式行使救济权。

二审法院认为，律师协会行使的对申请律师执业人员实习管理权是《律师法》授予的行政管理权，是律师执业许可的必备条件，是实习律师能否成为执业律师无法逾越的法定程序，是对实习登记申请人产生重大权利义务影响的行政管理行为，且不属于《行政诉讼法》规定的受案排除范围，应当属于《行政诉讼法》第2条第2款规定的行政诉讼受案范围。《申请律师执业人员实习管理规则》第10条规定的复核制度仅为律师协会内部的权利救济规定，该规定可以作为法定权利救济制度的补充，但不能据此限制和剥夺申请人的法定救济权利。

复习与思考题：

1. 请简要阐述行政主体的概念及类型。

2. 阐述行政一体原则及其对行政机关之间关系的影响。

3. 如何认识被授权组织的法律地位，并结合案例分析被授权组织论存在的不足。

4. 如何认识受委托组织的法律地位。

第五章

公务员

本章知识要点：

1. 公务员的身份识别标准及其范围
2. 公务员的法律地位
3. 公务员人事争议解决机制

第一节　公务员概述

公务员是代表国家行使公共权力、执行国家公务的人员。《公务员法》第2条规定："本法所称公务员，是指依法履行公职、纳入国家行政编制、由国家财政负担工资福利的工作人员。"根据这一规定，列入公务员范围的工作人员必须同时符合三个条件，即依法履行公职；纳入国家行政编制；由国家财政负担工资福利。

一、公务员的范围

我国公务员的范围是非常宽泛的，不仅仅限于行政机关的工作人员。中共中央组织部制定的《公务员范围规定》第4条对公务员的范围作了较为明确的界定，即"下列机关中除工勤人员以外的工作人员列入公务员范围：（一）中国共产党各级机关；（二）各级人民代表大会及其常务委员会机关；（三）各级行政机关；（四）中国人民政治协商会议各级委员会机关；（五）各级监察机关；（六）各级审判机关；（七）各级检察机关；（八）各民主党派和工商联的各级机关"。

二、公务员的分类

现代意义上的公务员制度诞生于西方资本主义国家，是政党分赃的产物。因此，西方国家公务员存在政务类公务员和业务类公务员之分。政务类公务员一般由选举或政治任命产生，与执政党共进退；业务类公务员通常通过公开竞争考试产生，实行政治中立，不与执政党共进退。

我国是中国共产党单一党执政的国家，坚持党管干部原则，公务员的任用突出政治标准，不实行两官分途，因此不存在政务类公务员和业务类公务员之分。根据《公务员法》的规定，为提高管理效能和科学化水平，国家对公务员实行分类管理的具体情形如下：

第一，公务员可以分为一般公职公务员和特别公职公务员，特别公职公务员是指公务员中的领导成员和监察官、法官、检察官等，公务员中领导成员的产生、任免、监督以及监察官、法官、检察官等的义务、权力和管理适用《公务员法》之外的其他法律的特别规定，如《法官法》《检察官法》等。

第二，国家实行公务员职位分类制度。公务员职位类别按照公务员职位的性质、特点和管理需要，划分为综合管理类、专业技术类和行政执法类等类别。对于具有职位特殊性，需要单独管理的，可以增设其他职位类别。各职位类别的适用范围由国家另行规定。

第三，公务员领导职务根据宪法、有关法律和机构规格设置。领导职务层次分为：国家级正职、国家级副职、省部级正职、省部级副职、厅局级正职、厅局级副职、县处级正职、县处级副职、乡科级正职、乡科级副职。公务员职级在厅局级以下设置。综合管理类公务员职级序列分为：一级巡视员、二级巡视员、一级调研员、二级调研员、三级调研员、四级调研员、一级主任科员、二级主任科员、三级主任科员、四级主任科员、一级科员、二级科员。综合管理类以外其他职位类别公务员的职级序列，根据《公务员法》由国家另行规定。

此外，根据公务员任用方式的不同，公务员还存在选任制公务员、委任制公务员、调任制公务员和考任制公务员之分。

三、公务员的法律地位

公务员作为普通公民，享有宪法规定的公民权利，并应履行宪法规定的公民义务，也可以作为行政相对人与行政机关产生外部的行政法律关系。但是，当公务员代表所属机关从事公务行为时，其具有不同于一般公民的权利和义务。

1. 公务员的义务

《公务员法》第14条、第59条分别从积极和消极两个层面对公务员的义务作出了列举规定，以保证公务员正确履行国家公职，避免权力滥用。

就积极层面而言，公务员必须忠于宪法，模范遵守、自觉维护宪法和法律，自觉接受中国共产党领导；忠于国家，维护国家的安全、荣誉和利益；忠于人民，全心全意为人民服务，接受人民监督；忠于职守，勤勉尽责，服从和执行上级依法作出的决定和命令，按照规定的权限和程序履行职责，努力提高工作质量和效率；保守国家秘密和工作秘密；带头践行社会主义核心价值观，坚守法治，遵守纪律，恪守职业道德，模范遵守社会公德、家庭美德；清正廉洁，公道正派；遵守法律规定的其他义务。

就消极层面而言，公务员应当遵纪守法，不得有下列行为：散布有损宪法权威、中国共产党和国家声誉的言论，组织或者参加旨在反对宪法、中国共产党领导和国家的集会、游行、示威等活动；组织或者参加非法组织，组织或者参加罢工；挑拨、破坏民族关系，参加民族分裂活动或者组织、利用宗教活动破坏民族团结和社会稳定；不担当，不作为，玩忽职守，贻误工作；拒绝执行上级依法作出的决定和命令；对批评、申诉、控告、检举进行压制或者打击报复；弄虚作假，误导、欺骗领导和公众；贪污贿赂，利用职务之便为自己或者他人谋取私利；违反财经纪律，浪费国家资财；滥用职权，侵害公民、法人或者其他组织的合法权益；泄露国家秘密或者工作秘密；在对外交往中损害国家荣誉和利益；参与或者支持色情、吸毒、赌博、迷信等活动；违反职业道德、社会公德和家庭美德；违反有关规定参与禁止的网络传播行为或者网络活动；违反有关规定从事或者参与营利性活动，在企业或者其他营利性组织中兼任职务；旷工或者因公外出、请假期满无正当理由逾期不归；违纪违法的其他行为。

需要指出的是，公务员有"服从和执行上级依法作出的决定和命令"之义务，不等于公务员要服从和执行上级作出的任何决定和命令。《公务员法》第60条规定："公务员执行公务时，认为上级的决定或者命令有错误的，可以向上级提出改正或者撤销该决定或者命令的意见；上级不改变该决定或者命令，或者要求立即执行的，公务员应当执行该决定或者命令，执行的后果由上级负责，公务员不承担责任；但是，公务员执行明显违法的决定或者命令的，应当依法承担相应的责任。"这里的责任既有可能是行政处分，也有可能是刑事司法责任，在有受害人的情形下还有可能构成侵权损害赔偿责任。

2. 公务员的权利

《公务员法》第15条列举了公务员依法享有的权利，包括获得履行职责应当具有的工作条件；非因法定事由、非经法定程序，不被免职、降职、辞退或者处分；获得工资报酬，享受福利、保险待遇；参加培训；对机关工作和领导人员提出批评和建议；提出申诉和控告；申请辞职；法律规定的其他权利。

第二节　公职关系的产生、变更和消灭

公职关系，又称勤务关系，是指公务员因担任国家公职、执行公务而与其任职机关或者组织之间发生的法律关系。因此，公职关系是内部行政法律关系，有别于行政相对人与行政机关之间因权力行使产生的法律关系，其最为典型的特征就是公务员对行政机关的奖惩、任免等决定不服的，不能通过行政诉讼寻求救济，只能通过行政内部人事争议处理机制加以解决。

一、公职关系的产生

公职关系自公务员身份成立即公民被任用为公务员时产生。根据《公务员法》的规定和公务员管理的实践，我国公务员任用的方式主要有考任、调任、聘任、选任和委任等途径。

（一）考任

考任是指公民通过竞争考试的方式被录用为国家公务员，主要适用于一级主任科员以下及其他相当职级层次的公务员。中央机关及其直属机构公务员的录用，由中央公务员主管部门负责组织。地方各级机关公务员的录用，由省级公务员主管部门负责组织，必要时省级公务员主管部门可以授权设区的市级公务员主管部门组织。民族自治地方录用公务员时，依照法律和有关规定对少数民族报考者予以适当照顾。

报考公务员，需要具备消极和积极两个方面的资格要求。就积极层面而

言，公务员应当具备下列条件：①具有中华人民共和国国籍；②年满 18 周岁；③拥护《中华人民共和国宪法》，拥护中国共产党领导和社会主义制度；④具有良好的政治素质和道德品行；⑤具有正常履行职责的身体条件和心理素质；⑥具有符合职位要求的文化程度和工作能力；⑦法律规定的其他条件。除此之外，报考人员还应当具备省级以上公务员主管部门规定的拟任职位所要求的资格条件。就消极层面而言，下列人员不得录用为公务员：①因犯罪受过刑事处罚的；②被开除中国共产党党籍的；③被开除公职的；④被依法列为失信联合惩戒对象的；⑤有法律规定不得录用为公务员的其他情形的。

录用公务员，应当在规定的编制限额内，并有相应的职位空缺。同时，公务员录用还应遵守法定的程序，包括发布招考公告、招录机关根据报考资格条件对报考申请进行审查，组织考试，进行报考资格复审、考察和体检，提出拟录用人员名单并予以公示，公示期满报有权机关备案或者审批。录用特殊职位的公务员，经省级以上公务员主管部门批准，可以简化程序或者采用其他测评办法。

新录用的公务员试用期为 1 年。试用期满合格的，予以任职；不合格的，取消录用。

（二）调任

国有企业、高等院校和科研院所以及其他不参照《公务员法》管理的事业单位中从事公务的人员，可以调入机关担任领导职务或者四级调研员以上及其他相当层次的职级。调任人选应当具备公务员的基本任职条件和拟任职位所要求的资格条件，并不得有不宜担任公务员的法定情形。调任机关对调任人选进行严格考察，并按照管理权限审批，必要时可以对调任人选进行考试。

（三）聘任

机关根据工作需要，经省级以上公务员主管部门批准，可以对专业性较强的职位和辅助性职位实行聘任制。上述职位涉及国家秘密的，不实行聘任制。机关聘任公务员可以参照公务员考试录用的程序进行公开招聘，也可以从符合条件的人员中直接选聘，但应当在规定的编制限额和工资经费限额内进行。

机关聘任公务员，应当按照平等自愿、协商一致的原则，签订书面的聘任合同，确定机关与所聘公务员双方的权利、义务。聘任合同经双方协商一致可以变更或者解除。聘任合同的签订、变更或者解除，应当报同级公务员主管部门备案。聘任合同应当具备合同期限，职位及其职责要求，工资、福利、保险待遇，违约责任等条款。聘任合同期限为 1 年至 5 年。聘任合同可以约定试用期，试用期为 1 个月至 12 个月。聘任制公务员实行协议工资制，具体办法由中央公务员主管部门规定。机关依据《公务员法》和聘任合同对所聘公务员进行管理。

（四）选任、委任

选任制是指由法定选举人投票，经多数通过，来决定职务的任免。行政领导者由被领导者或被领导者的代表选举产生，选举出的领导人要接受国家权力机关、上级政府的领导和监督，接受广大人民的监督。选任制公务员在选举结果生效时即任当选职务；任期届满不再连任或者任期内辞职、被罢免、被撤职的，其所任职务即终止。在我国，各级人民政府组成人员都是按照法律选举、决定任命的，包括国务院各部部长、各委员会主任、中国人民银行行长、审计长、秘书长的人选；地方各级人民政府省长、副省长，自治区主席、副主席，市长、副市长，州长、副州长，县长、副县长，区长、副区长，秘书长、厅长、局长、委员会主任、科长。

委任制，亦称任命制，与选任制相对应，是指由立法机关或其他任免机关在其任免权限范围内，经过考察而直接任命某人担任一定领导职务的制度。我国公务员中的非政府组成人员主要是委任制的公务员。委任领导干部，必须进行民主推荐，严格考察，按照规定的程序集体讨论作出决定，委任前需进行公示，在公示期内，单位任何干部都可向组织提出意见。委任制公务员试用期满考核合格，职务、职级发生变化，以及其他情形需要任免职务、职级的，应当按照管理权限和规定的程序任免。

二、公职关系的变更

公职关系的变更是指公务员法律关系的主体、内容或者客体发生了一定变化，但尚未达到使公职关系消灭的程度。根据《公务员法》和相关实践，导致公职关系发生变更的情形包括转任、挂职锻炼、职务升降、级别升降、辞去领导职务以及行政机关合并或者分立导致的公职关系的变更。

三、公职关系的消灭

公职关系的消灭是指公务员与行政机关的权利义务关系终止。导致公职关系消灭的原因主要包括以下情形：

1. 辞职

辞职是指公务员在公职关系存续期间，主动向所在机关辞去公务员职位。公务员辞职的，离职前应当办理公务交接手续，必要时按照规定接受审计。

根据《公务员法》，公务员辞去公职，应当向任免机关提出书面申请。任免机关应当自接到申请之日起 30 日内予以审批，其中对领导成员辞去公职的申请，应当自接到申请之日起 90 日内予以审批。公务员有下列情形之一的，不得辞去公职：①未满国家规定的最低服务年限的；②在涉及国家秘密等特殊职位任职或者离开上述职位不满国家规定的脱密期限的；③重要公务尚未处理完毕，且须由本人继续处理的；④正在接受审计、纪律审查、监察调查，或者涉嫌犯罪，司法程序尚未终结的；⑤法律、行政法规规定的其他不得辞去公职的情形。

担任领导职务的公务员，因工作变动依照法律规定需要辞去现任职务的，应当履行辞职手续。担任领导职务的公务员，因个人或者其他原因，可以自愿提出辞去领导职务。领导成员因工作严重失误、失职造成重大损失或者恶劣社会影响的，或者对重大事故负有领导责任的，应当引咎辞去领导职务。领导成员因其他原因不再适合担任现任领导职务的，或者应当引咎辞职本人不提出辞职的，应当责令其辞去领导职务。

2. 辞退

辞退是指公务员在公职关系存续期间，由所在机关予以辞退。根据《公务员法》，公务员有下列情形之一的，予以辞退：①在年度考核中，连续 2 年被确定为不称职的；②不胜任现职工作，又不接受其他安排的；③因所在机关调整、撤销、合并或者缩减编制员额需要调整工作，本人拒绝合理安排的；④不履行公务员义务，不遵守法律和公务员纪律，经教育仍无转变，不适合继续在机关工作，又不宜给予开除处分的；⑤旷工或者因公外出、请假期满无正当理由逾期不归连续超过 15 天，或者 1 年内累计超过 30 天的。

对有下列情形之一的公务员，不得辞退：①因公致残，被确认丧失或者部分丧失工作能力的；②患病或者负伤，在规定的医疗期内的；③女性公务员在孕期、产假、哺乳期内的；④法律、行政法规规定的其他不得辞退的情形。

辞退公务员，按照管理权限决定。辞退决定应当以书面形式通知被辞退的公务员，并应当告知辞退依据和理由。被辞退的公务员，可以领取辞退费或者根据国家有关规定享受失业保险。公务员被辞退，离职前应当办理公务交接手续，必要时按照规定接受审计。

3. 退休

公务员达到国家规定的退休年龄或者完全丧失工作能力的，应当退休。公务员符合下列条件之一的，本人自愿提出申请，经任免机关批准，可以提前退休：①工作年限满 30 年的；②距国家规定的退休年龄不足 5 年，且工作年限满 20 年的；③符合国家规定的可以提前退休的其他情形的。

除此之外，公务员被开除公职、任期届满、被罢免、聘用期限届满、丧失国籍、被判处刑罚以及公务员死亡等也是导致公职关系消灭的原因。

第三节　公务员管理的基本制度

《公务员法》规定了公务员管理各个环节的基本制度，包括考核，职务、职级任免，职务、职级升降，奖惩，培训和交流，回避，工资、福利与保险，退休，申诉与控告，职位聘任等。这些内容既有实体性规定，也有程序性规定，还有很多制度预留空间。

一、考核

公务员的考核应当按照管理权限，全面考核公务员的德、能、勤、绩、廉，重点考核政治素质和工作实绩。考核指标根据不同职位类别、不同层级机关分别设置。公务员的考核分为平时考核、专项考核和定期考核等方式。定期考核以平时考核、专项考核为基础。非领导成员公务员的定期考核采取年度考核的方式。先由个人按照职位职责和有关要求进行总结，主管领导在听取群众意见后，提出考核等次建议，由本机关负责人或者授权的考核委员会确定考核等次。领导成员的考核由主管机关按照有关规定办理。

定期考核的结果分为优秀、称职、基本称职和不称职四个等次。定期考核的结果应当以书面形式通知公务员本人。定期考核的结果作为调整公务员职位、职务、职级、级别、工资以及公务员奖励、培训、辞退的依据。

二、职务、职级任免

根据《公务员法》，公务员领导职务实行选任制、委任制和聘任制。公务员职级实行委任制和聘任制。领导成员职务按照国家规定实行任期制。选任制公务员在选举结果生效时即任当选职务；任期届满不再连任或者任期内辞职、被罢免、被撤职的，其所任职务即终止。委任制公务员试用期满考核合格，职务、职级发生变化，以及其他情形需要任免职务、职级的，应当按照管理权限和规定的程序任免。公务员任职应当在规定的编制限额和职数内进行，并有相应的职位空缺。公务员因工作需要在机关外兼职，应当经有关机关批准，并不得领取兼职报酬。

三、职务、职级升降

根据《公务员法》，公务员晋升领导职务，应当具备拟任职务所要求的政治素质、工作能力、文化程度和任职经历等方面的条件和资格。公务员领导职务应当逐级晋升。特别优秀的或者工作特殊需要的，可以按照规定破格或者越级晋升。

公务员晋升领导职务，按照下列程序办理：动议—民主推荐—确定考察对象，组织考察—按照管理权限讨论决定—履行任职手续。

厅局级正职以下领导职务出现空缺且本机关没有合适人选的，可以通过适当方式面向社会选拔任职人选。公务员晋升领导职务的，应当按照有关规定实行任职前公示制度和任职试用期制度。

公务员职级应当逐级晋升，根据个人德才表现、工作实绩和任职资历，参考民主推荐或者民主测评结果确定人选，经公示后，按照管理权限审批。公务员的职务、职级实行能上能下。对不适宜或者不胜任现任职务、职级的，应当进行调整。公务员在年度考核中被确定为不称职的，按照规定程序降低一个职务或者职级层次任职。

四、奖惩

公务员奖惩制度包括对公务员的奖励、监督和处分。

（一）奖励

根据《公务员法》，对工作表现突出，有显著成绩和贡献，或者有其他突出事迹的公务员或者公务员集体，给予奖励。奖励坚持定期奖励与及时奖励相结合，精神奖励与物质奖励相结合、以精神奖励为主的原则。公务员或者公务员集体有下列情形之一的，给予奖励：①忠于职守，积极工作，勇于担当，工作实绩显著的；②遵纪守法，廉洁奉公，作风正派，办事公道，模范作用突出的；③在工作中有发明创造或者提出合理化建议，取得显著经济效益或者社会效益的；④为增进民族团结，维护社会稳定作出突出贡献的；⑤爱护公共财产，节约国家资财有突出成绩的；⑥防止或者消除事故有功，使国家和人民群众利益免受或者减少损失的；⑦在抢险、救灾等特定环境中作出突出贡献的；⑧同违纪违法行为作斗争有功绩的；⑨在对外交往中为国家争得荣誉和利益的；⑩有其他突出功绩的。

奖励分为嘉奖、记三等功、记二等功、记一等功、授予称号。对受奖励的公务员或者公务员集体予以表彰，并对受奖励的个人给予一次性奖金或者其他待遇。给予公务员或者公务员集体奖励，按照规定的权限和程序决定或者审批。按照国家规定，可以向参与特定时期、特定领域重大工作的公务员颁发纪念证书或者纪念章。

公务员或者公务员集体有下列情形之一的，撤销奖励：弄虚作假，骗取奖励的；申报奖励时隐瞒严重错误或者严重违反规定程序的；有严重违纪违法等行为，影响称号声誉的；有法律、法规规定应当撤销奖励的其他情形的。

（二）监督

机关应当对公务员的思想政治、履行职责、作风表现、遵纪守法等情况进行监督，开展勤政廉政教育，建立日常管理监督制度。对公务员监督发现问题的，应当区分不同情况，予以谈话提醒、批评教育、责令检查、诫勉、组织调整、处分。对公务员涉嫌职务违法和职务犯罪的，应当依法移送监察机关处理。公务员应当自觉接受监督，按照规定请示报告工作、报告个人有关事项。

（三）处分

公务员因违纪违法应当承担纪律责任的，由所在机关依照《公务员法》给予处分或者由监察机关依法给予政务处分；违纪违法行为情节轻微，经批评教育后改正的，可以免予处分。对同一违纪违法行为，监察机关已经作出政务处分决定的，公务员所在机关不再给予处分。

处分分为：警告、记过、记大过、降级、撤职、开除。受处分的期间为：警告，6 个月；记过，12 个月；记大过，18 个月；降级、撤职，24 个月。公务员在受处分期间不得晋升职务、职级和级别，其中受记过、记大过、降级、撤职处分的，不得晋升工资档次。受撤职处分的，按照规定降低级别。

公务员违纪违法的，应当由处分决定机关决定对公务员违纪违法的情况进行调查，并将调查认定的事实以及拟给予处分的依据告知公务员本人。公务员有权进行陈述和申辩；处分决定机关不得因公务员申辩而加重处分。处分决定机关认为对公务员应当给予处分的，应当在规定的期限内，按照管理权限和规定的程序作出处分决定。处分决定应当以书面形式通知公务员本人。

公务员受开除以外的处分，在受处分期间有悔改表现，并且没有再发生违纪违法行为的，处分期满后自动解除。解除处分后，晋升工资档次、级别和职务、职级不再受原处分的影响。但是，解除降级、撤职处分的，不视为恢复原级别、原职务、原职级。

五、培训和交流

培训和交流是提升公务员职业能力和职业素养的重要途径。

（一）培训

机关根据公务员工作职责的要求和提高公务员素质的需要，对公务员进行分类分级培训，包括对新录用人员在试用期内进行初任培训；对晋升领导职务的公务员在任职前或者任职后 1 年内进行任职培训；对从事专项工作的公务员进行专门业务培训；对全体公务员进行提高政治素质和工作能力、更新知识的在职培训，其中对专业技术类公务员应当进行专业技术培训。国家有计划地加强对优秀年轻公务员的培训。

国家建立专门的公务员培训机构。机关根据需要也可以委托其他培训机构承担公务员培训任务。公务员的培训实行登记管理。公务员参加培训的时间由公务员主管部门依法予以确定。公务员培训情况、学习成绩作为公务员考核的内容和任职、晋升的依据之一。

（二）交流

国家实行公务员交流制度。公务员可以在公务员和参照《公务员法》管理的工作人员队伍内部交流，也可以与国有企业和其他事业单位中从事公务的人员交流。公务员应当服从机关的交流决定。公务员本人申请交流的，按照管理权限审批。交流的方式包括调任、转任。

国有企业、高等院校和科研院所以及其他事业单位中从事公务的人员，可以调入机关担任领导职务或者四级调研员以上及其他相当层次的职级。调任人选应当具备担任公务员的条件和拟任职位所要求的资格条件。调任机关应当对调任人选进行严格考察，并按照管理权限审批，必要时可以对调任人选进行考试。

公务员在不同职位之间转任应当具备拟任职位所要求的资格条件，在规定的编制限额和职数内进行。对省部级正职以下的领导成员应当有计划、有重点地实行跨地区、跨部门转任。对担任机关内设机构领导职务和其他工作性质特殊的公务员，应当有计划地在本机关内转任。上级机关应当注重从基层机关公开遴选公务员。

根据工作需要，机关可以采取挂职方式选派公务员承担重大工程、重大项目、重点任务或者其他专项工作。公务员在挂职期间，不改变与原机关的人事关系。

六、回避

《公务员法》规定的回避包括任职回避、地域回避和公务回避。法律对公务员回避另有规定的，从其规定。

任职回避要求，公务员之间有夫妻关系、直系血亲关系、三代以内旁系血亲关系以及近姻亲关系的，不得在同一机关双方直接隶属于同一领导人员的职位或者有直接上下级领导关系的职位工作，也不得在其中一方担任领导职务的机关从事组织、人事、纪检、监察、审计和财务工作。公务员不得在其配偶、子女及其配偶经营的企业、营利性组织的行业监管或者主管部门担任领导成员。因地域或者工作性质特殊，需要变通执行任职回避的，由省级以上公务员主管部门规定。

地域回避的适用范围主要适用于公务员担任乡级机关、县级机关、设区的市级机关及其有关部门主要领导职务的情形。

公务回避要求，公务员执行公务时，有下列情形之一的，应当回避：涉及本人利害关系的；涉及与本人有特定亲属关系人员的利害关系的；其他可能影响公正执行公务的。公务员有应当回避情形的，本人应当申请回避；利害关系人有权申请公务员回避。其他人员可以向机关提供公务员需要回避的情况。机关根据公务员本人或者利害关系人的申请，经审查后作出是否回避的决定，也可以不经申请直接作出回避决定。

七、工资、福利与保险

公务员实行国家统一规定的工资制度。公务员工资制度贯彻按劳分配的原则，体现工作职责、工作能力、工作实绩、资历等因素，保持不同领导职务、职级、级别之间的合理工资差距。国家建立公务员工资的正常增长机制。

公务员工资包括基本工资、津贴、补贴和奖金。公务员按照国家规定享受地区附加津贴、艰苦边远地区津贴、岗位津贴等津贴，按照国家规定享受住房、医疗等补贴、补助，按照国家规定享受福利待遇。公务员在定期考核中被确定为优秀、称职的，按照国家规定享受年终奖金。

公务员的工资水平应当与国民经济发展相协调、与社会进步相适应。国家实行工资调查制度，定期进行公务员和企业相当人员工资水平的调查比较，并将工资调查比较结果作为调整公务员工资水平的依据。公务员依法参加社会保险，按照国家规定享受保险待遇。公务员因公牺牲或者病故的，其亲属享受国家规定的抚恤和优待。

任何机关不得违反国家规定自行更改公务员工资、福利、保险政策，擅自提高或者降低公务员的工资、福利、保险待遇。任何机关不得扣减或者拖欠公务员的工资。

八、公务员人事争议解决机制

《行政诉讼法》第13条规定，"行政机关对行政机关工作人员的奖惩、任免等决定"不属于行政诉讼的受案范围。同时，《最高人民法院关于适用〈中华人民共和国行政诉讼法〉的解释》（法释〔2018〕1号）第2条第3款进一步明确上述"对行政机关工作人员的奖惩、任免等决定"，是指行政机关作出的涉及行政机关工作人员公务员权利义务的决定。因此，公务员认为所在机关或者领导侵犯其合法权益的，不能通过提起行政诉讼以寻求救济。根据《公务员法》，公务员的权利救济方式包括复核和申诉、控告，以及人事争议仲裁。

（一）复核、申诉

公务员对涉及本人的人事处理事项不服的，可以自知道该人事处理之日起 30 日内向原处理机关申请复核；对复核结果不服的，可以自接到复核决定之日起 15 日内，按照规定向同级公务员主管部门或者作出该人事处理的机关的上一级机关提出申诉；也可以不经复核，自知道该人事处理之日起 30 日内直接提出申诉。这里的人事处理包括：①处分；②辞退或者取消录用；③降职；④定期考核定为不称职；⑤免职；⑥申请辞职、提前退休未予批准；⑦不按照规定确定或者扣减工资、福利、保险待遇；⑧法律、法规规定可以申诉的其他情形。

对省级以下机关作出的申诉处理决定不服的，可以向作出处理决定的上一级机关提出再申诉。受理公务员申诉的机关应当组成公务员申诉公正委员会，负责受理和审理公务员的申诉案件。

原处理机关应当自接到复核申请书后的 30 日内作出复核决定，并以书面形式告知申请人。受理公务员申诉的机关应当自受理之日起 60 日内作出处理决定；案情复杂的，可以适当延长，但是延长时间不得超过 30 日。

复核、申诉期间不停止人事处理的执行。公务员不因申请复核、提出申诉而被加重处理。公务员申诉的受理机关审查认定人事处理有错误的，原处理机关应当及时予以纠正。机关因错误的人事处理对公务员造成名誉损害的，应当赔礼道歉、恢复名誉、消除影响；造成经济损失的，应当依法给予赔偿。公务员对监察机关作出的涉及本人的处理决定不服向监察机关申请复审、复核的，按照有关规定办理。

（二）控告

公务员认为机关及其领导人员侵犯其合法权益的，可以依法向上级机关或者监察机关提出控告。受理控告的机关应当按照规定及时处理。公务员提出申诉、控告，应当尊重事实，不得捏造事实，诬告、陷害他人。对捏造事实，诬告、陷害他人的，依法追究法律责任。

（三）人事争议仲裁

聘任制公务员与所在机关之间因履行聘任合同发生争议的，可以自争议发生之日起 60 日内申请仲裁。

省级以上公务员主管部门根据需要设立人事争议仲裁委员会，受理仲裁申请。人事争议仲裁委员会由公务员主管部门的代表、聘用机关的代表、聘任制公务员的代表以及法律专家组成。

当事人对仲裁裁决不服的，可以自接到仲裁裁决书之日起 15 日内向人民法院提起诉讼。仲裁裁决生效后，一方当事人不履行的，另一方当事人可以申请人民法院执行。

典型案例：陈某春诉石泉县卫生和计划生育局开除公职决定案

案例来源：西安铁路运输中级法院［2017］陕 71 行终 597 号行政裁定书

案情简介：原告陈某春原系石泉县中医院院长，根据《国务院办公厅转发人事部关于在事业单位试行人员聘用制度意见的通知》（国办发［2002］35 号）内容和要求，2012 年 12 月 5 日，石泉县人民政府决定免去陈某春石泉县中医院院长职务。2012 年 12 月 12 日，石泉县县级公立医院理事会决定聘任陈某春为石泉县医院院长，聘期 4 年。2015 年 3 月 27 日，陈某春涉嫌受贿罪由咸阳市人民检察院交由兴平市人民检察院办理，同年 4 月 17 日，咸阳市人民检察院依法对其决定逮捕。2016 年 1 月 29 日，石泉县县级公立医院理事会经报请石泉县人民政府同意，决定免去陈某春石泉县医院院长职务。2016 年 6 月 10 日，石泉县医院与陈某春签订《事业单位聘用合同》，该合同载明："本聘用合同书根据《国务院办公厅转发人事部关于在事业单位试行人员聘用制度意见的通知》（国办发［2002］35 号）和《事业单位人事管理条例》制定，作为聘用单位与受聘人员签订聘用合同的文本，适用于事业单位在编正式职工填写。"2016 年 9 月 9 日，陕西省兴平市人民法院作出［2015］兴刑初字第 00091 号刑事判决，认定陈某春犯受贿罪，判处有期徒刑 1 年，宣告缓刑，考验期限为 2 年，并处罚金 100 000 元。该判决发生法律效力后，被告石泉县卫生和计划生育局（以下简称"卫计局"）于 2017 年 3 月 13 日依据《事业单位工作人员处分暂行规定》的相关规定，作出石卫计字［2017］15 号《关于给予陈某春开除公职处分的决定》，决定给予陈某春开除公职处分，并于 2017 年 4 月 10 日向陈某春送达了该处分决定书。陈某春对处分决定不服，于 2017 年 4 月 28 日向被告提出复核申请，被告于 2017 年 6 月 22 日作出石卫计字［2017］73 号《关于陈某春开除公职处分的复核决定》，维持原开除公职处分决定，并于 2017 年 6 月 22 日向陈某春送达了该复核决定。2017 年 6 月 5 日，陈某春不服被告作出的开除公职处分决定，向石泉县人民政府申请行政复议。石泉县人民政府法制办公室于 2017 年 6 月 6 日作出

《不予受理行政复议申请通知书》，以该申请不属于行政复议法律法规规定的受理范围为由，决定不予受理。陈某春仍不服，遂向安康铁路运输法院提起行政诉讼，请求依法撤销被告石泉县卫计局作出的石卫计字［2017］15号《关于给予陈某春开除公职处分的决定》。另查明，石泉县医院系县级公立医院、事业单位法人，经费来源为差额拨款，原告陈某春系该医院在编正式工作人员。2016年6月7日，中共石泉县委组织部、石泉县人力资源和社会保障局根据《国务院办公厅关于全面推开县级公立医院综合改革的实施意见》（国办发［2015］33号）及《陕西省事业单位聘用合同管理暂行办法》（陕人发［2006］19号）等文件精神，联合下发石人社发［2016］49号《关于进一步规范事业单位聘用合同管理工作的通知》，要求对全县各级各类事业单位中在编正式工作人员实施聘用合同管理。

　　法院裁判：一审法院认为，对于人事争议，法律法规并未赋予当事人有提起行政诉讼的权利和途径，故其不具有可诉性。

　　二审法院认为，决定石泉县卫计局作出的石卫计字［2017］15号《关于给予陈某春开除公职处分的决定》（以下简称"15号开除公职决定"）是否可诉的标准在于该行政行为是内部行政行为还是外部行政行为，其中关键因素是对被处分人的身份确定。如果被处分人的身份是公务员或者经批准参照《公务员法》进行管理的事业单位工作人员，则该行政行为是行政机关对其工作人员作出的奖惩、任免决定，属于内部行政行为，符合《行政诉讼法》第13条第3项规定的情形，不属于行政诉讼的受案范围。如果被处分人的身份不是公务员或者经批准参照《公务员法》进行管理的事业单位工作人员，则该人员不是行政机关的工作人员，其在事实上处于行政相对人的法律地位，那么该行政行为就不属于《行政诉讼法》第13条第3项规定的范围，因其具有外部特征，所以是可诉的行政行为。本案中，判断15号开除公职决定是否可诉的关键因素在于陈某春的身份是否为经批准参照《公务员法》进行管理的事业单位工作人员。根据《中共中央组织部、人事部关于事业单位参照公务员法管理工作有关问题的意见》（组通字［2006］27号）的相关规定，经审查，本案中没有证据证明石泉县医院是经批准参照《公务员法》进行管理的法律、法规授权的具有公共事务管理职能的事业单位，没有证据证明陈某春是经批准参照《公务员法》进行管理的上述事业单位中除工勤人员之外的工作人员，因此，陈某春虽系事业单位工作人员，但不是经批准参照《公务员法》进行管理的事业单位工作人员，即不是石泉县卫计局的工作人员，那么，对于石泉县卫计局作出的 15 号开除公职决定而言，陈某春实际处于行政相对人的法律地位，该 15 号开除公职决定对陈某春的人身权、财产权等合法权益有直接重大影响，具有外部特征，是可诉的行政行为。

复习与思考题：

1. 如何认定我国公务员的法律地位。

2. 导致公职关系变动的因素有哪些？

3. 当前公务员人事争议解决机制有何特色？是否存在不足？

第六章

公　物

本章知识要点：

1. 公物的内涵、外延
2. 公物的主要类别
3. 公物致害的法律责任

第一节　公物的内涵和外延

行政的终极目的是通过完成公共任务来服务于人民的公共利益，而公共任务的完成不仅需要设置必要的行政组织，还需要实现公共任务的"人"的手段（公务人员）和"物"的手段，由此，公物法成为行政组织法的重要组成部分。[1]

一、公物的概念

在我国实定法上，不存在公物或者公产之概念，学理上对于公物制度的研究也着墨不多。一般认为，公物作为行政机关实现社会管理的物的手段，是指行政主体提供的或者在行政主体支配下服务于公共利益的各种物。以下物体或在性质上与公物接近：阳光、大气、水源、河流、海洋等自然资源；道路、绿化设施或体育设施、图书馆、博物馆、铁路、公园、港口、堤坝、电信设施、邮政设施和广播设施等基础设施；医院、学校、疗养院、儿童游乐场等设施；行政机关的办公大楼、消防车、警车等办公设施等。

---

〔1〕　杨建顺主编：《行政法总论》（第 2 版），北京大学出版社 2016 年版，第 112 页。

第一，公物必须是"服务于行政活动（比如行政机关办公大楼、消防部门的消防设施），或者是行政主体支配下的直接服务于公共利益并供公众使用的物品。这些物品有一个共同特点，就是它们的目的都是直接服务于公共利益"。[1]因此，公物的界定并不要求行政主体对物享有所有权，具有支配权即可，故而临时征用的私人物品被用于实现公共任务之时，在性质上属于公物。

第二，从利用主体来讲，公物至少可以分为两类，即供一般市民利用的公共用物（如道路、河流）和供行政自身活动使用的公用物（如市政府的办公场所）。无论是公共用物还是公用物，都必须是有体物，即物理意义上实际存在，看得见、摸得着，动产或者不动产，则在所不问。另外，这种有体物也不因使用而导致消灭，如矿产资源虽然具有形体要求，但是会因为被使用而消耗殆尽，故而不属于公物，而是国有私产。

第三，财政财产，因其"是依据其资本价值间接用于行政目的的物件"[2]，一般都倾向于认为其在性质上属于行政主体的私物，即国有私产，而不属于公物的范畴。[3]例如，国库现金及有价证券（货币、股票、债券）、税收、捐献、国有土地森林收益、国有企业的产品、专卖局、信托局、招商局的盈余，电信、邮政运输收入、特种基金等均属于财政财产。我国的财政公产制目前尚不健全，只有一些零散的规定。例如，我国《预算法》第19条规定了预算收入和预算支出。预算收入包括：①税收收入；②依照规定应当上缴的国有资产收益；③专项收入；④其他收入。预算支出包括：①经济建设支出；②教育、科学、文化、卫生、体育等事业发展支出；③国家管理费用支出；④国防支出；⑤各项补贴支出；⑥其他支出。有学者认为，上述规定均是从宏观角度来规定，法律的适用性、可操作性、救济性均不强。[4]

通常一项公物的成立，需要具备实体要件与意思要件（通过事实上提供公用表现出来）两个要素：前者是指某物必须具备作为公物使用的外部形态，后者则是指行政机关有指定该物为公用的意思表示。如果某物尚不具备提供

---

〔1〕 肖泽晟：《公物法研究》，法律出版社2009年版，第8页。

〔2〕 ［韩］金东熙：《行政法Ⅱ》（第9版），赵峰译，中国人民大学出版社2008年版，第189页。

〔3〕 王名扬：《法国行政法》，北京大学出版社2007年版，第280页；［德］汉斯·J.沃尔夫、奥托·巴霍夫、罗尔夫·施托贝尔：《行政法》（第2卷），高家伟译，商务印书馆2002年版，第458页；［德］平特纳：《德国普通行政法》，朱林译，中国政法大学出版社1999年版，第170页；［日］盐野宏：《行政法Ⅱ：行政救济法》（第4版），杨建顺译，北京大学出版社2008年版，第246~249页。

〔4〕 梁凤云：《行政公产研究》，中国政法大学2001年硕士学位论文。

公用的外部形态，而仅具有指定的公用目的的意思表示，则成为预订公物。例如，正在建设中的基础设施，因为尚未建成并投入公用，就是预订公物，即"尚未成为公物，但预订将成为公物，对其管理处分予以公共规制的物"〔1〕。在不具备实体要件的意义上，预订公物并不是公物的分类。预订公物一般在行政规划、公共设施建设等领域大量存在。例如，我国《防洪法》第16条第1款规定"防洪规划确定的河道整治计划用地和规划建设的堤防用地范围内的土地，经土地管理部门和水行政主管部门会同有关地区核定，报经县级以上人民政府按照国务院规定的权限批准后，可以划定为规划保留区"；第4款规定"防洪规划确定的扩大或者开辟的人工排洪道用地范围内的土地，经省级以上人民政府土地管理部门和水行政主管部门会同有关部门、有关地区核定，报省级以上人民政府按照国务院规定的权限批准后，可以划定为规划保留区"。

二、公物的种类

根据利用人地位的不同，公物可以被区分为公众用公物和公务用公物。

公众用公物是指受行政主体支配，直接以维持和增进社会公共福利为目的而供一般公众共同使用的物。〔2〕这类公物涉及的范围极广，例如，公路、广场、海滩、水道等皆是。"当然，供于公共之用的物是否能够一目了然地归类于其中一类的问题另当别论。例如，行政主体保管的公文书，一方面是公用财产。但是，另一方面，在信息公开制度下，在所有人都可以利用的意义

〔1〕［日］盐野宏：《行政法Ⅲ：行政组织法》（第3版），杨建顺译，北京大学出版社2008年版，第249页。

〔2〕对于公众用物的概念，各国行政法的规定存在差异。法国行政法中与公众用公物对应的概念为公共公产（或称共用公产），即为公众直接使用的公产，指直接"由于自然原因而被公众使用无需行政部门而自身存在物体"。例如，道路的通行是公众直接利用公产本身，铁路的旅行是公众利用铁路管理机关所提供的服务，前者属于共用公产，后者属于公务用公产。参见［法］莫里斯·奥里乌：《行政法与公法精要》，龚觅等译，郑戈校，辽海出版社、春风文艺出版社1999年版，第828页。王名扬：《法国行政法》，北京大学出版社2007年版，第240~241页。德国行政法中与公众用公物对应的概念是公共使用公物，亦称公共用物，指直接供一般公众依规定使用无须特别许可的公物。参见［德］平特纳：《德国普通行政法》，朱林译，中国政法大学出版社1999年版，第169页。日本行政法中与公众用公物对应的概念是公共用物，指供于公众之用的物，例如道路、河川、海岸等。参见［日］盐野宏：《行政法Ⅱ：行政救济法》（第4版），杨建顺译，北京大学出版社2008年版，第246页。韩国学者对于公众用公物的理解与日本学者相似，认为"公共用物是指直接提供给一般公众共同使用的物件"。［韩］金东熙：《行政法Ⅱ》（第9版），赵峰译，中国人民大学出版社2008年版，第191页。

上，和公共图书馆的图书一样，似乎也可以称为公共用物。"[1]

公务用公物是指直接供行政主体本身执行其行政任务，并由行政公务人员自行利用的公物。例如，政府办公大楼、办公物品和设备、警械、警服等均是。公务用公物的直接目的在于供行政内部使用，因此"行政相对人没有使用行政财产的当然权利。所谓的进入权——例如允许公众进入办公楼——产生于与主管公务员接触以便处理特定行政事务的权利，而且是后者的附属权利"。[2]一方面，公务用公物依其仅供行政主体维持其行政功能之用，以区别于公众用公物；另一方面，公务用公物以物的本身提供公用，并非以其价值来提供公用，因而有别于财政财产。但是，公务用公物有时与公众用公物不易区别，例如，"图书馆的图书和资料，根据利用情况认为是公众直接使用的公产和公务用公产都有可能"。[3]

三、公物使用关系

对于公物之使用，可以分为自由使用、许可使用和特许使用。

所谓自由使用，是指"依公物之性质供通常之使用，例如，道路系供公众通行之用"。[4]换言之，在公物本来的使用目的范围内，任何人可以在不妨碍他人自由的前提下自由使用该物且无需经过行政机关许可，这是公物利用的常态。对于此类使用的性质，一般以为是反射利益，例如，日本学者美浓部达吉认为对公物的自由使用"限于对一般人承认使用的自由，而不是设定使用的权利"。[5]。即使由于道路的废止而不能自由使用，以前利用者也不能主张该自由使用权而指控该废止行为违法，即其不具有道路废止的原告资格。[6]日本学者室井力同样认为，"自由使用或一般使用公共设施而取得的利益，是设置、管理公共设施带来的反射性利益，即事实上的利益。因此，即

---

〔1〕［日］盐野宏：《行政法Ⅲ：行政组织法》（第3版），杨建顺译，北京大学出版社2008年版，第246页；王名扬：《法国行政法》，北京大学出版社2007年版，第241页。

〔2〕［德］汉斯·J.沃尔夫、奥托·巴霍夫、罗尔夫·施托贝尔：《行政法》（第2卷），高家伟译，商务印书馆2002年版，第460页。

〔3〕王名扬：《法国行政法》，北京大学出版社2007年版，第241页。

〔4〕吴庚：《行政法之理论与实用》（增订8版），中国人民大学出版社2005年版，第135~136页。

〔5〕［日］美浓部达吉：《日本行政法》（下卷），有斐阁1940年版，第817页。

〔6〕参见［日］盐野宏：《行政法Ⅲ：行政组织法》（第3版），杨建顺译，北京大学出版社2008年版，第265页。

使出现设施被废除，或其利用受到第三人的阻碍的情形，利用者对此进行法律争讼，原则上也不被承认"。[1] 目前，反射利益说已经受到学界的批判，对此，下文将详细论述。

许可使用，亦称临时特别使用或特别使用，是指公众用公物之使用已超出其通常使用之目的范围。我国个别法律有类似的规定，例如，《公路法》第48条、第50条规定，除农业机械因当地田间作业需要在公路上短距离行驶或者军用车辆执行任务需要在公路上行驶的外，铁轮车、履带车和其他可能损害公路路面的机具，不得在公路上行驶。确需行驶的，必须经县级以上地方人民政府交通主管部门批准，采取有效的防护措施，并按照指定的时间、路线、时速行驶。

所谓特许使用，是指公务管理机关在特定的依法规或在其得自由裁量范围内，为特定人设定公法上的特别利用权，使其得继续占有利用，并排除他人利用，因此，也称公物的占有权。例如，我国《道路交通安全法》第32条第1款规定："因工程建设需要占用、挖掘道路，或者跨越、穿越道路架设、增设管线设施，应当事先征得道路主管部门的同意；影响交通安全的，还应当征得公安机关交通管理部门的同意。"

第二节　公物致害的法律责任

一、公物致害赔偿责任的法律性质

福利国家、给付行政等新兴国家目的观的出现，使现代行政已从权力行政转向服务行政、给付行政，国家的行政活动不仅包括行使权力的法律行为，而且包括提供服务的事实行为。[2] 公物是给付行政和公共服务的重要内容，"一旦公共服务的履行涉及对个体公民所造成的特别损害，国家的财政部就必须承担支付赔偿金的责任"。[3] 另外，"当今社会，国家对于国民生活所必需

---

[1] ［日］室井力主编：《日本现代行政法》，吴微译，罗田广校，中国政法大学出版社1995年版，第406页。

[2] 马怀德主编：《国家赔偿问题研究》，法律出版社2006年版，第144页。

[3] ［法］莱昂·狄骥：《公法的变迁：法律与国家》，郑戈、冷静译，辽海出版社、春风文艺出版社1999年版，第198页。

的公共设施，特别是对于注重安全的原电设备、河川、堤防等的安全保障负有特殊责任。而正是通过这一点，国民享有宪法没有列举的一种对于安全的基本权"。[1]与此同时，国家赔偿责任的本质则是"国家为补救其公权力措施给受害人造成的特别损害而承担公平财产性的给付责任"。[2]由此可见，公物在提供公用的目的范围内的致害赔偿责任就应当是国家赔偿责任。

二、公物致害赔偿责任的构成要件

我国《国家赔偿法》并没有明确将公物致害纳入国家赔偿的范围，司法实践中通常以行政不作为侵权来达到行政救济之目的。申言如下：

（一）行政机关不履行设置或者管理职责

行政机关不履行设置或者管理职责在客观上表现为公物存在设置或管理上的瑕疵或欠缺，缺乏通常应具备的安全性。[3]对于瑕疵，要综合考虑公物的结构、场所环境以及利用状况等各种情况之后，进行个别的、具体的判断。尤其是要考虑设置者或者管理者是否履行了社会一般观念要求的防护措施义务，如果从客观上看，损害无法预见和回避，即该瑕疵属于设置者或管理者的管理行为无法触及的范围，则不能认定其在设置或管理上存在瑕疵。这是因为"即使认为是对营造物的设置肯定了无过失的赔偿责任，而对其管理也添加了行为责任（义务违反）的色彩"。[4]

（二）举证责任

学者认为，有关公物设置、管理上的瑕疵举证责任原则上由原告承担，但是有不少情况是很难作出证明。因此，从救济被害者的角度出发，一旦发生事故，首先就应推定存在瑕疵。作为管理者，行政机关只要拿不出没有瑕疵的证明，就要负赔偿责任，即应当由行政主体提供证据证明公共设施处于

---

〔1〕［韩］金性洙：《一般行政法》，法文社2002年版，第622页，转引自吴东镐：《中韩国家赔偿制度比较研究——从借鉴的视角》，法律出版社2008年版，第50页。

〔2〕高家伟：《国家赔偿法》，商务印书馆2004年版，第2页。

〔3〕［韩］金东熙：《行政法Ⅰ》（第9版），赵峰译，中国人民大学出版社2008年版，第393页；［日］室井力主编：《日本现代行政法》，吴微译，罗田广校，中国政法大学出版社1995年版，第204页；［日］南博方：《行政法》（第6版），杨建顺译，中国人民大学出版社2009年版，第147页；林准、马原主编：《国家赔偿问题研究》，人民法院出版社1992年版，第128页。

〔4〕［日］南博方：《行政法》（第6版），杨建顺译，中国人民大学出版社2009年版，第147~148页。

其应具备的安全状态。

（三）损害事实

"无损害则无救济"，侵权赔偿的本来含义就是对侵权行为所造成的损害的弥补，如果没有损害也就无需弥补，自然也就没有赔偿责任。"任何人只有在因他人的行为受到实际损害之时才能获得法律上的救济，而行为人也只有在因自己的行为及自己所控制的物件致他人损害时，才可能承担损害赔偿责任。"〔1〕这里的损害事实与民法上的损害基本相同，是指国家侵害行为对公民、法人或其他组织合法权益造成的不利后果，这种不利性表现为：财产的减少、利益的丧失以及名誉的毁损、精神痛苦或疼痛、生命丧失（死亡），身体损害（如残疾）、健康损害、自由损害、知识产权损害等。〔2〕一般来说，作为侵权行为构成要件的损害事实须具有以下特征：

（1）受损害的必须是合法权益，非法利益不受法律保护，不会引起国家赔偿责任。"合法权益包括权利和合法利益。因权利和合法利益遭侵害而受到的不利益，才是可以获得法律救济的损害。这意味着，权利和合法利益的存在，是损害获得救济的前提。"〔3〕

（2）损害具有现实性。损害的现实性意味着损害事实是确定的，而不是臆想的、虚构的。首先，损害必须是已经发生的事实，而不是未来的利益损害或尚未发生的损害，除非法律另有规定。〔4〕其次，损害是真实存在的，而非当事人纯主观的感觉或臆想的损害。最后，损害是对权利和利益侵害的事实，此种事实须能够依据社会一般观念和公平意识予以认定。〔5〕

（3）损害具有可补救性。损害的可补救性包括两层含义：第一层含义是指从量上看，损害已经产生且已经达到一定的严重程度。只有在量上达到一定程度的损害才是法律上视为应当补救的损害；第二层含义是，损害的可补救性并不是说损害必须是能够计量的。就客观而言，能够计量的损害往往是少数的，法律不能因为损害无法计量就不规定赔偿。〔6〕

<hr/>

〔1〕　王利明：《侵权行为法研究》（上卷），中国人民大学出版社 2004 年版，第 349 页。

〔2〕　张新宝：《侵权责任法》，中国人民大学出版社 2006 年版，第 35 页。

〔3〕　魏振瀛主编：《民法》（第 3 版），北京大学出版社、高等教育出版社 2007 年版，第 684 页。

〔4〕　参见张新宝：《侵权责任法》，中国人民大学出版社 2006 年版，第 35 页；王利明：《侵权行为法研究》（上卷），中国人民大学出版社 2004 年版，第 355 页。

〔5〕　王利明：《侵权行为法研究》（上卷），中国人民大学出版社 2004 年版，第 356 页。

〔6〕　魏振瀛主编：《民法》（第 3 版），北京大学出版社、高等教育出版社 2007 年版，第 684 页。

（4）对于公物设置或管理瑕疵所造成的损害而言，其还需具有异常性，即超过公务活动对公共生活带来的正常负担。一切享受公共生活利益的人，必须承受合理的公共负担，这属于正常的损失，不构成国家赔偿法上的损害。只有公务活动给行政相对人带来额外的负担，才构成国家赔偿法上的损害。此异常的标准由法院根据具体的情况进行判断。

（四）设置或管理欠缺与损害事实之间须存在因果关系

"法律上的因果关系是指损害结果和造成损害的原因之间的关联性，它是各种法律责任中确定责任归属的基础。"[1]侵权法上的因果关系包括两种，即责任成立的因果关系和责任范围的因果关系：前者是指可归责的行为与权利受侵害（或保护他人法律的违反）之间具有因果关系，涉及的问题是责任的成立；后者是指权利受侵害与损害之间的因果关系，涉及的是责任成立以后责任的形式以及大小的问题。[2]就公物致害责任成立因果关系而言，设置或管理欠缺不必是损害发生的唯一原因，当其与自然事实（如飓风、地震、洪水等）、第三人行为或受害人自己的行为一起而发生损害结果时，国家就应负损害赔偿责任，但是，国家仅在因果关系范围内承担责任。

三、免责事由

我国《国家赔偿法》第 5 条规定："属于下列情形之一的，国家不承担赔偿责任：（一）行政机关工作人员与行使职权无关的个人行为；（二）因公民、法人和其他组织自己的行为致使损害发生的；（三）法律规定的其他情形。"根据学者的解释，所谓"法律规定的其他情形"，除《最高人民法院关于审理行政赔偿案件若干问题的规定》（法释〔2022〕10 号）第 5 条规定的国防、外交等国家行为或者抽象行政行为以外，主要是指不可抗力、邮政通讯、受害人过错、第三人过错以及通过其他途径可以获得补偿的情形。[3]除上述规定外，国家可否援引不可抗力、第三人过错、预算不足等主张免责，

---

〔1〕 王利明：《侵权行为法研究》（上卷），中国人民大学出版社 2004 年版，第 385 页。

〔2〕 王泽鉴：《侵权行为法：基本理论·一般侵权行为》（第 1 册），中国政法大学出版社 2001 年版，第 189~190 页。

〔3〕 张树义主编：《国家赔偿法实用手册》，法律出版社 1994 年版，第 49~51 页；薛刚凌主编：《国家赔偿法教程》，中国政法大学出版社 1997 年版，第 162 页；罗豪才、湛中乐主编：《行政法学》（第 2 版），北京大学出版社 2006 年版，第 386 页。

不可一概而论。

（一）第三人过错

公物因设置或管理致人损害时，即使有就该瑕疵的产生负责任之人，国家亦不可免责。否则，在过错第三人难以找到的情况下，不仅受害人难以获得相应的救济，而且难以督促行政机关行使管理职责。"国家在对公有公共设施的受害者履行完赔偿责任后，有权向对公有公共设施的设置管理瑕疵负有责任的人追偿。"[1]这里应负责任之人包括：设计人、承揽人；导致道路桥梁损坏的毁损人；在道路或其他公共设施放置障碍物或危险物的人；承租人以及管理机关的公务员等。

（二）不可抗力

对于不可抗力可否作为公物致人损害的免责事由，域外的学说和司法判例都予以否认。在日本，早在1974年的"高知落石案"中，名古屋高级法院就否定了国家以不可抗力作为免责事由的主张。[2]韩国承继了这种做法，例如，韩国大法院判决指出："针对多雨季节，为防止山体滑坡，理应设置排水沟及坚固的保护措施。如果因怠于履行此项义务，山体没能承受暴雨而发生滑坡，从而妨碍车辆的正常通行引起事故，那么，应视为本事故是因为被告（大韩民国）对道路的设置或者管理上的瑕疵所产生。"[3]但是，如果是单纯

---

〔1〕 马怀德主编：《完善国家赔偿立法基本问题研究》，北京大学出版社2008年版，第307页。

〔2〕 该案的基本案情是：1968年8月，名古屋团地报社和观光服务公司联合举办观光旅游活动。8月17日夜，天气急变，骤降暴雨，主办者决定中止旅行。18日零时，一行汽车调头沿着来路南归。因发生土崩，被迫停车，困在路面。同日2时11分，在道路东侧的陡斜面上发生了大量的泥石流。两辆公共汽车直接被泥石流卷入飞驰河，乘客及乘务人员死亡104人。事故发生第二天，政府召开"岐阜公共汽车事故对策联络会"，研讨对死者家属的赔偿。政府表明了在道路管理上没有过失的天灾论立场，但也有人认为这起事故是危险道路的必然结果，道路行政薄弱是事故发生的原因。遇难者的家属以这种观点向名古屋地方法院提起约5.23亿日元的损害赔偿之诉。1973年3月30日，名古屋地方法院一审判决认为：国家道路土砂崩落，有发生事故的危险，对此国家有适当的管理责任，国家道路管理有瑕疵。同时，泥石流是事故发生的直接原因，应视为不可抗力。不可抗力因素占四成，国家对剩下的六成负损害赔偿责任。受难者家属提起上诉，1974年11月20日，名古屋高级法院作出上诉审判决，否定了一审判决，认为：自然现象造成事故通常是不可预测的。这条道路处于暴雨集中地区，靠山一侧有发生斜面崩落、泥石流等类似事故的危险，"为防止本案泥石流事故，防护措施并不是唯一的办法，根据作为避难方式的事前禁止或其他方法，是可以达到目的的"。从而，拒绝了不可抗力的主张，认定国家应负全面的责任。该判决作出以后，国家没有上诉，故本判决成为确定判决。参见胡建淼主编：《外国行政法规与案例评述》，中国法制出版社1997年版，第796页。

〔3〕 吴东镐：《中韩国家赔偿制度比较研究——从借鉴的视角》，法律出版社2008年版，第50页。

的不可抗力损害，国家也要毫无例外地负赔偿责任，对于国家财政来说实难负担。因此，上述国家均又承认在遇见不可能以及回避不可能的情形下，国家可以免责。[1]换言之，如果事故起因于被害者通常难以预测的行动，或者对于损害的发生无预测的可能性或无回避的可能性，或者超越预测范围由自然现象造成灾害时可以承认国家免责。[2]例如，由于台风发生河川水灾时，如果河川计划的蓄水量的计算，是符合当时科学技术水平的，而且堤防也是依照该水平建造的，此时发生的损害是由于不可抗力引起的，国家将不负赔偿责任。但是，如果堤防等设施本身存在缺陷，在这个限度内，国家应负赔偿责任。

（三）预算不足

在日本，判例对于人工公物的道路严格地承认了安全确保义务，"高知落石案"肯定了"因有财政预算上的制约，而未能采取措施防止损害的发生，被认为不构成免责的理由"。[3]而对于作为自然公物的河川，考虑到河川管理的诸种制约，则认为只要具备了过渡性、安全性便足够，大东水灾诉讼上告审判决认为："河川管理与道路管理不同，以内在财政及其他制约为由，已制定改建计划，对据此正在改建中的河川，不承认该计划有特别不合理时，只要不发生应承认必须早期进行改建工程这种特别情况，就不能以改建尚未进行这一理由，认为河川管理有瑕疵。"[4]在韩国，大法院判决 1967.2.21，66C1723 明确指出："（营造物）设置者的财政情况，或许可以作为对于要求安全性的程度问题的斟酌事由而予以考虑，但绝不能当作决定安全性的因素。"[5]

日韩经验表明，当今社会，国家对于国民生活所必需的公共设施，特别是对于注重安全的原电设备、河川、堤防等的安全保障负有特殊责任。如果允许国家以不具备财政上的条件作为抗辩事由，而放任公共设施因安全性能

---

〔1〕〔日〕南博方：《行政法》（第6版），杨建顺译，中国人民大学出版社2009年版，第147页。

〔2〕〔日〕室井力主编：《日本现代行政法》，吴微译，罗田广校，中国政法大学出版社1995年版，第204页。

〔3〕〔日〕室井力主编：《日本现代行政法》，吴微译，罗田广校，中国政法大学出版社1995年版，第204页。

〔4〕〔日〕室井力主编：《日本现代行政法》，吴微译，罗田广校，中国政法大学出版社1995年版，第204页。

〔5〕吴东镐：《中韩国家赔偿制度比较研究——从借鉴的视角》，法律出版社2008年版，第51页。

上的缺陷发生损害，不仅会滋生行政机关的怠惰，而且难以保护受害人的合法权益。

典型案例：李某英等诉广饶县交通局不履行法定职责行政赔偿案

案例来源：山东省东营市中级人民法院〔2004〕东行终字第53号行政判决书

案情简介：2003年12月11日，受害人常某明驾驶摩托车送受害人常某宁上学，途中连人带车在堆放猪粪的公路上滑倒，被随后驶来的小型拖拉机碾压，致使受害人常某宁当场死亡，受害人常某明经抢救无效死亡。经交警大队认定，受害人常某明对事故负主要责任，常某宁不负责任，拖拉机车主负次要责任，猪粪主人负次要责任。广饶县公安局交警大队进行调解，因事故各方对赔偿问题无法达成协议，于2004年2月9日出具道路交通事故调解终结书。

法院裁判：一审法院认为，广饶县交通局对事故路段有管理职责。《公路法》第46条规定："任何单位和个人不得在公路上及公路用地范围内摆摊设点、堆放物品、倾倒垃圾……"第77条规定，对于违法行为，"由交通主管部门责令停止"，可以处5000元以下的罚款。第43条第2款规定："县级以上地方人民政府交通主管部门应当认真履行职责……保障公路的完好、安全和畅通。"从以上法律规定可以看出，被告具有保障道路安全畅通以及对违法在公路上堆放物品的行为进行处理的法定职责。本案中，他人在事故路段上堆放猪粪，广饶县交通局没有对此采取任何措施，也未对粪主采取相应处罚并督促清理，未尽到管理责任，即构成行政不作为。广饶县交通局未尽到管理职责的行为与事故的发生有一定的因果关系，广饶县交通局应承担其不履行法定职责的相应责任。道路交通事故责任认定书确认受害人常某明负事故的主要责任，拖拉机车主、猪粪主人负次要责任，综合各方因素可看出，广饶县交通局不履行法定职责的行为与事故的发生虽有一定关系，但不是主要原因，受害人自身原因才是主要的，广饶县交通局因其不履行法定职责造成此次交通事故是次要原因。本案应根据广饶县交通局的过错程度及不履行法定职责在本次事故中所起的作用，酌情确定其应承担的赔偿责任。

二审法院认为，依据《公路法》第8条的规定，广饶县交通局对其行政区域内的公路具有管理职责。依据《公路法》第43条的规定，广饶县交通局负有做好公路保护工作，保障公路完好、安全和畅通的职责。涉案公路上堆放的猪粪，持续时间长达十余天，已影响到公路的安全和畅通，成为一种安全隐患，但广饶县交通局客观上未能消除该隐患，应认定广饶县交通局未尽到对该公路的管理养护职责，已构成行政不作为。广饶县公安局交警大队作出的道路交通事故责任认定书，认定道路上堆放的猪粪是导致该次交通事故发生的因素之一，故广饶县交通局怠于履行职责行为与该次交通事故的发生存在一定的因果关系，应承担相应的行政赔偿责任。

复习与思考题：

1. 如何理解公物的法律意义。
2. 公物使用关系对行政法律关系的定性有何影响。
3. 结合实例阐述我国公物致害的赔偿责任机制。

第三编
行政行为法

　　本编将阐释行政行为法的重点内容。行政行为概念被认为是行政法学体系得以构建起来的阿基米德支点，既是依法行政原则的基本指向，也是行政救济的重点对象。因此，行政行为法是行政法研习者应当学习的重中之重。本编仅重点介绍行政行为的一般原理和作为常见行政管理手段的行政行为，即行政处罚、行政强制、行政许可、政府信息公开等。行政复议虽然具有解决行政争议和保障公民、法人或者其他组织合法权益的制度功能，但其本质上是行政机关的行为，故而放在本编一并介绍。

第七章
行政行为概述

本章知识要点：

1. 行政行为的概念
2. 行政行为内涵的理论与实践变迁
3. 行政行为的类型化

第一节　行政行为的概念

一、行政行为概念的理论之争

自奥托·迈耶构建行政法学理论体系以来，行政行为就是支撑行政法学理论体系的一个核心概念。在中国行政法学研究和行政法治实践中，行政行为既是学术概念，也是法律概念。把握行政行为的内涵既关系到行政法学理论体系的架构，也关系到行政审判介入行政的广度和深度。

在当下中国的行政法学研究中，行政行为的内涵和外延犹如一张普罗米修斯之脸，令学理界和实务界十分困惑。当前中国行政法学理上，对行政行为至少存在以下三种不同的理解：

（一）行政行为是所有行政管理活动的总称

这种观点意味着凡是行政主体实施的行为，都可称为行政行为，这是当前对于行政行为概念最为宽泛的理解。

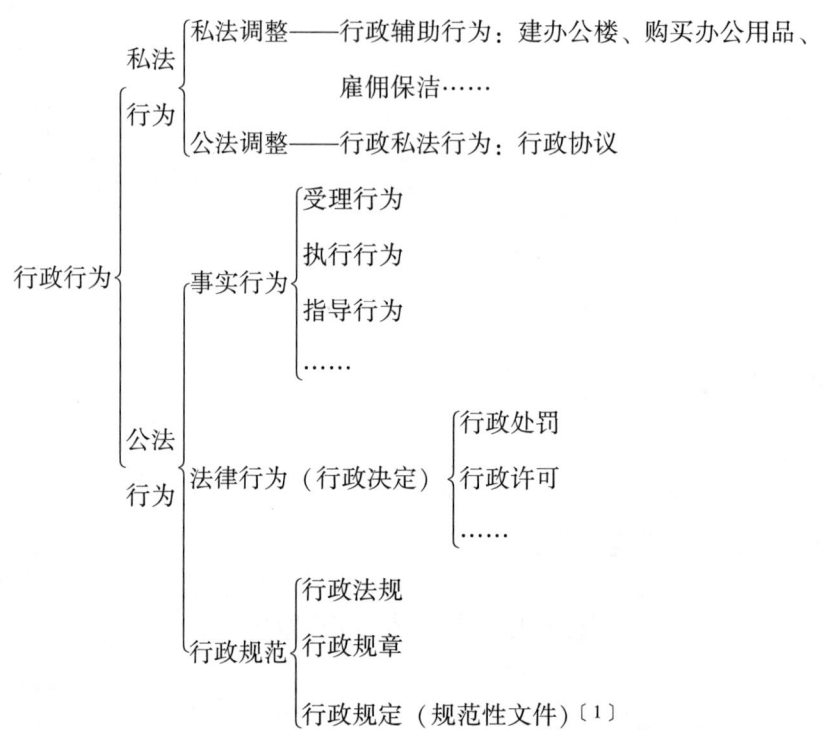

（二）行政行为是行政主体实施的外部行为

这种观点认为，行政行为是行政主体对外实施的影响相对人的权利义务的行为，具有公务性、法律从属性、裁量性等特征，既包括针对不特定主体实施的发布规范性文件的行为，也包括针对特定相对人实施的行政决定；既包括充分体现行政机关单方意志的行政高权行为，也包括行政主体与行政相对人签订行政协议的行为。

---

〔1〕 章剑生：《现代行政法总论》，法律出版社 2014 年版，第 141 页。

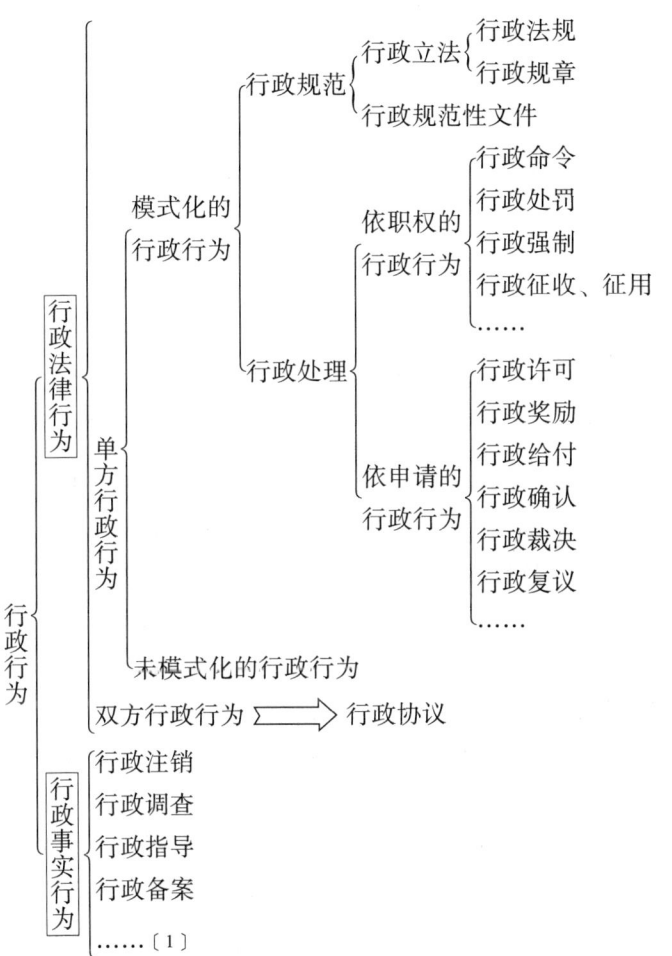

（三）行政行为是行政主体针对特定相对人实施的单方意思表示

这种观点认为，行政行为仅仅指向行政主体在针对特定相对人行使职权过程中所作的能够直接引起行政法律效果的单方意思表示，即行政行为是行政法律行为，和具体行政行为在内涵上保持一致。[2]

---

〔1〕　姜明安主编：《行政法与行政诉讼法》（第 6 版），北京大学出版社、高等教育出版社 2015年版，第 166 页。

〔2〕　余凌云：《行政法讲义》（第 4 版），清华大学出版社 2024 年版，第 279 页。

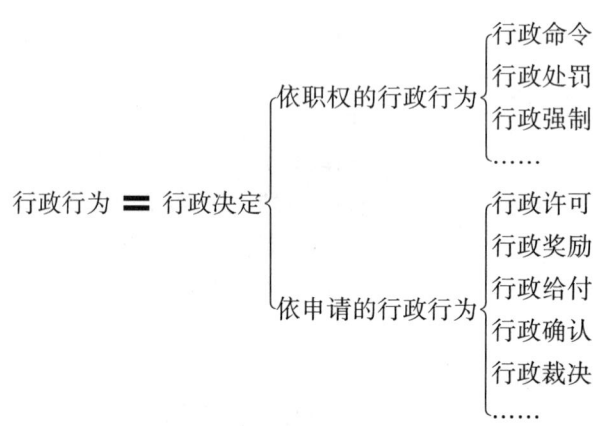

　　总体来说，行政行为概念的争论主要围绕着以下几个方面展开：①行政行为是否等同于行政管理活动？②行政行为是否必须有直接的法律效果？基于此，行政法规、规章、规范性文件以及事实行为是否属于行政行为？③行政行为是否为行政机关的单方行为？是否包括行政协议？④内部行政是否需要纳入行政行为的范畴？有学者指出，"在某种意义上，行政行为是一个技术性概念，也是为了完成特定目的而形成的目的概念。随着国家管理职能的扩大、行政活动方式的增加，出于诉讼经济以及保障民权的考虑，适时发展行政行为的内涵与外延，对其作出新的定位实属必要。但是，这种定位又需要相关理论的跟进，否则，很容易造成逻辑上的混乱与实务中的困惑。在行政行为的定位问题上，我们存在的主要纠葛是：一方面，在行政诉讼制度建立之初，我们出于功利的动机承袭法国的行政行为理论，部分解决了受案范围的难题；另一方面，在随后兴起的行政法学研究中，我们又转而把目光投向了德国的行政处分概念，并将后者植入行政行为之中，而不问两者是否能兼容。这样做的后果是，我们不得不纠缠于实际问题的解决与理论得以自洽的深重矛盾之中，周旋于实务与学说的不同需要之间，而找不到自己归属与出路……"[1]

二、行政行为的法律界定

　　行政行为是《行政诉讼法》法律文本中的基础概念，也是行政诉讼制度

---

　　〔1〕　朱新力、高春燕：《行政行为的重新定位》，载《浙江大学学报（人文社会科学版）》2003年第6期。

架构中的基础概念。这一概念写入《行政诉讼法》的目的就是解决行政诉讼受案范围的问题，区分可诉对象与不可诉对象，即只有行政行为才属于行政诉讼受案范围，非行政行为不属于行政诉讼受案范围。自1989年《行政诉讼法》制定到2014年《行政诉讼法》修正，行政行为的外延一直在扩展。

1989年《行政诉讼法》第2条规定："公民、法人或者其他组织认为行政机关和行政机关工作人员的具体行政行为侵犯其合法权益，有权依照本法向人民法院提起诉讼。"据此，作为行政诉讼受案对象的行政行为只能是行政主体在针对特定相对人行使职权过程中所作的能够直接引起行政法律效果的单方意思表示。这意味着，在行政诉讼制度建立之初，行政行为有着最狭义的内涵和外延，即行政行为只能是行政法律行为。

随着行政实践的发展和行政审判的不断深入，理论界和实务界都意识到有可能给相对人造成合法权益侵害的绝不限于行政法律行为。故而，最高人民法院通过司法解释的方式，以"行政行为"替代"具体行政行为"作为行政诉讼受案范围的判断标准，即《最高人民法院关于执行〈中华人民共和国行政诉讼法〉若干问题的解释》（法释［2000］8号，已失效）第1条第1款规定："公民、法人或者其他组织对具有国家行政职权的机关和组织及其工作人员的行政行为不服，依法提起诉讼的，属于人民法院行政诉讼的受案范围。"根据这一规定，那些虽不具有直接为相对人设定权利义务之目的但是给相对人权益造成实际影响的行为如政府信息公开行为、查封扣押后的保管行为等事实行为也被纳入司法监督的范畴，即行政行为不再限于行政法律行为，同时还包括行政事实行为，从而丰富了行政行为的内涵和外延。

2014年《行政诉讼法》修正时，进一步扩大了行政行为的内涵和外延。修正后的《行政诉讼法》在形式上延续了2000年司法解释使用的行政行为概念，其第2条第1款规定："公民、法人或者其他组织认为行政机关和行政机关工作人员的行政行为侵犯其合法权益，有权依照本法向人民法院提起诉讼。"然而，从第12条所列举的行政诉讼受案对象看，该法则是在更广泛的意义上使用了行政行为的概念，如第12条第1款第11项将"认为行政机关不依法履行、未按照约定履行或者违法变更、解除政府特许经营协议、土地房屋征收补偿协议等协议的"纳入行政诉讼的受案范围，表明行政行为在内涵上囊括了双方行政行为。

上述立法和司法政策变迁表明，我国行政诉讼实践对行政行为一直持一种"目的导向"的宽泛立场，这种目的导向就是扩大行政诉讼受案范围。这就导致行政行为这一基本学术概念承载越来越多的行政活动行为，或曰其内涵日益稀薄。对此，有学者指出，行政法所关注的"行政行为""将行政机关以民事主体的身份从事的不具有公益性的'行政行为'以及'统治行为'划出了'行政行为'范畴，仅保留具有执行性的'管理性行政'、立法性的'立法性行政'和行政机关居中裁决的'司法性行政'"。[1] 在此意义上，行政行为几乎指向了行政主体运用行政权实现行政目的的一切活动。

第二节　行政行为的分类

行政行为分类研究的目的是更好地把握行政行为的内涵和外延，从多种角度认识行政行为的不同表现方式。理论上讲，分类标准决定了类型化的结果，分类标准的不穷尽导致行政行为类型化同样难以穷尽。本书仅介绍对行政法学理论研究和行政实践的需要而言具有重要意义的几种分类。

一、行政法律行为和行政事实行为

依行政行为之构成是否需要意思表示为要件，可以将行政行为区分为行政法律行为和行政事实行为。

行政法律行为是指能直接引起行政法律关系产生、变更和消灭的行政行为，要求行政机关同时具备创设或者变更行政法律关系的内在主观意图和外在行为表现，如行政处罚、行政强制等。这类行政行为以意思表示为构成要件，行为之效果取决于行政主体意思表示的内容。

行政事实行为是指行政机关虽不具有设立、变更或消灭行政法律关系的意图，但依照法律的规定能引起相应法律后果的行为，主要影响或者改变某种事实状态的行政行为。常见的行政事实行为包括立案、告知、送达以及查封扣押后的保管行为等行政辅助行为，行政注销、非法财物销毁、拍卖等行政执行行为，行政指导、约谈、劝诫等建议行为以及信息公开、公共设施建造等公共服务行为。这类行政行为不以意思表示为构成要件，其法律效果直接取决于立法的规定。

---

[1]　章剑生：《现代行政法总论》，法律出版社 2014 年版，第 3 页。

例如，交通管理部门出于道路交通安全之考虑，在 A 道路和 B 道路的交叉口设置红绿灯，张三因在该处闯红灯被交警处以 500 元罚款的行政处罚。后因城市更新，该处交通信号灯不再使用。在这一事件中，交通信号灯的设置行为属于事实行为，并不直接为行政相对人创设权利义务；而行政罚款是行政法律行为，直接为相对人设置了财产义务，减损了其财产权利。同时，设置红绿灯的行为无疑通过针对闯红灯的行政罚款间接对相对人的权利义务造成了影响，而闯红灯要受到行政处罚这一法律效果则是《道路交通安全法》的直接规定。

由于行政法律行为的效果取决于行政主体的意思表示，所以行政主体意思表示的瑕疵会影响到行政法律行为的有效性。换言之，当行政法律行为因为行政主体意思表示的瑕疵被撤销时，由该行政法律关系所导致的法律关系和法律状态的变更也要随之恢复原状。与之不同的是，行政事实行为在客观状态上的变化并不必然导致法律关系和法律状态亦随之更改。如在上文提到的事例中，如果行政罚款因为事实认定错误或者违反法定程序被撤销，则视为行政罚款决定自始不存在，行政机关要如数返还张三因此而缴纳的罚款。但是，如果行政罚款本身不存在任何可导致其被撤销的瑕疵，行政机关则不能单纯因为交通信号灯被弃之不用而返还张三已经缴纳的罚款。

也正因如此，行政事实行为一般情形下不是行政复议或者行政诉讼的对象，但是行政事实行为给相对人的权益造成损害的，相对人可以请求国家赔偿。例如，《行政强制法》第 26 条第 1 款规定："对查封、扣押的场所、设施或者财物，行政机关应当妥善保管，不得使用或者损毁；造成损失的，应当承担赔偿责任。"因此，相对人基于行政事实行为造成的损害提起损害赔偿之诉的，法院可以受理。

二、行政决定与行政规范

依行政行为的适用对象是否特定以及是否具有反复适用的效力，可以将行政行为区分为行政决定和行政规范。

行政决定是行政机关针对特定相对人作出的以直接设定、变更或者消灭权利义务为目的的行政行为，形式上表现为特定格式的法律文书；行政规范则是行政机关针对不特定对象制定的具有普遍约束力的决定、命令，通常以规范性文件即红头文件为载体。

通常而言，如果行政机关的意思表示可反复适用，则其适用对象也会处于不断变化之中，属于行政规范；反之，如果行政机关的意思表示仅具有一次适用性，则该意思表示作出当时所针对的对象也往往具有特定性，属于行政决定。值得注意的是，行政相对人数量特定并不等于相对人唯一，而在于行政机关的意思表示作出时相对人的范围是否是封闭的、可确定的，针对可以确定的群体作出的意思表示构成行政决定；反之，如果行政机关的意思表示作出时相对人的范围是开放的、不确定的，则构成行政规范。例如，县政府对乙作出房屋征收决定和县政府对乙所在片区作出房屋征收决定，都是针对特定相对人作出的意思表示，属于行政决定；反之，如果县政府要求"凡本地啤酒批发商不得经营外地啤酒，否则罚款 3 万元"，尽管该要求提出时该县城只有一家啤酒批发商店，但由于县城的啤酒批发商数量可能会发生变化，故而这种要求是行政规范。

然而，上述标准在实践中并非绝对适用。就行政实践而言，既有行政机关的意思表示虽然只适用一次但影响不特定主体的情形，如临时封闭道路举办马拉松比赛；也有行政机关的意思表示虽然针对特定主体作出但可面向将来反复适用的情形，如街道办事处禁止市民甲在晚上 9 点后跳广场舞。前者构成行政规范，后者则构成行政决定。有时候，行政机关会作出直接针对物的意思表示，但其在最终意义上是作用于人的，所以在考虑对象是否特定时应以其影响的相对人是否特定为准。

就法律效果而言，行政决定直接为相对人设定权利义务，而行政规范却不会对相对人的权利义务产生直接影响。如交通管理部门发布规范性文件，规定行人闯红灯的，罚款 50 元。若张三过马路时没有闯红灯，则该规范性文件对其不具有任何影响；若张三闯了红灯，则对其直接产生影响的是交通管理部门依据该规范性文件作出的行政处罚决定。故而，行政诉讼受案范围制度设计中，法院不受理行政相对人直接针对行政规范提起的诉讼，但是允许原告在针对行政决定提起诉讼时，就被诉行政决定所依据的规范性文件向法院提出附带审查的请求。

除开行政规范通常不对行政相对人的权利义务产生直接影响之外，法院不受理原告直接针对行政规范提起的诉讼，还有以下两个方面的考量：第一，行政规范的内容主要是政策性规定，法院不宜进行政策判断，以免造成司法僭越；第二，规范性文件的合法性监督存在其他机制，如事前合法性审查机制、备案审查机制、行政复议和行政诉讼的附带审查机制等。

三、对物行政行为和对人行政行为

依据行政机关的意思表示是针对人作出还是针对物作出，可以将行政行为分为对人行政行为和对物行政行为。如果行政行为调整的不是人的权利义务而是物的法律状态，则构成对物行政行为。对物行政行为在实践中主要表现为行政机关针对公物的使用、禁止使用、流通等问题向不特定人发出的具有普遍约束力的决定或者命令。例如，为举办马拉松对特定道路实施封闭、为控制疫情扩散禁止公园在特定期间开放、市政道路的更名行为、高速公路的收费标准等。

对物行政行为归根结底还是要对人产生法律效果，特定物不过是人的权利义务的关联点，即通过对特定物的管理而间接影响到人。而且，实践中，尽管有些情形下对物行政行为不具有可以反复使用的效力，但是因其间接影响的主体通常是不特定的，故而通常被视为行政规范。对物行政行为对人的间接作用效果，决定了特定人不能主张对物行政行为无效，探索相关公益诉讼制度是对对物行政行为实行合法性监督的可行路径。

例如，在"朱某义等诉郑州市人民政府道路更名案"中，原告请求法院责令郑州市人民政府撤销《关于祭城路更名平安大道的通告》并恢复原"祭城路"路名。对此，最高人民法院认为："当原告主张一项权利，是否属于权利保护范围是一回事，是否属于他自己的权益是另一回事。即使某些权利属于《行政诉讼法》规定的权利保护范围，但如果被诉行政行为并非针对特定个人，而原告只是有可能受到被诉行政行为影响的不特定公众中的一个或者一部分，那他也不具有提起行政诉讼的资格。"同时还指出："如果能为地名更改中的公民参与提供切实可行的法律救济，如果能为地名的命名、更名、销名等行政决策设置一个犹豫期，让公民或者有关社会团体在相关行政决策真正付诸实施之前能够有机会提起一个预防性的禁止诉讼，无疑将会减少盲目决策所造成的社会成本和财政成本。"[1]

---

[1]　参见最高人民法院［2018］最高法行申 1127 号行政裁定书。

四、行政作为和行政不作为

依据行政机关是否有积极履行法定职责的外在样态，可以将行政行为区分为行政行为和行政不作为。学理上认为，行政机关负有某种作为义务，但是无正当理由不履行或者拖延履行该义务，或者不恰当、不完整地履行该项义务的，构成学理意义上的行政不作为。

行政不作为概念在行政救济法上具有重要意义。例如，《行政诉讼法》第12条规定第1款规定："人民法院受理公民、法人或者其他组织提起的下列诉讼：……（六）申请行政机关履行保护人身权、财产权等合法权益的法定职责，行政机关拒绝履行或者不予答复的……（十）认为行政机关没有依法支付抚恤金、最低生活保障待遇或者社会保险待遇的……"同时，根据《国家赔偿法》第3条、第4条，行政不作为导致公民人身权、财产权损害的，应依法予以赔偿。

作为行政救济对象的行政不作为之判断前提是行政机关负有作为义务，或曰法定职责。这种法定职责既包括明定性职责，也包括派生性职责。明定性职责是由法律、法规、规章规定的行政机关的具有外部职责特征的职权，例如，1986年《土地管理法》规定，县级以上人民政府有核发土地使用证的职权；派生性职责是指行政机关行使明定性职责而间接产生的义务性职责，比如，根据《内河交通安全管理条例》第77条的规定，海事管理机构有权暂扣交通事故责任者的证书、证件，相应地，行政机关负有扣留之后发还证书的义务。

无论是明定性职责还是派生性职责，都必须是具体职责而非宏观职责。宏观职责是指行政机关基于《宪法》《地方各级人民代表大会和地方各级人民政府组织法》等宏观法律规定而应该具有的普适性职责。该职责不针对某个具体的行政管理领域，也没有具体行使方式的规定。行政机关基于宏观法律所产生的职责，一般都不具有具体内容，具体内容由专门法律设定。具体职责是指在某项特定行政管理领域，法律、法规、规章明确规定的行政机关履行职责的内容和方式等。行政机关履行该职责是基于特定的事实和条件产生的具体法律义务。行政机关如不履行此义务，将直接导致相对人的合法权益受到损害。

尤为关键的是，行政机关的作为义务必须是指向外部行政相对人的，是其外部管理职责的体现，而上级机关对下级机关的监管职责、行政机关对其内部工作人员的管理职责以及行政监察职责等不属于行政救济的对象。

五、依职权的行政行为和依申请的行政行为

依据行政行为之作出是否需要相对人提出申请，可以将行政行为分为依职权的行政行为和依申请的行政行为。

依职权的行政行为是指，无需相对人提出申请，行政机关应当依法主动作出的行政行为，例如行政处罚、行政强制、征收征用的依法补偿等是典型的依职权的行政行为，负有相应职责的行政机关无需相对人提出申请，就应当积极行使该职责，否则就构成行政不作为。

依申请的行政行为是指，行政机关需依赖相对人的申请方可作出的行政行为，比如行政许可、行政确认以及行政相对人请求行政机关依法发放抚恤金、保险金和最低生活保障金等。

区分依职权的行政行为和依申请的行政行为，其法律意义不仅在于二者的启动程序不同，还在于司法救济领域中，法院对依职权的行政行为和依申请的行政行为在合法性审查范围及强度、举证责任配置以及判决方式方面均有所差异。

六、授益性行政行为和负担性行政行为

依据行政行为对行政相对人所造成的影响之不同，可以将行政行为区分为授益性行政行为和负担性行政行为。

如果行政行为之作出增加了相对人的权益或者减少了其义务，则为授益性行政行为；反之，如果行政行为之作出增加了相对人的义务或者减损了相对人的权益，则为负担性行政行为。

二者的区分对于指导行政实践和司法审查具有如下意义：

（1）一般而言，授益性行政行为通常是依行政相对人的申请而作出的，而相对人申请行政机关针对自己作出负担性行政行为则不合乎常理。

（2）由于负担性行政行为给相对人带来的是不利的法律后果，所以行政机关作出负担性行政行为必须遵守正当程序，而正当程序原则一般不适用于授益性行政行为领域。

（3）根据依法行政原则和权益保障原则，除非撤销违法的负担性行政行为会给公共利益造成损害，否则应当撤销；而授益性行政行为之撤销则不受

依法行政原则的严格限制，主要考虑信赖保护原则和公共利益之需求。

需要指出的是，授益性行政行为和负担性行政行为并不是非此即彼的，这是因为在多边的行政法律关系中，同一行政行为可能对一方相对人是授益性行政行为，对其他利害关系人则是负担性行政行为，此被称为"对第三人构成负担的授益性行政行为"。

七、羁束行政行为和裁量行政行为

依据行政主体对于行政法规范的适用是否存在灵活处理空间，可以将行政行为分为羁束行政行为和裁量行政行为。羁束行政行为是指行政主体在执行行政任务时，必须严格按照行政法规范的规定进行，没有灵活性的行政行为。裁量行政行为则是指行政主体在执行行政任务时，可以根据实际情况和需要，对行政法规范进行灵活适用的行政行为。区分羁束行政行为和裁量行政行为的意义在于，法院对这两种行政行为的司法审查强度有所不同，法院对羁束行政行为只能进行合法性审查，而对裁量行政行为则有时需要进行必要的合理性审查。对于经审查认定违法的羁束行政行为，法院应当予以撤销或者确认无效，仅在符合《行政诉讼法》第74条规定的有关情形下可以作出确认违法之判决以保留其效力。对于经审查认定明显不合理的行政行为，法院则可以依《行政诉讼法》第77条之规定作出变更判决。

八、行政行为的其他分类

除上述分类之外，还可以依据行政行为之作出是单方意志还是双方意志的标准，将行政行为分为单方行政行为和双方行政行为；依据行政行为是否发生外部法律效力的标准，将行政行为分为内部行政行为和外部行政行为；依据行政行为的外在表现及其功能的标准，将行政行为分为行政立法行为、行政执法行为和行政司法行为；依据行政行为是否需要具备法定形式的标准，将行政行为分为要式行政行为和非要式行政行为；依据行政行为是否有附款的标准，将行政行为分为附款行政行为和无附款行政行为；等等。

典型案例：徐某平等3人诉南通市通州区交通运输局交通行政管理及行政赔偿案

案例来源：江苏省南通市中级人民法院［2020］苏06行终139号行政裁

定书

案情简介： 2017 年 3 月 19 日 21 时左右，徐某平的配偶张某祥驾驶苏 FYD×××小型面包车由北向南行驶至苏 225 线 42 千米+875 米处南通市通州区石港镇通港大桥路段时，车前部左侧与由北向南依次排队停在左侧车道等候绿灯放行刘某军驾驶的鲁 JD××××重型半挂牵引车牵引的鲁 JL×××重型普通半挂车后部右侧发生碰撞，造成张某祥当日死亡。南通市通州区公安局交警大队出具了《道路交通事故认定书》（通公交认字［2017］第 040 号），认定张某祥夜间驾驶机动车对路面情况观察不够，未能降低行驶速度，未能按照操作规范确保安全通行，应承担本次事故的全部责任。后徐某平等 3 人向南京市中级人民法院提起行政赔偿诉讼，认为江苏省交通运输厅公路局审查批准苏 225 线 42 千米+875 米处南通市通州区石港镇通港大桥南侧桥口处设置红绿灯的行为违法并要求赔偿，南京市中级人民法院于 2018 年 6 月 6 日作出［2017］苏 01 行赔初 12 号行政裁定书，裁定驳回徐某平等 3 人的起诉。徐某平等 3 人不服上述裁定，向江苏省高级人民法院提起上诉，江苏省高级人民法院于 2019 年 6 月 27 日作出［2018］苏行赔终 12 号行政赔偿裁定书，裁定驳回上诉，维持原裁定。另，［2018］苏行赔终 12 号行政赔偿裁定书中载明，事发地段最终是否设置道路交通信号以及设置何种道路交通信号系交通管理部门的职责范围。徐某平等 3 人认为南通市通州区交通运输局在事发路段设置红绿灯，与徐某平配偶张某祥死亡事故之间存在因果关系，故提起本案诉讼，请求确认南通市通州区交通运输局在苏 S225 线 42 千米+875 米处南通市通州区石港镇通港大桥南侧桥口处设置红绿灯的行为违法并赔偿损失 998 464.5 元。

二审法院另查明，2010 年 5 月 31 日，南通市通州区交通运输局（招标单位）向江苏省交通科学研究院股份有限公司发出《中标通知书》，确定由江苏省交通科学研究院股份有限公司对南通市通州区 225 省道改线工程进行勘察设计。2014 年 3 月 12 日，南通市通州区交通运输局组织南通市公路管理处、南通市通州区公安局交巡警大队等有关单位和部门、特邀专家召开"225 省道改线工程施工图设计安全设施专项审查会"，会议认为江苏省交通科学研究院股份有限公司编制的《225 省道改线工程施工图设计安全设施专项设计》基本满足相关标准和规范要求，同意通过审查。2015 年 12 月 24 日，南通市通州区交通运输局组织 225 省道改线工程交工验收会议，会议同意工程通过交工验收。2015 年 12 月底，南通市通州区 225 省道通车。

法院裁判：一审法院认为，设置交通信号灯，是交通管理部门的管理职责，是交通管理部门维护公共交通秩序的具体工作之一，旨在合理组织交通流量、引导规范行人车辆有序安全通行，即可视为行政机关制定、发布的具有普遍约束力的决定和命令，不属于行政诉讼的受案范围。因此，裁定驳回徐某平等 3 人的起诉。

二审法院认为，《行政诉讼法》第 2 条第 1 款规定："公民、法人或者其他组织认为行政机关和行政机关工作人员的行政行为侵犯其合法权益，有权依照本法向人民法院提起诉讼。"行政诉讼法意义上的行政行为，通常是指行政主体根据法律所赋予的职权，作出的能够对公民、法人或者其他组织的权利义务产生影响的行为。原则上，行政行为都属于行政诉讼的受案范围，除非属于法律明确规定应当排除的情形。交通信号灯是道路交通安全管理的基础设施，在道路上设置交通信号灯，既是行政机关为保障道路交通安全与秩序所提供的一种公共服务，也是道路交通管理的手段之一，是行政机关行使道路交通管理职权的行为。交通信号灯一旦设立，与所在道路一并投入使用，在特定的时间、空间内就可以对道路通行者的通行行为产生法律效果，影响到通行者的权利义务，符合可诉行政行为的特征。因此，设置道路交通信号灯的行为属于人民法院行政诉讼的受案范围。

《道路交通安全法》第 25 条第 3 款规定："交通信号灯、交通标志、交通标线的设置应当符合道路交通安全、畅通的要求和国家标准，并保持清晰、醒目、准确、完好。"合法合理设置的交通信号灯，在维护交通秩序、保障交通安全方面发挥着重要作用；反之，则极有可能侵犯道路通行者的权利。"无救济则无权利"，任何有可能对相对人的权利造成不利影响的行政行为都应当接受监督。依法行政的原则是最大限度地保障相对人的诉权，随着行政管理实践和行政诉讼理论的发展，可诉的行政行为范围不断扩大。允许当事人在因不当设置交通信号灯而遭受或可能遭受侵犯的情形下启动行政诉讼程序，获得有效的救济，不仅符合行政诉讼制度设计的初衷，也有利于促使行政机关在作出此类行为时严格遵守法律规定和技术规范。

《最高人民法院关于适用〈中华人民共和国行政诉讼法〉的解释》（法释〔2018〕1 号）第 2 条第 2 款规定："行政诉讼法第十三条第二项规定的'具有普遍约束力的决定、命令'，是指行政机关针对不特定对象发布的能反复适用的规范性文件。"设置交通信号灯的行为与规范性文件明显有别，一审法院将设置交通信号灯的行为视作规范性文件，是对规范性文件的扩大理解，限缩了行政诉讼受案范围，适用法律错误。

复习与思考题：

1. 如何理解行政行为的内涵和外延。
2. 行政事实行为和行政法律行为的区分有何意义。
3. 行政决定和行政规范的区分标准该如何理解。
4. 依申请的行政行为是否在外延上与授益性行政行为一致。

第八章

行政决定原理

本章知识要点:

1. 行政决定的构成要件
2. 行政决定的效力内容
3. 行政裁量基本理论
4. 行政决定违法基本理论

第一节　行政决定的成立

在行政法学理上，行政决定成立是指行政决定的意思表示最终形成，并以特定的方式让行政相对人知晓。行政决定成立不等于行政决定合法，后者是指已经成立的行政决定必须满足主体合法、程序合法、内容合法以及形式合法等要求。行政决定成立也不等于行政处理决定生效，一般行政决定自作出之日起生效，但附款的行政决定通常要在附款实现时才能生效。通说认为，行政决定成立需要具备主体要件、客观要件、功能要件和形式要件。

一、主体要件

行政决定的主体必须是具有行政权能的主体。判断一个行政决定的主体是否具备行政权能，通常需要考虑以下几个方面：①行为主体是行政机关或者行政机构；②行为主体是法律、法规或者规章授权的组织；③行为主体是接受行政机关委托从事行政管理的组织；④行为主体是基于自身特点在事实上行使公共管理职能的主体。这意味着行政决定的作出主体可以是行政主体，也可以是受行政主体委托行使行政权的组织。

二、客观要件

行政决定必须是具有行政权能的主体运用行政权的意思表示而作出的行为。由于行政机关居中作出的行政调解行为、执行法院判决裁定的行为都没有运用行政权的意思表示，不构成行政决定。

此外，行政机关或者被授权组织的行为通常以其工作人员的职务行为作为外在载体，因此判断行为主体是否行使了行政权能，就转换为判断工作人员是否从事了以设定、改变或者消灭公法上权利义务关系为目的的公法上职务行为。通常，工作人员执行职务的时间和地点、实施行为的名义或身份是判断职务行为的客观要素，而其实施行为的目的则是判断职务行为的主观要素。在主观目的难以探究的情形下，通常依赖工作时间、地点、行为与行政任务之间的关联性等要素推断行为的主观目的。

三、功能要件

行政决定的功能要件要求行政决定通常为行政主体对行政相对人作出的最终意思表示，即具有行政主体运用行政权的意思表示在客观上产生了直接的对外的法律效果。所谓直接，是指行政行为一旦作成，即导致相对人的权利义务发生变化。例如，行政决定作出过程中的告知或者通知行为仅仅是行政机关作出行政决定的程序性环节，通常不构成行政机关对相对人最终的意思表示，因而不属于行政决定。再如，驳回当事人申诉的重复处理[1]也因其并未对相对人的权利义务产生任何影响，同样不属于行政决定的范畴。所谓对外，是指行政行为对行政相对人产生法律效果，行政机关之间的内部意见交换、会议纪要等行为因欠缺对外性而不构成行政决定。

四、形式要件

形式要件是指行政主体的意思表示应当依附于特定的语言、文字、符号或行为等形式传递给行政相对人。行政主体的意思表示如果未通过一定形式

---

〔1〕　行政重复处理行为是指行政相对人针对已过争讼期限（已超出行政复议申请期限和行政诉讼起诉期限）的行政行为和相关法律关系状态，要求行政机关予以重新处置，行政机关经审查未对原行政行为和相关法律关系状态予以改变（驳回相对人申诉），故而对当事人的权利义务并未产生新的影响。

表现出来，或者尚未告知相对人，应视为行政决定不存在或不成立。

第二节　行政决定的效力

行政决定的效力是指行政决定成立以后产生的法律效果。通说认为，行政决定的效力包括公定力、确定力、拘束力和执行力。

一、公定力

公定力是指处理决定一经作出、成立，不论是否合法，即具有暂时被推定为合法、有效的法律效力，未经法定机关、程序或者方式否认其效力，所有主体都要予以尊重。行政决定的公定力自行政决定成立之时产生，是一种推定的对世的效力，及于一切主体，并不以行政决定真正合法为前提。公定力是法律安定原则所要求的结果，蕴含公共利益优先和公共秩序优先的理念，目的在于维护行政法律关系的稳定。在行政监督关系中，行政决定的公定力有至少四个方面的含义：第一，行政决定的公定力只能由其作出者或者其他法定的监督主体通过法定的程序予以推翻；第二，作为假定的法律效力，它允许行政相对人对行政决定的效力提出怀疑，即针对行政决定提起行政诉讼或者行政复议；第三，行政主体在行政诉讼或者行政复议中负有证明行政决定合法有效的举证责任，若举证不能，则视为行政决定违法；第四，并非所有的行政决定都具有公定力，有些行政决定因存在明显且重大违法而被认为自始当然无效的不具有公定力。

二、确定力

确定力是行政决定对其相对人和作出该行政决定的主体所产生的法律效果。根据确定力，行政决定仅可因其内容已经得到实现、有效期限届满、被有权机关撤销或者被废止以及标的物灭失等正当事由丧失效力，而行政相对人和作出该行政决定的主体不得随意改变否定行政决定的效力。确定力分为形式确定力与实质确定力。

形式确定力，亦称不可争力，其作用对象是行政相对人，即除无效行政决定之外，行政相对人不能在法定的申请行政复议或提起行政诉讼期限届满后再要求复议机关或者法院改变业已生效的行政决定。这是法律安定原则在行政法领域的具体体现，也是公共利益和公共秩序优先的内在要求。

实质确定力，亦称不可变更力，它针对的是行政主体，指的是行政主体不能随意更改行政行为，应当信守和兑现承诺。实质确定力不具有绝对意义，这是因为行政主体有自行重开行政程序和废止行政决定的自主权，具体而言，对于违法的行政决定，行政机关有权通过重开行政程序进行自我纠错，并对违法的行政决定予以撤销；对于原本合法的行政决定，因法律法规规章政策变化或者情势变更导致其存续将构成向后违法的，行政主体亦有权将其废止。需要指出的是，如果行政主体撤销或者废止的对象是授益性行政决定，因此给相对人造成损失的，则必须依法给予补偿或赔偿。

三、拘束力

拘束力是指已生效的行政决定对行政相对人、作出行政行为的主体或者其他主体都形成约束，使之不得作出与该决定相抵触的行为。拘束力有两方面的要求：其一，已经生效的行政决定可以作为法院审理案件的合法有效证据；其二，行政机关作出行为应当受已生效的行政决定的约束，不能作出与原行政决定相矛盾的行政决定。

四、执行力

执行力是指已生效的行政决定要求行政主体和相对人对其内容予以实现的法律效力。执行力有两方面的要求：其一，执行力强调相关主体对行政决定的自觉遵守、服从并实现其内容，即自觉将法律文书上的要求转化为现实中的权利义务关系；其二，如果行政相对人不能自觉实现行政决定的内容，则行政机关自身可以依法强制执行或者申请人民法院强制执行。

第三节　行政裁量

行政活动是对法律的具体执行，这也是依法行政原则赖以存在的前提。然而，法律规则的高度抽象性与社会生活的具体性之间的矛盾，法律规则的相对稳定性与社会生活的变动不居之间的张力，以及法律规则的语言本身模糊多义等造成了行政机关在具体执行法律时需要根据行政管理的实际需要灵活地适用相关立法，于是就产生了行政裁量权或者行政自由裁量的问题。

一、行政裁量的定义

德国行政法学者哈特穆特·毛雷尔认为，行政机关适用法律的过程可依次分为调查和认定案件事实、解释和确定法定事实要件的内容、将案件客观事实与法定事实要件进行涵摄以及确定法律后果四个阶段。这四个阶段并非相互孤立，而是相互关联，即：对案件事实的调查应当按照法定事实要件进行，解释法律应当考虑具体的案件事实以及各个方面的影响。因此，适用法律并非仅仅是寻求逻辑结果的过程，而是一个判断性的认识过程，在判断性认识过程的基础上作出合乎立法原意的逻辑结果就是裁量。[1] 以《道路交通安全法》第 91 条的适用为例做简要说明，该条规定如下：

饮酒后驾驶机动车的，处暂扣六个月机动车驾驶证，并处一千元以上二千元以下罚款。因饮酒后驾驶机动车被处罚，再次饮酒后驾驶机动车的，处十日以下拘留，并处一千元以上二千元以下罚款，吊销机动车驾驶证。

醉酒驾驶机动车的，由公安机关交通管理部门约束至酒醒，吊销机动车驾驶证，依法追究刑事责任；五年内不得重新取得机动车驾驶证。

饮酒后驾驶营运机动车的，处十五日拘留，并处五千元罚款，吊销机动车驾驶证，五年内不得重新取得机动车驾驶证。

醉酒驾驶营运机动车的，由公安机关交通管理部门约束至酒醒，吊销机动车驾驶证，依法追究刑事责任；十年内不得重新取得机动车驾驶证，重新取得机动车驾驶证后，不得驾驶营运机动车。

饮酒后或者醉酒驾驶机动车发生重大交通事故，构成犯罪的，依法追究刑事责任，并由公安机关交通管理部门吊销机动车驾驶证，终生不得重新取得机动车驾驶证。

假设交通管理部门查明且确认的客观事实为：张三微量饮酒后驾驶非营运机动车，意识清醒，系初次被查处，尚未造成任何危害后果，认错态度诚恳。交警如适用《道路交通安全法》第 91 条对上述行为作出处理，则需要判断第 91 条所列的五款分别规定了什么样的法定事实要件并在此基础上选择适

---

〔1〕〔德〕哈特穆特·毛雷尔：《行政法学总论》，高家伟译，法律出版社 2000 年版，第 122 页以下。

用恰当的款项。综观第 91 条，法定事实要件的判断主要涉及四个核心要素，分别是饮酒状态（一般饮酒还是醉酒）、驾驶车辆种类（营运车还是非营运车）、违法行为的次数（初次违法还是再次违法）以及有无造成实际危害后果（尤其是是否发生重大交通事故，构成犯罪）。以上要素以不同的方式排列组合，可以得出数个相异的结论。交通管理部门认定可兹本案适用的法定事实要件为"饮酒后驾驶非营运机动车，不是醉酒驾驶，不存在'因饮酒后驾驶机动车被处罚'，未造成实际危害后果"，则本案应当适用第 91 条第 1 款予以处理。接下来，交通管理部门需要根据第 91 条第 1 款的规定确立合理的法律效果。该条款规定的法律效果为暂扣 6 个月机动车驾驶证，并处 1000 元以上 2000 元以下罚款。这意味着，张三饮酒驾驶机动车事实成立的，则交警必须暂扣其 6 个月的机动车驾驶证并同时处以罚款，对此交通管理部门没有选择的权利，但是交警有权在 1000 元以上 2000 元以下根据张三的饮酒情况选择具体的罚款额度。

可见，行政裁量就是行政机关根据法律规定判断案件事实是否符合法定事实要件并选择相应法律效果的过程。即便是在法定客观要件确定后，也会由于客观事实的复杂多样，致使法定事实要件不可能与客观事实完全对应，因而客观事实与法定事实的涵摄在很大程度上依赖于适法者的自由心证。其中，既包括适法者对事实的认定，也包括其对法律的解释。

二、行政裁量的分类

依不同的分类标准，学理上对行政裁量存在多种划分，其中比较有代表性的分类如下：

（一）要件裁量和效果裁量

这是根据裁量的作用对象所作的划分。所谓要件裁量，也叫事实裁量，即对案件事实是否符合法定事实要件的判断（本质上是涵摄的过程），而效果裁量则是在案件事实符合法定事实要件的前提下，如果立法设定了多个可供选择的法律效果或者处置手段，行政机关对具体效果或者处理手段的选择。例如，在上文列举的交通管理部门拟对张三适用《道路交通安全法》第 91 条第 1 款的规定这一事例中，行政机关存在两处裁量：第一，判断张三有无饮酒（目前借助技术手段容易认定）以及是否达到醉酒的状态（事实裁量的过程，决定行政机关是否采取处理措施），这决定着对张三的处理是否还能依据

91 条第 1 款，因为法律对醉酒驾驶的处理另有规定；第二，张三饮酒但未醉，所以对于罚款的额度需要在 1000 元至 2000 元之间做选择（法律效果的裁量，决定行政机关根据案情的具体情况选择何种措施）。传统裁量理论认为裁量仅仅是对法律效果的裁量，不承认要件裁量，目前要件裁量得到了普遍承认。

承认要件裁量的必要性在于不确定法律概念的存在。实践中，囿于立法语言有限性与社会生活复杂性之间的矛盾，"立法者无法也不需要考虑每一种具体情境如何涵摄于每一条抽象的规范中，而是应当赋予行政机关在适用法律时更多的灵活性，以便其作出更加符合个案争议的决定"。因此，立法者通过使用一些高度概括的、抽象的，可以做多重理解的，甚至是模糊的法律用语，给予行政机关结合案件具体事实做选择判断的权力。例如，公共利益、重大事项、情节严重/轻微、必要时候、正当理由等，其所指向的要件事实只有在具体个案中才能得以确定，故而在法学理论上被称为不确定法律概念。

一般情况下，行政机关对不确定法律概念的解释要同其他法律要件事实一样全面接受司法的监督，并且根据司法最终原则，司法对于不确定法律概念的解释优于行政解释。这意味着如果在个案中对不确定法律概念的理解存在分歧，则应将法院对不确定法律概念的理解作为唯一正解。然而，在某些领域，行政机关因具有更多的专业知识和经验以及更接近具体的行政问题而获得了相对独立于司法权的自主判断空间，即行政判断余地。例如，考试决定（教育考试、国家考试等）、《公务员法》中的考核、由专家或者利益代表人组成的独立委员会作出的判断性决定等。这些事务之所以被司法承认行政享有判断余地，是因为极为复杂，具有高度的灵活性，以至于法院理解行政决定是非常困难的（根本不能理解或者成本过高），甚至可能破坏职能界限。以考试决定为例，因为考试涉及专业学科，在教育领域还涉及教学上的判断，具有不可回转性，事后进行司法审查缺乏与其他考试人的比较。因此，法院对考试决定不能进行内容审查，而只能进行形式审查。审查事项包括：①程序规定是否得到遵守；②是否考虑了相关的案件事实（平等原则、同等情况同等处理）；③是否遵守了公认的判断标准；④是否导致了外行的判断等。[1]

（二）决定裁量和选择裁量

立法笼统地授予行政机关具有某一职权，行政机关对于要不要行使该职

---

〔1〕［德］哈特穆特·毛雷尔：《行政法学总论》，高家伟译，法律出版社 2000 年版，第 138~139 页。

权以及在什么条件什么时间行使该职权的判断，即为决定裁量。而行政机关对于采取何种措施、手段、方式来行使相应职权的判断，即为选择裁量。这意味着，决定裁量本质上是指行政机关决定自己要不要行使权力，选择裁量本质上则是指行政机关决定在法律规定的幅度、种类等范围内如何具体行使权力，二者是要不要做以及如何做的关系。以《食品安全法》第110条为例，该条规定如下：

县级以上人民政府食品安全监督管理部门履行食品安全监督管理职责，有权采取下列措施，对生产经营者遵守本法的情况进行监督检查：

（一）进入生产经营场所实施现场检查；

（二）对生产经营的食品、食品添加剂、食品相关产品进行抽样检验；

（三）查阅、复制有关合同、票据、账簿以及其他有关资料；

（四）查封、扣押有证据证明不符合食品安全标准或者有证据证明存在安全隐患以及用于违法生产经营的食品、食品添加剂、食品相关产品；

（五）查封违法从事生产经营活动的场所。

《食品安全法》第110条笼统地授予了食品安全监督管理部门对食品生产者进行监督检查的职责，食品安全监督管理部门对于要不要针对某个特定的食品生产者进行监督检查是决定裁量的体现，而在对特定生产者进行监督检查时，是采取进入场所、还是抽验检查抑或查封扣押等措施，则为选择裁量的体现。

决定裁量的存在为行政机关选择性执法和行政不作为提供了必要的理论支撑。正如有学者指出的，在公共资源稀缺的情况下，行政机关必须按照现阶段各项行政任务的轻重缓急来决定，哪些问题（案件）亟须优先解决，哪些问题（案件）可以暂缓回应，这本质上属于行政机关的一种政策考量。行政机关有基于行政资源优化配置而采取不作为、迟延履行法定职责或者"粗线条"执法的自治权。同时，行政机关基于资源优化配置而采取的选择性执法或者行政不作为，不能轻易地被认定为违法，除非有相反证据能够证明这种选择是违法的，或者是滥用职权。[1]

---

〔1〕 余凌云：《行政法讲义》（第3版），清华大学出版社2019年版，第208~209页。

（三）个案裁量和一般裁量

"行政机关处于这种情形之下：既要按照法定目的观考虑（法律目的、合理性），又要考虑案件的具体情况，从而找出适当的、合理的解决办法。"[1]因此，就本质而言，裁量的意义在于服务于个案正当性。但在实践中，行政机关也会对类似案件适用同样的裁量规则。由此，行政裁量又可以分为个案裁量和一般裁量。个案裁量要求行政机关将法律规定与个案实际情形进行有针对性的考量，从而作出最合理的选择，实现合法性与合理性的有机统一。一般裁量则是指行政机关通过发布指令（如裁量基准）或者遵循先例（尤其是遵循先例对相对人有利的情形）的方式，做到同类案件同等处理。个案裁量为原则，一般裁量为例外。

三、裁量的双面性及其违法控制

裁量的双面性是指行政裁量的存在有其必要性，但同时裁量作为一种权力一旦被滥用、误用也容易侵害行政相对人的合法权益，故而应当予以规范。

（一）裁量的必要性

一方面，如果法律条文对社会生活的方方面面都进行事无巨细的规定，不仅会造成"法律泛滥"，而且也会造成行政机关只能机械地、僵硬地适用法律条文而不能根据个案的具体情况作出灵活处理。另一方面，法律条文的规定在某种意义上是以对过去生活经验的总结为未来的生活提供指引，由于立法不可能全面地、精准地预测未来，这就要求立法必须授权行政机关对新情况、新问题作出自主的、自负其责的处理措施。在此意义上，行政裁量是立法的有限性、滞后性和行政的积极性、能动性之间的矛盾决定的一种必然存在。美国行政法学家理查德·B.斯图尔特指出，自由裁量权有三个来源：其一，立法机关可能授权行政机关在某个领域承担完全责任，并明确指出在这个领域，行政机关的选择完全是自由的；其二，立法机关可能发布旨在控制行政机关选择的指令，但是这些指令具有概括性、模棱两可性或者含糊性，因而并没有限定行政机关针对具体情形应做什么选择；其三，立法机关完全

---

[1] ［德］哈特穆特·毛雷尔：《行政法学总论》，高家伟译，法律出版社 2000 年版，第 127 页。

排除了对行政行为的司法审查。[1]

例如，法律规定某一事实要件满足时，行政机关可以决定是否作出具有相应法律效果的行为，或者允许行政机关在多个法律效果之间选择其一，如《道路交通安全法》第 91 条第 1 款规定的"饮酒后驾驶机动车的，处暂扣六个月机动车驾驶证，并处一千元以上二千元以下罚款"，即属于法律明确赋予行政机关裁量权的情形。如果法律使用"情节严重""情节轻微"等含糊性的表述，实际上是授予行政机关根据具体情形做选择的权力，则属于理查德·B. 斯图尔特所说的第二种情形；实践中，立法机关完全排除对行政行为的司法审查也是存在的，这种情形在德国法上被称为"法外行政"，即行政活动不需要遵循法律保留也不需要接受司法监督，因此拥有更为广阔的裁量空间，通常在给付行政领域最为常见。[2]

（二）裁量的违法控制

行政裁量作为行政机关的一种特殊权力，和任何权力一样，都有滥用的可能。这种滥用，有可能是基于"不当目的，偏见、先入之见、疏忽等"主观性因素造成的，也有可能是因为知识、经验、技能等不足或者时间、金钱等资源的限制造成的。因此，为了避免行政裁量的滥用给相对人造成的侵害，行政裁量必须符合立法本意。如果行政机关没有根据授权目的行使裁量权或者超出法律规定的裁量界限，则构成违法裁量，违法裁量的结果是裁量瑕疵，具体包括裁量怠惰，即不行使法定裁量权；裁量逾越，即行政裁量的行使明显超出了法律规定或者法律原则范围，如对饮酒后驾驶的行为在《道路交通安全法》第 91 条规定的处罚幅度以外予以处罚；以及裁量滥用，即不考虑相关因素或者考虑不相关因素、不适当的动机等导致裁量结果完全偏离了立法目标。

此外，当行政主体原则上在不同处理方式之间有选择权，但是在具体案件中，其选择余地可能被压缩到一种处理方式，即只有一种处理方式没有裁量瑕疵，则行政机关此时就有义务选择唯一的一种处理方式，否则，构成裁量的瑕疵。一般而言，特定情形下行政机关只能选择一种手段或者方式来处

〔1〕〔美〕理查德·B. 斯图尔特：《美国行政法的重构》，沈岿译，商务印书馆 2002 年版，第 12 页。

〔2〕 何源：《德国联邦行政法院典型判例研究：行政决定篇》，法律出版社 2020 年版，第 51 页。

理事务，则构成选择裁量的压缩，这种情形是罕见的，但在理论上是可以成立的。因此，裁量收缩为零通常是决定裁量收缩为零，此时关系到行政不作为的违法性判定。具体而言，当决定裁量收缩为零时，行政机关必须履行特定职责，否则构成违法的行政不作为。例如，前文提到《食品安全法》第110条笼统地授予了食品安全监督管理部门对食品生产者进行监督检查的职责，食品安全监督管理部门对于要不要针对某个特定的食品生产者进行监督检查存在决定裁量。然而，当特定主体基于维护自身合法权益请求行政机关履行对侵权生产者予以监管的法定职责时，食品安全监督管理部门的决定裁量收缩为零。此时，食品安全监督管理部门不依法对投诉事项进行调查，则构成行政不作为。

综上所述，为保障相对人的合法权益，行政的实质合法性要求行政机关必须"根据授权目的行使裁量权，遵守法律规定的裁量界限"。行政法控制行政裁量权的途径是限制权源、规范行使和强化监督三大类型，具体依据包括立法目的和精神、法律基本原则、行政惯例、公共政策、裁量基准和法律程序。

第四节　行政决定违法

行政决定从过程到结果符合全部的法定要求，即构成合法。如果行政决定的合法性要素欠缺，则构成行政决定违法或者瑕疵。行政决定违法可依据合法性要素缺失发生的时间点不同，分为自始违法和后来违法。所谓自始违法，是指行政决定因自其成立之时欠缺合法性要素而违法；后来违法是指行政决定成立之时并无瑕疵，而是因为立法或者情势变更导致了其向后违法。行政决定的自始违法又可依据违法程度之不同区分为明显轻微违法、一般违法和重大且明显违法。违法的种类和程度不同，其法律后果也不相同。行政决定违法与行政决定有效之间存在合法有效、违法无效以及违法但有效三种关系。

需要指出的是，行政行为的轻微违法、一般违法和无效之间并非断崖式、阶梯式的关系，而是渐进式的关系，这种渐进式关系决定了行政相对人、行政机关和司法机关在个案中对行政决定违法程度的认定可能发生分歧。

一、行政决定违法概述

《行政诉讼法》第 70 条列举了行政行为违法的主要表现，即主要证据不足；适用法律、法规错误；违反法定程序；超越职权；滥用职权和明显不当。存在上述情形之一，就表明行政决定的合法性要素存在欠缺。

（一）行政决定合法的要件

行政决定的合法性要素概括起来包括职权合法、程序合法、内容合法和形式合法四个要件。

职权合法是指作出行政决定的主体应当具备行政主体资格，且具有相应的行政职权，不得违反事务管辖、地域管辖和级别管辖权限。

程序合法是指行政决定应当是行政主体遵守法定时限、方式、方法和步骤等要求作出的。行政决定的内容若是会对相对人或者利害关系人造成不利影响，则作出必须遵守正当程序，正当程序的遵守不以法律的明确规定为限。

内容合法要求行政决定应当满足下列条件：第一，行政决定是行政主体在查明了案件客观事实的基础上作出的，没有查清事实、错误认定事实或者以与本案无关的事实为依据作出的决定，必然违法；第二，行政决定应当是行政主体正确理解了准据法并正确援引才作出的；第三，行政裁量符合法律授权目的及其界限，没有瑕疵；第四，其他符合一般理性的要求。

形式合法是指行政决定原则上应当以书面方式作出，在客观上能够实现行政目的的情形下，可以采取口头或者其他法律允许的方式作出，例如交警指挥交通的手势。行政决定以书面形式作出的，文书格式和必须记载的内容应当符合法律要求。除特定情形外，行政决定应当说明理由。

（二）行政决定违法与行政决定错误

行政决定错误是指行政主体意思表达的错误，常见的有误写、误算、表述不明、机械故障等。行政决定的错误可由行政主体自行补正，或由复议机关和法院认定后再由行政机关予以补正，补正后效力不受影响。因此，行政决定错误不涉及行政决定合法性要素的欠缺，不属于行政决定违法的情形。例如，当事人因违停被交警部门处以罚款。因交警大队办公地址的搬迁，处罚决定书中处罚机关的地址一栏与交警大队的实际地址不一致。该不一致并不导致行政处罚决定违法而无效。《德国联邦行政程序法》第 42 条规定了对行政决定错误的处理方式，即"行政机关可在任何时间更正书写错误、计算错误或其他类似的明显错误。当事人对更正有正当利益的，必须进行更正。行政机关有权收回应更正的文本"。

二、明显轻微违法

行政决定明显轻微违法要求行政决定违法程度的轻微性是明显的，以至于具有一般理性之人都会认为是一个轻微的违法，通常是指行政决定存在程序和形式上的明显轻微的违法，且该明显轻微违法没有对当事人的实体权益造成任何影响，故而排除下列情形：①行政决定实体内容违法；②行政决定存在重大的程序违法，对当事人的重要程序性权利产生了实质损害，例如行政处罚未能听取当事人的陈述和申辩，或者应当听证而未听证；③行政决定的实体内容本身涉及当事人的重大权益，遗漏了相关程序，例如《行政处罚法》要求"对情节复杂或者重大违法行为给予行政处罚，行政机关负责人应当集体讨论决定"，基于此，如果未经集体讨论便作出较重的行政处罚决定或者法制审核，不能被认为是明显轻微的瑕疵。

学理上认为，出于行政效率的考量，对行政决定内容没有影响的明显轻微的程序违法，可予以更正或者忽略，使其不影响行政决定的效力。《德国联邦行政程序法》第45条规定："1. 行政行为有下列程序或形式瑕疵，且该瑕疵未构成第44条的无效情形的，可不予考虑：（1）行政行为的作出所必要的申请，事后已提出的；（2）应说明的理由，事后已说明的；（3）对当事人的听证，事后已听证的；（4）作出行政行为须经委员会决议，事后已决议的；（5）须其他行政机关的协力，其他行政机关事后已协力的。2. 本条第1款中的违法情形可在行政法院一审诉讼程序终结前予以补正。3. 行政行为未说明必要理由，或作出行政行为前，未给予参与人必要的听证权利并因此耽误相对人对行政机关诉请撤销的权利的，相对人对有关法律救济期限的延误应视为无过错。"

《行政诉讼法》第74条亦采纳了这一观点，规定"行政行为程序轻微违法，但对原告权利不产生实际影响的"，人民法院判决确认违法，但不撤销行政行为。同时，《最高人民法院关于适用〈中华人民共和国行政诉讼法〉的解释》（法释〔2018〕1号）第96条进一步明确，《行政诉讼法》第74条第1款第2项规定的"程序轻微违法"是指对原告依法享有的听证、陈述、申辩等重要程序性权利不产生实质损害的处理期限轻微违法，通知、送达等程序轻微违法以及其他程序轻微违法的情形。例如，①行政机关作出《政府信息答复告知书》超过《政府信息公开条例》所规定的应当自收到申请之日起15个工作日内予以答复的法定期限，但未对申请人权利产生实际影响；②未按照规定向当事人书面告知相关不良行为记录和公示的情况，但该行为未对当事人的权利产生实际影响；③相关文书留置送达错误，但相对人已经通过其他方式知晓了文书的内容，且未对其权利产生实际影响，无重新送达的必要。

三、一般违法

一般违法的行政决定具有公定力，但可以由作出该行政决定之主体或者经诉讼（复议）后予以撤销，撤销后视为行政决定从未作出，由该行政决定所导致的法律关系和法律状态之变化应当恢复原状，除非行政相对人存在值得保护的信赖利益。根据依法行政原则和法律安定原则的要求，行政相对人或者利害关系人必须在法定的争讼期内请求有权机关撤销违法行政决定。如果撤销的对象是违法的授益性行政决定，则行政机关予以撤销之前应当听取相对人或者利害关系人的陈述和申辩。

实践中，违法的行政决定并非当然要被撤销，还要考虑诸多因素，例如：

（1）行政决定违法应当予以撤销，但撤销会对国家利益、社会公共利益造成重大损害的，出于公共利益的考量不予撤销，例如根据《行政许可法》第69条第3款，行政机关应当基于公共利益的需要而不撤销违法行政许可，此时，行政许可虽违法但仍然有效。

（2）授益性行政决定违法应当予以撤销，但相对人存在信赖利益，且依法行政原则追求的公共利益明显小于相对人的信赖利益时，基于保护相对人信赖利益的考量而不予撤销。

（3）违法的行政行为存续时间已经非常之久，相关的法律关系和法律状态已经稳定，此时应审慎地权衡法律安定性的需求和依法行政的需求后再决定是否应撤销违法的行政行为。

（4）在具有先决关系的两个行政行为中，先行行政行为合法性是后续行政行为合法性的先决问题，则先行行政行为违法必然意味着后续行政行为也违法。但是从尽快稳定法律关系的立场出发，行政机关若撤销后续行政行为，原则上应该截断先行行政行为与后续行政行为之间的继承关系，不得因先行行政行为违法而认定后续行政行为违法。即后续行政行为并不必然因先行行政行为违法而被撤销，此谓之行政违法性截断。典型是在物权登记变更和股权登记变更案件中，例如房产变更经历了甲—乙—丙—丁—戊……的过程，若甲乙之间的房产变更登记是违法的，则意味着后续的所有房产变更登记都是违法的，但出于市场交易安全和交易秩序的需求，若丙是善意的，则后续房产变更登记的效力不受甲乙之间房产变更登记违法的影响，即产生了违法性截断。

（5）行政行为的瑕疵是否可被治愈或者补正，如瑕疵可被治愈或者补正，则不应撤销。例如，在"罗某仔诉江西省上饶市铅山县人民政府、江西省上饶市人民政府林业行政登记及行政复议案"中，因罗某仔的林权证与他人在先持有的林权证存在冲突，铅山县人民政府作出撤销罗某仔林权证的决定，但作出决定前未直接听取相对人的陈述、申辩，也未直接送达决定书并告知相关救济权利。最高人民法院认为："在告知与送达程序方面，因被诉撤销决定以县林业局向县政府'请示撤销'的方式启动，法律上对行政机关内部纠错文书的送达问题并无明确规定，县政府自行纠错后将撤销决定送达县林业局，并责令该局向当事人转交文书、告知救济途径，履行了相关送达义务。因此，撤销决定虽未直接听取相对人陈述、申辩，也未直接送达并交待相关救济权利，有违正当程序，但该程序不当已经通过县林业局及乡级政府的相关告知等行为得以补救，且权利人事实上也及时行使了申请复议和提起诉讼的权利，县政府撤销决定存在的程序问题已经得到事后补正。虽然撤销决定的确存在未给予当事人陈述、申辩的机会并交待救济权利等情形，但行政登记不同于行政处罚，系对既有权利的登记确认，本身并不设定、产生新的权利，因而对登记颁证行为以及其后的撤销颁证行为的审查，既要依法审查行政程序合法性，更应重视该种行为与权属本身是否一致……即使人民法院因撤销决定存在上述程序违法事项而责令重新作出，也无法改变重叠发证的事实，反而增加当事人的诉累，也影响法律关系的稳定。"[1]

（6）司法实践中，法院亦会基于公平正义不撤销仅存在程序违法的行政决定。具体而言，第一，行政机关违反法定程序作出的行政决定涉及存在对立利害关系的两方当事人；第二，行政决定对起诉者不利，却对另一方利害

---

[1] 参见最高人民法院［2018］最高法行申 2154 号行政裁定书。

关系人有利；第三，被诉行政决定除程序违法以外，没有其他违法问题；第四，若以违反法定程序为由判决撤销，行政机关需耗费时间重新作出完全一致的行政决定，这会对立法所欲保护的另一方利害关系人的合法权益造成不利影响，同时造成不必要的重复处理和资源浪费。

四、行政决定无效

一般认为，行政决定存在重大且明显违法情形的，自始当然绝对无效。这意味着无效行政决定没有公定力，亦不具有确定力和执行力。对于行政相对人来说，因无效行政决定不具有公定力，故而不必经法院等权威机构确认，行政相对人即可根据自己的判断而不予服从。同时，无效行政决定因当然无效，所以不受法律安定原则的制约，即不因时间的经过而产生效力，故而对相对人亦不产生不可争力，相对人可以随时向有权机构主张该行政决定无效而不受争讼期限之限制。

"判断重大且明显违法的标准既不是相对人的主观想象，也不是受过训练的法学家的认识能力，而是一个典型的、理智的公民的认识。"[1]这意味重大且明显违法的行政决定无效要求行政决定存在一般社会理性都足以判断的违法性，其违法同时满足了"重大"和"明显"两方面的要求，达到了"匪夷所思"的程度。根据《行政诉讼法》第75条、《最高人民法院关于适用〈中华人民共和国行政诉讼法〉的解释》（法释［2018］1号）第99条以及司法实践经验，重大且明显的违法通常指下列情形：①实施主体不具有行政主体资格（不同于越权）；②行政行为没有任何法律依据；③行政行为的内容客观上不可能实施；④行政行为的实施可能导致违法；⑤行政行为的内容或者实施违反公序良俗；⑥行政行为违反地域专属管辖；⑦行政行为应当以书面形式作出但没有采用书面形式；⑧以书面形式作出的行政行为没有注明作出机关；⑨其他明显且重大的瑕疵。[2]

虽然无效行政决定被认为自始当然绝对无效，且行政相对人对其具有抵抗力，但由于其具有行政决定的外观并因此对行政相对人的合法权益造成侵

---

〔1〕［德］哈特穆特·毛雷尔：《行政法学总论》，高家伟译，法律出版社2000年版，第251页。

〔2〕《行政诉讼法及司法解释关联理解与适用》编委会编：《行政诉讼法及司法解释关联理解与适用：行政诉讼法与最新行政诉讼法解释条文关联解读、适用指导及典型案例》（下册），中国法制出版社2018年版，第718页。

害（如行政机关自行强制执行或者施加责任等），因而法律上允许行政相对人向法院提起确认无效之诉。根据《行政诉讼法》及其司法解释的相关规定，行政相对人提起行政诉讼请求法院确认行政行为无效的，法院在立案受理阶段原则上不审查起诉期限问题，即只要其他方面符合行政诉讼的受理条件，法院应当先立案受理。在诉讼审查阶段，法院认为行政决定不存在无效情形的，应当向原告释明。经释明，原告更改诉讼请求为撤销行政决定的，法院应当继续审理并依法作出相应判决；原告拒绝变更诉讼请求的，法院判决驳回其诉讼请求。同时，由于提起确认无效之诉不受起诉期限限制，而撤销之诉受起诉期限限制，故而原告改为请求撤销行政行为超过法定起诉期限的，法院裁定驳回起诉。

法律之所以做此安排，主要是考虑到如下因素：①行政诉讼是主客观诉讼相统一的制度，在目的上同时追求保障相对人权益和监督行政机关依法行政，故而行政诉讼以被诉行政行为的合法性审查为原则，不受原告诉讼请求的限制；②何为违法情形可撤销、何种违法情形应为无效，属于专业问题，在原告起诉时难以作出准确判断的情况下，由于确认无效之诉不受起诉期限限制，一般理性人均会倾向于选择提起确认无效之诉，如果法院经审查之后认为原告的诉求不成立而径行驳回原告诉求，在行政行为本身确实违法的情形下，原告会另行起诉，而此时法院又要重复审查被诉行政行为的合法性，不符合诉讼效率和权益保障的要求。

此外，根据《最高人民法院关于适用〈中华人民共和国行政诉讼法〉的解释》（法释〔2018〕1号）第94条第1款，如果相对人起诉请求撤销行政行为，人民法院经审查认为行政行为无效的，应当作出确认无效的判决。撤销判决同样会导致被诉行政决定自始无效，相关法律关系和法律状态恢复原状，故而该诉讼类型的转换意义不大。

五、行政决定废止

后来违法指的是这样一种情形：行政决定成立之时是并不欠缺合法性要素的合法的行政决定，但是由于立法或者政策变化抑或客观情况发生了变化，以至于行政决定继续存续将违反新的立法规定或者不再具备存在的事实基础。后来违法的行政决定是行政废止的对象。

实践中，并非所有后来违法的行政决定都要予以废止。如果是单一的基于立法的变化而导致了原本合法的行政决定向后将不再合法，则可以依据法不溯及既往之原则保留其效力。如果是客观情况发生变化导致了行政决定不再具备合法存在的事实基础，则应当考虑停止其效力，使其向后无效。如果是因为公共利益之需要而不得废止或者改变一个原本合法的授益性行政决定，则要听取当事人或者利害关系人的陈述和申辩，并要对因此给行政相对人造成的损失予以补偿。

在消除具体行政决定效力的立法用语中，通常还会出现以"撤回""撤销"来表达"行政废止"之意。例如，《行政许可法》第 8 条第 2 款规定："行政许可所依据的法律、法规、规章修改或者废止，或者准予行政许可所依据的客观情况发生重大变化的，为了公共利益的需要，行政机关可以依法变更或者撤回已经生效的行政许可。由此给公民、法人或者其他组织造成财产损失的，行政机关应当依法给予补偿。"

再如，《文物保护法》第 86 条规定："历史文化名城的布局、环境、历史风貌等遭到严重破坏的，由国务院撤销其历史文化名城称号；历史文化街区、村镇的布局、环境、历史风貌等遭到严重破坏的，由省、自治区、直辖市人民政府撤销其历史文化街区、村镇称号……"此处的"撤销"是基于历史文化名城、历史文化街区、村镇等由于遭受严重破坏而不符合历史文化名城、历史文化街区、村镇这一事实而被废止。

$$\begin{cases} 自始违法 \begin{cases} 对行政决定内容没有影响的轻微的程序违法，可予以更正或者不予考虑 \\ 一般违法的行政决定可撤销 \\ 重大且明显违法的行政决定自始无效 \end{cases} \\ 后来违法 \begin{cases} 不溯及既往 \\ 废止 \end{cases} \end{cases}$$

典型案例：刘某英诉洛阳市人民政府土地出让批复案

案例来源：最高人民法院［2017］最高法行申 1164 号行政裁定书

案情简介：2013 年 8 月 7 日，洛阳市老城区人民政府（以下简称"老城区政府"）常务会议通过了老城区政府《关于洛阳古城（老城区东西南隅历史文化街区）保护与整治项目国有土地上房屋征收决定》（以下简称《房屋征收决定》），决定对涉案土地实施征收。2014 年 1 月 6 日，刘某英等人向洛阳市中级人民法院提起诉讼，请求撤销上述征收决定，洛阳市中级人民法院于 2014 年 9 月 23 日作出一审判决，确认老城区政府 2013 年 8 月 7 日作出的《房屋征收决定》违法。目前，该案二审正在审理中。2014 年 8 月 21 日，洛阳市人民政府作出《关于洛阳古城整治与保护项目一期地块国有建设用地使用权出让方案的批复》（洛政土〔2014〕240 号，以下简称《批复》），同意将涉案土地以挂牌方式公开出让。刘某英认为《批复》侵犯其合法权益，遂诉至河南省郑州市中级人民法院，请求撤销《批复》。刘某英等人提起该诉讼时，对于刘某英等人诉老城区政府《房屋征收决定》一案，该院已作出〔2014〕豫法行终字第 00251 号行政裁定，撤销一审判决，发回洛阳市中级人民法院重审，目前案件正在审理中。

法院裁判：河南省郑州市中级人民法院一审认为：《房屋征收决定》与《批复》虽然前后具有一定的关联性，但却是两个独立的行政行为。《房屋征收决定》虽然被法院的一审判决确认违法，但在未有生效判决明确撤销该征收决定的情况下，该征收决定应被视为具有效力的行政行为，洛阳市人民政府据此对已经被收归国有的土地作出同意公开挂牌出让的批复与刘某英没有法律上的利害关系，刘某英不具备本案的原告诉讼主体资格，故对其起诉，依法应当不予受理，已经受理的，应当驳回起诉。刘某英等人纠纷的本质为征收补偿争议，其应当在相应征收补偿诉讼和复议案件中解决自己的问题。综上，裁定驳回刘某英的起诉。

刘某英不服，提起上诉。河南省高级人民法院二审认为：本案涉案土地使用权已经由老城区政府予以收回，在这种情况下，洛阳市人民政府作出批复同意公开挂牌出让涉案土地，刘某英与该行政行为没有法律上的利害关系，不具备本案原告主体资格，一审裁定驳回刘某英的起诉并无不当。刘某英等人虽然对老城区政府作出的《房屋征收决定》提起行政诉讼，但目前该决定并没有经法律程序被撤销，仍具有法律效力。如以后该决定被依法撤销，刘某英自可根据新的事实另行起诉。综上，刘某英的上诉理由不能成立，对其上诉请求不予支持。一审裁定正确，依法应予维持。据此作出〔2016〕豫行终 762 号行政裁定，驳回上诉，维持原裁定。

刘某英向最高人民法院申请再审。最高人民法院认为：根据现行规定，一旦征收范围内的房屋被依法征收，该房屋所有权即转归国家所有，被征收人对其房屋不再享有所有权。城市房屋的征收也意味着建设用地使用权的收回，房屋被依法征收的，国有土地使用权亦同时收回。原土地使用权人对征收决定和补偿行为不服的，可以通过行政复议、行政诉讼等法定途径维护自身合法权益，但在房屋被依法征收之后，由于其享有的国有土地使用权已经消灭，其针对后续的国有建设用地使用权出让等行为提起诉讼则不再具有利害关系。在提起本案诉讼之前，再审申请人已针对征收决定提起行政诉讼，但生效裁判迄未作出。由于行政行为具有公定力，一经作出，不论合法与否，除因严重违法而依法无效外，在未经法定机关和法定程序撤销或变更之前，都推定为有效，对行政机关、相对人、其他利害关系人以及其他国家机关均具有约束力。征收决定也是如此，一经作出，不论是否合法，立即发生效力，对作出决定的行政机关和被征收人都有法律约束力，并直接导致物权变动的法律效果。对于本案而言，原审法院裁定驳回起诉并无不当，再审申请人的再审理由并不成立。

复习与思考题：

1. 如何理解行政决定具有直接的对外的法律效果。
2. 赋予行政决定公定力的意义是什么？
3. 行政决定的确定力和信赖保护原则有何关联与不同？
4. 简述行政裁量违法的种类。
5. 限制违法行政决定撤销的事由有哪些？

第九章
行政处罚

本章知识要点:

1. 行政处罚的种类和设定
2. 行政处罚裁量
3. 行政处罚程序

第一节　行政处罚概述

《行政处罚法》第 2 条规定:"行政处罚是指行政机关依法对违反行政管理秩序的公民、法人或者其他组织,以减损权益或者增加义务的方式予以惩戒的行为。"这一立法界定明确了行政处罚的行政性、法定性和负担性。

一、行政处罚的特征

根据《行政处罚法》第 2 条,应当从以下四个方面全面把握行政处罚的概念和特征:

第一,行政处罚的主体是行政机关,行政机关在法定的权限范围内实施处罚,但法律、法规、规章授权的组织可以行使授权范围内的处罚权限。

第二,行政处罚的对象是违反行政管理秩序的公民、法人或者其他组织,这意味行政处罚主要针对违反行政管理秩序的行为而实施,如果行为严重违法已经构成犯罪,则不能以罚代管、以罚代刑。

第三,行政处罚在形式上表现为对行政相对人权利的减损或者义务的增加,是典型的负担性行政行为,因此要求处罚主体必须在法定权限内严格依照法定的处罚程序实施处罚行为,严格遵循法无授权不可为的原则。

第四，对违反行政管理秩序的行为人予以行政处罚本身并不是目的，而是作为对违法行为人进行教育和惩戒的手段，具有法益报偿的功能，这决定了如果能够采取其他更为柔性的手段即可达到教育和惩戒目的，则无需实施行政处罚。

二、行政处罚的基本原则

《行政处罚法》第 4 条至第 8 条规定了行政处罚的若干基本原则，包括处罚法定原则、处罚公正公开原则、处罚与教育相结合的原则、权利保障原则以及行政处罚不代替刑事责任和民事责任的原则。

（一）处罚法定原则

公民、法人或者其他组织违反行政管理秩序的行为，应当给予行政处罚的，由行政机关依照《行政处罚法》和其他单行法规定的权限、程序实施。《行政处罚法》是行政机关实施行政处罚的一般法，有赖于各领域的单行法对行政处罚的具体规定方得以落实。所以，行政机关实施行政处罚时，不仅要以单行法的具体规定为依据，还要遵守《行政处罚法》的一般性规定，尤其是有关处罚裁量和处罚程序的一般性规定。行政机关实施行政处罚时没有法定依据或者不遵守法定程序的，行政处罚无效。

（二）处罚公正公开原则

处罚公正原则是比例原则在行政处罚领域的具体体现，它要求设定和实施行政处罚必须以事实为依据，与违法行为的事实、性质、情节以及社会危害程度相当，做到过罚相当。

处罚公开原则主要指处罚依据必须公开，行政机关只能依据公开公布的明文规定对违法行为给予行政处罚；未经公布的，不得作为行政处罚的依据。

（三）处罚与教育相结合

行政处罚仅仅是维护社会管理秩序的手段之一，旨在通过纠正违法行为惩前毖后，应当坚持处罚与教育相结合，教育公民、法人或者其他组织自觉守法。这一原则包括了两个方面的内容：一是能通过教育手段纠正违法行为的，不必予以行政处罚；二是必须予以行政处罚的，处罚的同时必须给予教育，杜绝以罚代管。

（四）权利保障原则

行政处罚是负担性行政行为，必须充分保障当事人的程序权利和实体权利。就程序权利而言，根据正当程序原则，行政机关对公民、法人或者其他组织拟作出行政处罚前，必须听取当事人的陈述和申辩，这是当事人依法享有的正当程序权利。就实体权利而言，行政相对人对行政处罚不服的，有权依法申请行政复议或者提起行政诉讼，因行政机关违法给予行政处罚受到损害的，有权依法提出赔偿要求。

（五）行政处罚不代替刑事责任和民事责任

公民、法人或者其他组织因违法受到行政处罚，其违法行为对他人造成损害的，应当依法承担民事责任。违法行为构成犯罪的，应当依法追究刑事责任，不得以行政处罚代替刑事处罚。《民法典》第 187 条规定："民事主体因同一行为应当承担民事责任、行政责任和刑事责任的，承担行政责任或者刑事责任不影响承担民事责任；民事主体的财产不足以支付的，优先用于承担民事责任。"

第二节　行政处罚的种类、依据和实施机关

行政处罚的种类是指行政处罚的具体表现形式，行政处罚的依据回答的是行政机关依法处罚的"法"的范围，而行政处罚的实施机关则是指何种主体有权实施行政处罚。

一、行政处罚的种类

《行政处罚法》第 9 条规定："行政处罚的种类：（一）警告、通报批评；（二）罚款、没收违法所得、没收非法财物；（三）暂扣许可证件、降低资质等级、吊销许可证件；（四）限制开展生产经营活动、责令停产停业、责令关闭、限制从业；（五）行政拘留；（六）法律、行政法规规定的其他行政处罚。"

根据不同行政处罚种类的实施目的以及对行政相对人造成不利影响的结果不同，学理上又将行政处罚分为声誉罚、财产罚、行为罚和人身罚。其中，声誉罚又叫申诫罚，旨在减损相对人声誉或剥夺其名誉，如警告、通报批评等；财产罚以剥夺相对人财产的方式向相对人施以惩戒，如罚款、没收违法所得、没收非法财物等；行为罚又称资格罚或者能力罚，旨在限制相对人的行为、剥夺其从事特定行为的资格，如暂扣许可证件、降低资质等级、吊销

许可证件、限制开展生产经营活动、责令停产停业、责令关闭、限制从业等；人身罚又称自由罚，是以限制相对人人身自由的方式对其施以惩戒，典型如行政拘留。

二、行政处罚的依据与设定

根据《行政处罚法》第 10 条至第 16 条，行政机关作出行政处罚决定应当以法律、行政法规、地方性法规、部门规章和政府规章为依据。除法律、法规、规章外，其他规范性文件不得设定行政处罚。其他规范性文件设定行政处罚的，其设定无效，行政机关不得依据该规定作出处罚决定。国务院部门和省、自治区、直辖市人民政府及其有关部门应当定期组织评估行政处罚的实施情况和必要性，对不适当的行政处罚事项及种类、罚款数额等，应当提出修改或者废止的建议。

法律、行政法规、地方性法规、国务院部门规章和地方政府规章各自对处罚种类的设定权限如下：

（一）法律

全国人民代表大会及其常务委员会作为国家最高权力机关，是最高民意代表机关，可以出于社会管理需要设定各种行政处罚，即不仅可以针对违法行为设定《行政处罚法》第 9 条明确规定的处罚种类，还可以设定第 9 条之外的其他处罚种类。此外，根据法律保留原则，限制人身自由的行政处罚，只能由法律设定。例如，实践中，交通管理部门针对行人不遵守交通规则的行为采取强制其协助执勤的方式予以惩戒教育，因《道路交通安全法》及其他相关单行法律并没有针对行人不遵守交通规则设定限制人身自由的行政处罚，所以这种行为是违背法律保留原则的。再如，曾经，劳动教养作为一种限制人身自由的处罚种类，其所依据的《国务院关于劳动教养问题的决定》和《国务院关于劳动教养的补充规定》是国务院的文件，但这种处罚已被2013 年 12 月 28 日由全国人民代表大会常务委员会第六次会议废止了。又如，《卖淫嫖娼人员收容教育办法》于 1993 年 9 月 4 日经国务院公布，2010 年 12 月 29 日，国务院第 138 次常务会议通过《国务院关于废止和修改部分行政法规的决定》（国务院令第 588 号），对该办法的部分条款予以修正，2020 年 4 月 2 日国务院令第 726 号文件对该办法予以废止。

（二）行政法规

国务院作为中央人民政府，是我国的最高行政机关，可以在法律保留原则的界限内以行政法规的形式设定除限制人身自由以外的行政处罚。

法律对违法行为已经作出行政处罚规定，行政法规需要作出具体规定的，必须在法律规定的给予行政处罚的行为、种类和幅度的范围内规定。

法律对违法行为未作出行政处罚规定，行政法规为实施法律，可以补充设定行政处罚。拟补充设定行政处罚的，应当通过听证会、论证会等形式广泛听取意见，并向制定机关作出书面说明。行政法规报送备案时，应当说明补充设定行政处罚的情况。

（三）地方性法规

地方性法规可以设定除限制人身自由、吊销营业执照以外的行政处罚。

法律、行政法规对违法行为已经作出行政处罚规定，地方性法规需要作出具体规定的，必须在法律、行政法规规定的给予行政处罚的行为、种类和幅度的范围内规定。

法律、行政法规对违法行为未作出行政处罚规定，地方性法规为实施法律、行政法规，可以补充设定行政处罚。拟补充设定行政处罚的，应当通过听证会、论证会等形式广泛听取意见，并向制定机关作出书面说明。地方性法规报送备案时，应当说明补充设定行政处罚的情况。

（四）规章

国务院部门规章可以在法律、行政法规规定的给予行政处罚的行为、种类和幅度的范围内作出具体规定。

尚未制定法律、行政法规的，国务院部门规章对违反行政管理秩序的行为，可以设定警告、通报批评或者一定数额罚款的行政处罚。罚款的限额由国务院规定。

地方政府规章可以在法律、法规规定的给予行政处罚的行为、种类和幅度的范围内作出具体规定。

尚未制定法律、法规的，地方政府规章对违反行政管理秩序的行为，可以设定警告、通报批评或者一定数额罚款的行政处罚。罚款的限额由省、自治区、直辖市人民代表大会常务委员会规定。

三、行政处罚的实施主体

行政处罚的实施主体包括具有行政处罚权的行政机关、被授权组织和接受行政机关委托实施行政处罚权的社会组织。

（一）具有行政处罚权的行政机关

行政处罚由具有行政处罚权的行政机关在法定职权范围内实施。

国家在城市管理、市场监管、生态环境、文化市场、交通运输、应急管理、农业等领域推行建立综合行政执法制度，相对集中行政处罚权。国务院或者省、自治区、直辖市人民政府可以决定一个行政机关行使有关行政机关的行政处罚权。

限制人身自由的行政处罚权只能由公安机关和法律规定的其他机关行使。

（二）被授权组织

法律、法规授权的具有管理公共事务职能的组织可以在法定授权范围内实施行政处罚。

（三）受委托组织

行政机关依照法律、法规、规章的规定，可以在其法定权限内书面委托符合法定条件的组织实施行政处罚。行政机关不得委托其他组织或者个人实施行政处罚。受委托组织必须符合以下条件：①依法成立并具有管理公共事务职能；②有熟悉有关法律、法规、规章和业务并取得行政执法资格的工作人员；③需要进行技术检查或者技术鉴定的，应当有条件组织进行相应的技术检查或者技术鉴定。

委托书应当载明委托的具体事项、权限、期限等内容。委托行政机关和受委托组织应当将委托书向社会公布。

委托行政机关对受委托组织实施行政处罚的行为应当负责监督，并对该行为的后果承担法律责任。

受委托组织在委托范围内，以委托行政机关名义实施行政处罚；不得再委托其他组织或者个人实施行政处罚。

（四）乡镇人民政府、街道办事处

省、自治区、直辖市根据当地实际情况，可以决定将基层管理迫切需要的县级人民政府部门的行政处罚权交由能够有效承接的乡镇人民政府、街道办事处行使，并定期组织评估。决定应当公布。

承接行政处罚权的乡镇人民政府、街道办事处应当加强执法能力建设，按照规定范围、依照法定程序实施行政处罚。

有关地方人民政府及其部门应当加强组织协调、业务指导、执法监督，建立健全行政处罚协调配合机制，完善评议、考核制度。

第三节　行政处罚的管辖和适用

行政处罚的管辖是行政处罚权在不同级别、不同职能的行政机关之间的划分，行政处罚的适用则是行政机关在作具体行政处罚决定时应考量的主要因素，包括行政处罚与其他法律责任的衔接、一事不二罚、处罚裁量事由、处罚追诉时效、法不溯及既往以及行政处罚无效的认定。

一、行政处罚的管辖

就地域管辖而言，除法律、行政法规、部门规章特别规定的，行政处罚由违法行为发生地的行政机关管辖。

就级别管辖而言，除法律、行政法规、部门规章特别规定的，行政处罚由县级以上地方人民政府具有行政处罚权的行政机关管辖。

两个以上行政机关都有管辖权的，由最先立案的行政机关管辖。对管辖发生争议的，应当协商解决，协商不成的，报请共同的上一级行政机关指定管辖；也可以直接由共同的上一级行政机关指定管辖。

行政机关因实施行政处罚的需要，可以向有关机关提出协助请求。协助事项属于被请求机关职权范围内的，应当依法予以协助。

二、行政处罚与刑事责任、民事责任的衔接

违法行为涉嫌犯罪的，行政机关应当及时将案件移送司法机关，依法追究刑事责任。对依法不需要追究刑事责任或者免予刑事处罚，但应当给予行政处罚的，司法机关应当及时将案件移送有关行政机关。行政处罚实施机关与司法机关之间应当加强协调配合，建立健全案件移送制度，加强证据材料移交、接收衔接，完善案件处理信息通报机制。违法行为构成犯罪，人民法院判处拘役或者有期徒刑时，行政机关已经给予当事人行政拘留的，应当依法折抵相应刑期。违法行为构成犯罪，人民法院判处罚金时，行政机关已经

给予当事人罚款的，应当折抵相应罚金；行政机关尚未给予当事人罚款的，不再给予罚款。

行政机关实施行政处罚时，应当责令当事人改正或者限期改正违法行为。当事人有违法所得，除依法应当退赔的外，应当予以没收。违法所得是指实施违法行为所取得的款项。法律、行政法规、部门规章对违法所得的计算另有规定的，从其规定。同时，行政处罚和民事责任作为两种不同法律性质的责任，不得相互替代。

三、一事不二罚

《行政处罚法》第29条规定："对当事人的同一个违法行为，不得给予两次以上罚款的行政处罚。同一个违法行为违反多个法律规范应当给予罚款处罚的，按照罚款数额高的规定处罚。"该条款被称为一事不再罚条款，其具体适用应当注意以下事项：

（一）区分自然的一事与法律的一事

自然的一事是指特定的主体在特定的时间和空间内作出某一作为或不作为。法律上的一事是指出于法律适用的需要通过对自然行为进行切割或者组合的方式将其拟制为法律上的一个行为。当自然的一事符合多个法律规范规定的法律要件时，则被拟制为多个法律行为。

《行政处罚法》第29条所规定的同一违法行为系自然的一事，理由在于：①对于法律上拟制的一事而言，一个违法构成本来就应当只按照其违反的那一个法律处罚一次，无需考虑再次处罚或者给予多个处罚的问题；②当"同一个违法行为违反多个法律规范"，如果处罚种类都涉及罚款，才需要考虑是给予一个罚款还是多个罚款的问题，此时存在多个法律上的拟制行为；③"一事不再罚"的法理基础是比例原则，即防止对一个自然行为施加不合比例的多重处罚，同时对违法竞合侵害多个法益的一个自然行为"应当从重"罚款，以实现恶报与恶行相均衡；④实践中，当"同一个违法行为违反多个法律规范"时，若不同法律规范规定的处罚种类不同，行政机关可以根据不同违法情况分别处罚，不违反一事不再罚原则。

实践中，对处于持续或连续状态的违法行为是界定为同一个违法行为还是同一类违法行为中的多个违法行为呢？依照一般理解，由于存在一定时间的中断、一定距离的中断、收到改正之通知或查处而中断、新的违法故意而中断等情形，可以将处于持续或连续状态的违法行为从自然意义上的一个行为处断为法律评价上的多个行为。[1]

（二）关于不二罚

《行政处罚法》第29条确立的不二罚原则是指对于同一违法行为不得给予两次以上罚款的行政处罚。因此，罚款与其他行政处罚并罚不违反一事不二罚原则。

不二罚不同于一事不再理，后者的要求是同一行政机关不得以同一事实和同一依据对同一违法行为给予多次行政处罚，同时禁止行政机关恣意和反复无常。但若行政处罚因为违反法定程序被撤销，行政机关再次作出新的处罚决定不违反一事不再理原则。

实践中，个体户违法应当受处罚的，行政机关既处罚经营者，又处罚个体户，违反一事不二罚原则。这是因为：①从立法上看，个体工商户系特殊的自然人主体；②从财产上来看，个体工商户并无独立财产，其在性质上属于特殊自然人，故对个体工商户及其经营者进行"双罚"显然加重了经营者的责任，这与"一事不再罚"的基本原则不相符合；③从主体上来看，个体工商户和其经营者是同一诉讼主体，诉讼权利和地位具有一致性和同一性，不分彼此，故对其进行"双罚"违反"一事不再罚"原则。[2]

（三）关于从重处罚

从重处罚是指，同一个违法行为违反多个法律规范应当给予罚款处罚的，按照罚款数额高的规定处罚。这是竞合理论和过罚相当原理在行政处罚领域的具体适用，一方面，防止对一个自然行为施加不合比例的多重罚款；另一方面，由于该违法行为损害多个法益，理论上应当合并处罚，但鉴于罚款只能罚一次，故而选择适用罚款数额较高的规定予以处罚。例如，在"上海鑫晶山建材开发有限公司诉上海市金山区环境保护局环境行政处罚案"（最高人民法院指导案例139号）中，生效判决指出，"企业、事业单位、其他生产经营者堆放、处理固体废弃物所产生的臭气浓度超过大气污染物排放标准的，

---

〔1〕 李某志诉北京市公安局公安交通管理局朝阳交通支队呼家楼大队公安交通管理行政处罚决定和北京市朝阳区人民政府行政复议决定案，北京市第三中级人民法院〔2020〕京03行终393号行政判决书。

〔2〕 齐某诉海口市美兰区应急管理局、美兰区人民政府安全生产行政处罚及行政复议案，海南省海口市中级人民法院〔2020〕琼01行终262号行政判决书。

环保部门适用处罚较重的《大气污染防治法》（10 万元至 100 万元）对其处罚，企业、事业单位、其他生产经营者主张适用《固体废物污染环境防治法》（1 万元至 10 万元）的，不予支持"。

四、处罚裁量

（一）不予行政处罚

不满 14 周岁的未成年人有违法行为的，不予行政处罚，责令监护人加以管教。

精神病人、智力残疾人在不能辨认或者不能控制自己行为时有违法行为的，不予行政处罚，但应当责令其监护人严加看管和治疗。

违法行为轻微并及时改正，没有造成危害后果的，不予行政处罚。初次违法且危害后果轻微并及时改正的，可以不予行政处罚。当事人有证据足以证明没有主观过错的，不予行政处罚。法律、行政法规另有规定的，从其规定。对当事人的违法行为依法不予行政处罚的，行政机关应当对当事人进行教育。

（二）从轻或者减轻行政处罚

已满 14 周岁不满 18 周岁的未成年人有违法行为的，应当从轻或者减轻行政处罚。

尚未完全丧失辨认或者控制自己行为能力的精神病人、智力残疾人有违法行为的，可以从轻或者减轻行政处罚。

当事人有下列情形之一，应当从轻或者减轻行政处罚：①主动消除或者减轻违法行为危害后果的；②受他人胁迫或者诱骗实施违法行为的；③主动供述行政机关尚未掌握的违法行为的；④配合行政机关查处违法行为有立功表现的；⑤法律、法规、规章规定其他应当从轻或者减轻行政处罚的。

（三）裁量基准

行政机关可以依法制定行政处罚裁量基准，规范行使行政处罚裁量权。行政处罚裁量基准应当向社会公布。

五、处罚时效、法不溯及既往、处罚无效

（一）处罚时效

违法行为在 2 年内未被发现的，不再给予行政处罚；涉及公民生命健康

安全、金融安全且有危害后果的，上述期限延长至 5 年。法律另有规定的除外。2 年或者 5 年的处罚期限，从违法行为发生之日起计算；违法行为有连续或者继续状态的，从行为终了之日起计算。

（二）法不溯既往

实施行政处罚，适用违法行为发生时的法律、法规、规章的规定。但是，作出行政处罚决定时，法律、法规、规章已被修改或者废止，且新的规定处罚较轻或者不认为是违法的，适用新的规定。

（三）处罚无效

行政处罚没有依据或者实施主体不具有行政主体资格的，以及违反法定程序构成重大且明显违法的，行政处罚无效。

第四节　行政处罚程序、决定和执行

行政处罚的程序视案件复杂程度分为当场处罚程序和普通处罚程序，无论是当场处罚程序还是普通处罚程序，都要遵循基本的一般要求。行政处罚产生法律效果以行政处罚决定的作出和送达为前提，并通过执行实现其预期效果。

一、行政处罚的一般要求

无论是按照当场处罚程序还是一般程序作出的行政处罚决定，都应当满足下列要求：

（1）行政处罚的实施机关、立案依据、实施程序和救济渠道等信息应当公示。

（2）公民、法人或者其他组织违反行政管理秩序的行为，依法应当给予行政处罚的，行政机关必须查明事实；违法事实不清、证据不足的，不得给予行政处罚。

（3）行政机关依照法律、行政法规规定利用电子技术监控设备收集、固定违法事实的，应当经过法制和技术审核，确保电子技术监控设备符合标准、设置合理、标志明显，设置地点应当向社会公布。电子技术监控设备记录违法事实应当真实、清晰、完整、准确。行政机关应当审核记录内容是否符合要求；未经审核或者经审核不符合要求的，不得作为行政处罚的证据。行政机关应当及时告知当事人违法事实，并采取信息化手段或者其他措施，为当事人查询、陈述和申辩提供便利。不得限制或者变相限制当事人享有的陈述权、申辩权。

（4）行政处罚应当由具有行政执法资格的执法人员实施。执法人员不得少于2人，法律另有规定的除外。执法人员应当文明执法，尊重和保护当事人合法权益。执法人员与案件有直接利害关系或者有其他关系可能影响公正执法的，应当回避。当事人认为执法人员与案件有直接利害关系或者有其他关系可能影响公正执法的，有权申请回避。当事人提出回避申请的，行政机关应当依法审查，由行政机关负责人决定。决定作出之前，不停止调查。

（5）行政机关在作出行政处罚决定之前，应当告知当事人拟作出的行政处罚内容及事实、理由、依据，并告知当事人依法享有的陈述、申辩、要求听证等权利。当事人有权进行陈述和申辩。行政机关必须充分听取当事人的意见，对当事人提出的事实、理由和证据，应当进行复核；当事人提出的事实、理由或者证据成立的，行政机关应当采纳。行政机关不得因当事人陈述、申辩而给予更重的处罚。

（6）行政处罚证据包括书证、物证、视听资料、电子数据、证人证言、当事人的陈述、鉴定意见以及勘验笔录、现场笔录。证据必须经查证属实，方可作为认定案件事实的根据。以非法手段取得的证据，不得作为认定案件事实的根据。

（7）行政机关应当依法以文字、音像等形式，对行政处罚的启动、调查取证、审核、决定、送达、执行等进行全过程记录，归档保存。具有一定社会影响的行政处罚决定应当依法公开。公开的行政处罚决定被依法变更、撤销、确认违法或者确认无效的，行政机关应当在3日内撤回行政处罚决定信息并公开说明理由。

（8）发生重大传染病疫情等突发事件，为了控制、减轻和消除突发事件引起的社会危害，行政机关对违反突发事件应对措施的行为，依法快速、从重处罚。

（9）行政机关及其工作人员对实施行政处罚过程中知悉的国家秘密、商业秘密或者个人隐私，应当依法予以保密。

二、当场处罚程序

违法事实确凿并有法定依据，对公民处以 200 元以下、对法人或者其他组织处以 3000 元以下罚款或者警告的行政处罚的，可以当场作出行政处罚决定。法律另有规定的，从其规定。

执法人员当场作出行政处罚决定的，应当向当事人出示执法证件，填写预定格式、编有号码的行政处罚决定书，并当场交付当事人。当事人拒绝签收的，应当在行政处罚决定书上注明。

适用当场处罚程序作出的行政处罚决定书应当载明当事人的违法行为，行政处罚的种类和依据、罚款数额、时间、地点，申请行政复议、提起行政诉讼的途径和期限以及行政机关名称，并由执法人员签名或者盖章。执法人员当场作出的行政处罚决定，应当报所属行政机关备案。

对当场作出的行政处罚决定，当事人应当依照《行政处罚法》第 67 条至第 69 条的规定履行。

三、普通处罚程序

（一）立案

除可以当场作出的行政处罚外，行政机关发现公民、法人或者其他组织有依法应当给予行政处罚的行为的，必须全面、客观、公正地调查，收集有关证据；必要时，依照法律、法规的规定，可以进行检查。符合立案标准的，行政机关应当及时立案。

（二）调查

执法人员在调查或者进行检查时，应当主动向当事人或者有关人员出示执法证件。当事人或者有关人员有权要求执法人员出示执法证件。执法人员不出示执法证件的，当事人或者有关人员有权拒绝接受调查或者检查。当事人或者有关人员应当如实回答询问，并协助调查或者检查，不得拒绝或者阻挠。询问或者检查应当制作笔录。行政机关在收集证据时，可以采取抽样取证的方法；在证据可能灭失或者以后难以取得的情况下，经行政机关负责人批准，可以先行登记保存，并应当在 7 日内及时作出处理决定，在此期间，当事人或者有关人员不得销毁或者转移证据。

（三）决定

调查终结后，行政机关负责人应当对调查结果进行审查，并根据不同情况，分别作出如下决定：①确有应受行政处罚的违法行为的，根据情节轻重及具体情况，作出行政处罚决定；②违法行为轻微，依法可以不予行政处罚的，不予行政处罚；③违法事实不能成立的，不予行政处罚；④违法行为涉嫌犯罪的，移送司法机关。对情节复杂或者重大违法行为给予行政处罚，行政机关负责人应当集体讨论决定。

行政机关应当自行政处罚案件立案之日起90日内作出行政处罚决定。法律、法规、规章另有规定的，从其规定。

（四）法制审核

有下列情形之一，在行政机关负责人作出行政处罚的决定之前，应当由从事行政处罚决定法制审核的人员进行法制审核；未经法制审核或者审核未通过的，不得作出决定：①涉及重大公共利益的；②直接关系当事人或者第三人重大权益，经过听证程序的；③案件情况疑难复杂、涉及多个法律关系的；④法律、法规规定应当进行法制审核的其他情形。行政机关中初次从事行政处罚决定法制审核的人员，应当通过国家统一法律职业资格考试取得法律职业资格。

（五）行政处罚决定书

行政机关给予行政处罚，应当制作行政处罚决定书。行政处罚决定书应当载明下列事项：

（1）当事人的姓名或者名称、地址；

（2）违反法律、法规、规章的事实和证据；

（3）行政处罚的种类和依据；

（4）行政处罚的履行方式和期限；

（5）申请行政复议、提起行政诉讼的途径和期限；

（6）作出行政处罚决定的行政机关名称和作出决定的日期。

行政处罚决定书必须盖有作出行政处罚决定的行政机关的印章。

（六）行政处罚听证

行政机关拟作出下列行政处罚决定，应当告知当事人有要求听证的权利，当事人要求听证的，行政机关应当组织听证：①较大数额罚款；②没收较大数额违法所得、没收较大价值非法财物；③降低资质等级、吊销许可证件；

④责令停产停业、责令关闭、限制从业；⑤其他较重的行政处罚；⑥法律、法规、规章规定的其他情形。当事人不承担行政机关组织听证的费用。

听证应当依照以下程序组织：①当事人要求听证的，应当在行政机关告知后 5 日内提出；②行政机关应当在举行听证的 7 日前，通知当事人及有关人员听证的时间、地点；③除涉及国家秘密、商业秘密或者个人隐私依法予以保密外，听证公开举行；④听证由行政机关指定的非本案调查人员主持；当事人认为主持人与本案有直接利害关系的，有权申请回避；⑤当事人可以亲自参加听证，也可以委托 1 人至 2 人代理；⑥当事人及其代理人无正当理由拒不出席听证或者未经许可中途退出听证的，视为放弃听证权利，行政机关终止听证；⑦举行听证时，调查人员提出当事人违法的事实、证据和行政处罚建议，当事人进行申辩和质证；⑧听证应当制作笔录。笔录应当交当事人或者其代理人核对无误后签字或者盖章。当事人或者其代理人拒绝签字或者盖章的，由听证主持人在笔录中注明。

听证结束后，行政机关应当根据听证笔录，作出决定。

四、行政处罚送达

行政处罚决定书应当在宣告后当场交付当事人；当事人不在场的，行政机关应当在 7 日内依照《民事诉讼法》的有关规定，将行政处罚决定书送达当事人。

当事人同意并签订确认书的，行政机关可以采用传真、电子邮件等方式，将行政处罚决定书等送达当事人。

五、行政处罚执行

行政处罚决定依法作出后，当事人应当在行政处罚决定书载明的期限内，予以履行。当事人确有经济困难，需要延期或者分期缴纳罚款的，经当事人申请和行政机关批准，可以暂缓或者分期缴纳。

作出罚款决定的行政机关应当与收缴罚款的机构分离。除依法当场收缴的罚款外，作出行政处罚决定的行政机关及其执法人员不得自行收缴罚款。当事人应当自收到行政处罚决定书之日起 15 日内，到指定的银行或者通过电子支付系统缴纳罚款。银行应当收受罚款，并将罚款直接上缴国库。

依法当场作出行政处罚决定，有下列情形之一，执法人员可以当场收缴罚款：①依法给予 100 元以下罚款的；②不当场收缴事后难以执行的。

在边远、水上、交通不便地区，行政机关及其执法人员作出罚款决定后，当事人到指定的银行或者通过电子支付系统缴纳罚款确有困难，经当事人提出，行政机关及其执法人员可以当场收缴罚款。

行政机关及其执法人员当场收缴罚款的，必须向当事人出具国务院财政部门或者省、自治区、直辖市人民政府财政部门统一制发的专用票据；不出具财政部门统一制发的专用票据的，当事人有权拒绝缴纳罚款。执法人员当场收缴的罚款，应当自收缴罚款之日起 2 日内，交至行政机关；在水上当场收缴的罚款，应当自抵岸之日起 2 日内交至行政机关；行政机关应当在 2 日内将罚款缴付指定的银行。

当事人逾期不履行行政处罚决定的，作出行政处罚决定的行政机关可以采取下列措施：①到期不缴纳罚款的，每日按罚款数额的 3% 加处罚款，加处罚款的数额不得超出罚款的数额；②根据法律规定，将查封、扣押的财物拍卖、依法处理或者将冻结的存款、汇款划拨抵缴罚款；③根据法律规定，采取其他行政强制执行方式；④依照《行政强制法》的规定申请人民法院强制执行。行政机关批准延期、分期缴纳罚款的，申请人民法院强制执行的期限，自暂缓或者分期缴纳罚款期限结束之日起计算。

当事人对行政处罚决定不服，申请行政复议或者提起行政诉讼的，行政处罚不停止执行，法律另有规定的除外。当事人对限制人身自由的行政处罚决定不服，申请行政复议或者提起行政诉讼的，可以向作出决定的机关提出暂缓执行申请。符合法律规定情形的，应当暂缓执行。当事人申请行政复议或者提起行政诉讼的，加处罚款的数额在行政复议或者行政诉讼期间不予计算。

除依法应当予以销毁的物品外，依法没收的非法财物必须按照国家规定公开拍卖或者按照国家有关规定处理。罚款、没收的违法所得或者没收非法财物拍卖的款项，必须全部上缴国库，任何行政机关或者个人不得以任何形式截留、私分或者变相私分。罚款、没收的违法所得或者没收非法财物拍卖的款项，不得同作出行政处罚决定的行政机关及其工作人员的考核、考评直接或者变相挂钩。除依法应当退还、退赔的外，财政部门不得以任何形式向作出行政处罚决定的行政机关返还罚款、没收的违法所得或者没收非法财物拍卖的款项。

行政机关应当建立健全对行政处罚的监督制度。县级以上人民政府应当定期组织开展行政执法评议、考核，加强对行政处罚的监督检查，规范和保障行政处罚的实施。行政机关实施行政处罚应当接受社会监督。公民、法人或者其他组织对行政机关实施行政处罚的行为，有权申诉或者检举；行政机关应当认真审查，发现有错误的，应当主动改正。

典型案例：李某志诉北京市公安局公安交通管理局朝阳交通支队呼家楼大队公安交通管理行政处罚决定和北京市朝阳区人民政府行政复议决定案

案例来源：北京市第三中级人民法院〔2020〕京03行终393号行政判决书

案情简介：2019年7月12日，北京市公安局公安交通管理局朝阳交通支队东外大队（以下称"东外大队"）所属交通协管员在北京市朝阳区北土城东路育慧南路南口至北土城东路东口段处发现×××号小型客车停驶在非停车场、非停车泊位的道路上，违反了停车管理的规定。交通协管员对该行为进行了拍照记录，并在该车辆上粘贴《北京市交通协管员道路停车记录告知单》，告知"上述时间、地点该机动车未在道路停车泊位或停车场内停放，根据《北京市实施〈中华人民共和国道路交通安全法〉办法》第七十九条第四款的规定，已对以上事实作了图像记录。此告知单及图像记录将提供给东外大队审核"。

2019年7月17日，东外大队所属交通协管员在上述地点发现该车仍违反停车规定停放，遂再次拍照并在车辆上粘贴告知单。2019年7月30日，李某志前往呼家楼大队执法站窗口接受非现场处罚。交警调取了记载×××号小型客车的信息，确认了李某志存在在前述时间和地点违反停车规定的违法行为，遂当场制作了《处理机动车违法记录告知书》，告知李某志"2019年7月12日11时53分，在北土城东路育慧南路南口至北土城东路东口段实施机动车违反停车规定的违法行为，根据《道路交通安全法》第九十条、第九十三条第二款的规定，拟给予罚款200元的处罚；2019年7月17日9时52分，在北土城东路育慧南路南口至北土城东路东口段实施机动车违反停车规定的违法行为，根据《道路交通安全法》第九十条、第九十三条第二款的规定，拟给予罚款200元的处罚"。同时该告知书载明"对于非本辖区内的违法行为，如无异议，本机关将一并处理。请认真阅读上述告知事项，你有权进行陈述和申辩"。李某志当场未提出陈述和申辩并在被告知人处签名。交警遂作出被诉《处罚决定书》送达李某志，李某志予以签收。现，李某志已缴纳了罚款400元。

法院裁判：北京市第三中级人民法院认为，一事不二罚原则的理论基础主要是保护人格尊严，遵从比例原则、法律安定原则、诚实信用原则以及信赖保护原则。然而，行政处罚除制裁违法外，同时强调预防和矫正违法的追求。

首先，设定和实施行政处罚必须以事实为依据，与违法行为的事实、性质、情节以及社会危害程度相当。通常理解，对较为严重的违法行为的处罚应重于相对较轻的违法行为的处罚。虽然连续违停多日与多日分别违停显然不同，但如果以一事不二罚原则为由，对前者认定为同一违法从而处以一次处罚，同时对后者处以多次处罚，显然过罚并不相当。且连续违停与连续超速类似，如果缺乏对时间或者距离的限制，行为人可能会权衡违法成本从而提前预期并施以成本较低的违法行为，即以一次违法处罚的成本换取长时间违停或长距离的超速行驶所带来的收益，将造成合法停车或行车之成本远大于违法停车或行车之代价，难以实现督促行为人及时纠正违法的目标，甚至会逆向鼓励一次性的长时间、长距离违法，增加了行政管理成本，显然与道路交通安全行政监管目的不符。因此，对于长时间的违法停车行为，在首次行政处罚后、违法状态仍长时间持续的情况下，如果仅以一事不二罚原则为由，径行认定针对其后持续的违法停车行为作出的行政处罚缺乏依据，则可能造成处罚内容与该违法行为所造成公共交通损害程度不成比例的情况，有违行政处罚法中的过罚相当原则，无法达到制裁违法与规制预防矫正违法的目的。本案中，李某志违法停车的行为持续时间达5天，其长期占用城市公共道路不仅影响行人和车辆的出行，又存在潜在交通安全隐患，是对公共交通管理秩序的破坏，对其处以与同等情况下单次短时间违法停车行为不同的处罚内容，有利于消除交通违法现象，维护和谐有序的交通秩序，最大化保障道路交通有序、安全、畅通。

其次，本案采取切割处断的处罚方式符合行政处罚的目的，未突破比例原则限制，未超出合理限度，是相对比较合理且便于实行的方案，能较好地实现比例原则、法律的安定性、信赖保护、追求实质公平正义的统一；且行政执法成本较低，契合当前技术条件，有利于交通管理目标的实现。依照一般理解，由于存在一定时间的中断、一定距离的中断、收到改正之通知或查处而中断、新的违法故意而中断等情形，可以将违法行为从自然意义上的一个行为处断为法律评价上的多个行为。对切割处断使用的一个重要限制，是防止公权力的不当行使，应当给予违法行为人以合理之机会，使其得以及时知悉纠正违法行为，对于欠缺期待可能性的行为则不应再罚。至于合理之机会的时间长度的确定，需结合法律规定、违法行为特点以及生活常理予以判断。本案中违法停车时间达5天，停车时长不符合使用机动车的通常逻辑，远超一般人的通常生活、工作作息周期。呼家楼大队于7月12日以粘贴告知单的方式处理违法停车行为后，于7月17日才再次处罚，已给予了李某志充足的纠正违法行为的机会，其所作的切割处断的次数并未超出合理限度，亦不构成对违法行为人合法权益的侵害。李某志复议审查阶段提交的2019年7月22日车辆状况检查表、道路救援呼叫记录以及2019年7月15日至7月17日酒店宾客账单等材料，不能证明其欠缺纠正违法行为的可能性，亦无法说明其此前实施违法停车行为以及长时间违法停车未予纠正的合理性。因此，李某志的上述主张，本院不予支持。

复习与思考题：

1. 行政处罚的概念和种类。
2. 行政处罚的设定权。
3. 如何理解一事不二罚原则。
4. 行政处罚简易程序的适用条件。
5. 行政处罚听证的适用范围。

第十章
行政强制

本章知识要点：

1. 行政强制的概念和基本原则
2. 行政强制的种类和设定
3. 行政强制措施的实施程序
4. 行政机关强制执行程序
5. 法院强制执行程序

第一节　行政强制的概念、种类与设定

我国《行政强制法》对行政强制的界定采二元论观点，即认为行政强制是行政强制措施和行政强制执行的上位概念，即《行政强制法》第 2 条第 1 款规定："本法所称行政强制，包括行政强制措施和行政强制执行。"

一、行政强制措施种类及其设定

行政强制措施，是指行政机关在行政管理过程中，为制止违法行为、防止证据损毁、避免危害发生、控制危险扩大等情形，依法对公民的人身自由实施暂时性限制，或者对公民、法人或者其他组织的财物实施暂时性控制的行为。

行政强制措施是典型的负担性行政行为，具有以下特征：

第一，行政强制措施是行政机关在行政管理过程中运用行政权的单方行为，只能由法律、法规规定的行政机关在法定职权范围内实施。

第二，行政强制措施的目的是制止违法行为、防止证据损毁、避免危害发生、控制危险扩大等情形，区别于行政处罚的法益补偿目的。

第三，行政强制措施是行政机关对公民的人身自由实施暂时性限制，或者对公民、法人或者其他组织的财物实施暂时性控制的行为，因而不是对行政相对人权利义务的终局处分。

（一）行政强制措施的种类

（1）限制公民人身自由，主要是指公安、海关、国家安全、医疗卫生等行政机关对那些对社会有现实威胁的、拒不履行法定义务的相对方采取的限制其人身自由或迫使其履行人身义务的强制措施，如强制拘留、强制扣留、限期出境、强制约束、强制遣返、强制隔离、强制治疗、强制戒毒、强制传唤等。

（2）查封，表现为对场所或者工具、设施、设备、财物、资料、合同、账簿等财物的就地封存，目的是查处违法行为、固定证据。

（3）扣押财物，表现为对财物的扣留、暂扣等，目的是查处违法行为、保全证据。行政机关应当妥善保管被扣押的财物，也可以委托第三人保管。

（4）冻结存款、汇款，表现为对存款、汇款、有价证券等账户资金冻结、临时冻结、暂停支付等，不实际转移资金。冻结需要金融机构协助。

（5）其他行政强制措施，是指行政机关以制止违法行为、防止证据损毁、避免危害发生、控制危险扩大等为目的对行政相对人人身或者财物进行暂时性控制的其他行政强制措施。

需要特别说明的是，《行政强制法》第3条第2款和3款规定："发生或者即将发生自然灾害、事故灾难、公共卫生事件或者社会安全事件等突发事件，行政机关采取应急措施或者临时措施，依照有关法律、行政法规的规定执行。行政机关采取金融业审慎监管措施、进出境货物强制性技术监控措施，依照有关法律、行政法规的规定执行。"行政机关在即将发生自然灾害、事故灾难、公共卫生事件或者社会安全事件等突发事件中采取的应急措施或者临时措施，以及金融业审慎监管措施、进出境货物强制性技术监控措施在性质上仍然属于行政强制措施，只是其设定和实施不适用《行政强制法》这一规范行政强制的一般法，而是适用专门的法律、行政法规。

（二）行政强制措施的设定

法律可以设定各种行政强制措施。限制人身自由、冻结存款和汇款以及涉及公民住宅和通信自由的行政强制措施，只能由法律设定。

尚未制定法律，且属于国务院行政管理职权事项的，行政法规可以设定查封、扣押以及其他行政强制措施，但不得设定限制人身自由、冻结存款和汇款、涉及公民住宅和通信自由的行政强制措施等法律保留事项。

尚未制定法律、行政法规，且属于地方性事务的，地方性法规仅可以设定查封场所、设施或者财物，扣押财物的行政强制措施。

法律对行政强制措施的对象、条件、种类作了规定的，行政法规、地方性法规不得作出扩大规定；法律中未设定行政强制措施的，行政法规、地方性法规不得设定行政强制措施。

规章以及规章以下的规范性文件一律不得设定行政强制措施。

二、行政强制执行

行政强制执行，是指行政机关或者行政机关申请人民法院，对不履行行政决定的公民、法人或者其他组织，依法强制履行义务的行为。

行政强制执行是行政决定执行力的体现，具有以下典型特征：

第一，行政强制执行的前提是存在一个已经生效的行政决定，该行政决定为特定行政相对人设定了金钱给付义务或者排除妨碍、恢复原状等义务，而行政相对人不自行履行该义务。

第二，行政强制执行是行政决定执行力的体现，本身不属于直接影响相对人权利义务的行政法律行为，而是将行政法律行为对相对人设定的权利义务予以实现的辅助性行政事实行为。

第三，行政强制执行具有主体二元性特征，即实施主体既有行政机关，也有法院。相应地，行政强制执行分为行政机关强制执行和法院强制执行。根据既有法律规定和行政实践，行政强制执行以法院强制执行为主，行政强制执行需要以法律的特别授权为前提。

《行政强制法》规定的行政强制执行的方式有加处罚款或者滞纳金；划拨存款、汇款；拍卖或者依法处理查封、扣押的场所、设施或者财物；排除妨碍、恢复原状；代履行以及其他强制执行方式。

行政强制执行由法律设定，法律没有设定行政强制执行的，作出行政决定的行政机关应当申请人民法院强制执行。但同时，从行政管理实际需要出发，《行政强制法》规定了行政机关自己执行的情况。

三、行政强制的基本原则

《行政强制法》明确规定了行政强制的若干基本原则。

（一）行政强制法定原则

行政强制的设定和实施，应当依照法定的权限、范围、条件和程序。

（二）行政强制适当原则

行政强制的设定和实施，应当适当。采用非强制手段可以达到行政管理目的的，不得设定和实施行政强制。

这一方面要求行政强制的设定应当遵循法定权限和程序，另一方面要求行政强制的实施要体现比例原则，比如违法行为情节显著轻微，或者没有明显社会危害的，可以不采取行政强制措施；对没有明显社会危害，当事人确无能力履行，中止执行满 3 年未恢复执行的，不再执行；查封、扣押、冻结财物应当相当；选择行政强制执行手段时优先适用代履行、执行罚等间接强制，间接强制无法实现行政目的的，才适用直接强制。

（三）教育与强制相结合原则

实施行政强制，应当坚持教育与强制相结合。这主要是指行政强制实施过程中，应当充分发挥教育的功能，促进相对人主动履行法律义务。这意味着违法行为情节显著轻微或者没有明显社会危害的，可以不采取行政强制措施；同时，作出行政强制执行决定前，应当"催告"，提醒相对人自觉履行。

（四）禁止谋利原则

行政机关及其工作人员不得利用行政强制权为单位或者个人谋取利益。具体体现为：①对查封、扣押的场所、设施或者财物，行政机关应当妥善保管，不得使用；②划拨的存款、汇款以及拍卖和依法处理所得的款项应当上缴国库或者划入财政专户，任何行政机关或者个人不得以任何形式截留、私分或者变相私分；③行政机关将查封、扣押的财物或者划拨的存款、汇款以及拍卖和依法处理所得的款项，截留、私分或者变相私分的，由财政部门或者有关部门予以追缴；对直接负责的主管人员和其他直接责任人员依法给予记大过、降级、撤职或者开除的处分。行政机关工作人员利用职务上的便利，将查封、扣押的场所、设施或者财物据为己有的，由上级行政机关或者有关部门责令改正，依法给予记大过、降级、撤职或者开除的处分。行政机关及其工作人员利用行政强制权为单位或者个人谋取利益的，由上级行政机关或者有关部门责令改正，对直接负责的主管人员和其他直接责任人员依法给予处分。

（五）权利救济原则

公民、法人或者其他组织对行政机关实施行政强制，享有陈述权、申辩权；有权依法申请行政复议或者提起行政诉讼；因行政机关违法实施行政强制受到损害的，有权依法要求赔偿。

公民、法人或者其他组织因人民法院在强制执行中有违法行为或者扩大强制执行范围受到损害的，有权依法要求赔偿。

第二节　行政强制措施实施程序

行政强制措施的实施程序包括行政机关实施行政强制措施的一般规定和实施限制人身自由的强制措施、查封、扣押和冻结的特别规定。

一、行政机关实施行政强制措施的一般规定

行政强制措施由法律、法规规定的行政机关在法定职权范围内实施。行政强制措施权不得委托。依据《行政处罚法》的规定行使相对集中行政处罚权的行政机关，可以实施法律、法规规定的与行政处罚权有关的行政强制措施。行政强制措施应当由行政机关具备资格的行政执法人员实施，其他人员不得实施。违法行为情节显著轻微或者没有明显社会危害的，可以不采取行政强制措施。

行政机关实施行政强制措施应当遵守下列规定：①实施前须向行政机关负责人报告并经批准；②由2名以上行政执法人员实施；③出示执法身份证件；④通知当事人到场；⑤当场告知当事人采取行政强制措施的理由、依据以及当事人依法享有的权利、救济途径；⑥听取当事人的陈述和申辩；⑦制作现场笔录；⑧现场笔录由当事人和行政执法人员签名或者盖章，当事人拒绝的，在笔录中予以注明；⑨当事人不到场的，邀请见证人到场，由见证人和行政执法人员在现场笔录上签名或者盖章；⑩法律、法规规定的其他程序。以上规定全面体现了正当程序原则的要求。

情况紧急，需要当场实施行政强制措施的，行政执法人员应当在24小时内向行政机关负责人报告，并补办批准手续。行政机关负责人认为不应当采

取行政强制措施的，应当立即解除。违法行为涉嫌犯罪应当移送司法机关的，行政机关应当将查封、扣押、冻结的财物一并移送，并书面告知当事人。

二、行政机关实施行政强制措施的特别规定

（一）限制公民人身自由的特别要求

依照法律规定实施限制公民人身自由的行政强制措施，还应当遵守下列规定：①当场告知或者实施行政强制措施后立即通知当事人家属实施行政强制措施的行政机关、地点和期限；②在紧急情况下当场实施行政强制措施的，在返回行政机关后，立即向行政机关负责人报告并补办批准手续；③法律规定的其他程序。

实施限制人身自由的行政强制措施不得超过法定期限。实施行政强制措施的目的已经达到或者条件已经消失，应当立即解除。

（二）查封、扣押的特别要求

1. 查封对象限制

查封、扣押限于涉案的场所、设施或者财物，不得查封、扣押与违法行为无关的场所、设施或者财物；不得查封、扣押公民个人及其所扶养家属的生活必需品。当事人的场所、设施或者财物已被其他国家机关依法查封的，不得重复查封。

2. 查封、扣押决定书

行政机关决定实施查封、扣押的，应当制作并当场交付查封、扣押决定书和清单。查封、扣押决定书应当载明下列事项：①当事人的姓名或者名称、地址；②查封、扣押的理由、依据和期限；③查封、扣押场所、设施或者财物的名称、数量等；④申请行政复议或者提起行政诉讼的途径和期限；⑤行政机关的名称、印章和日期。

查封、扣押清单一式二份，由当事人和行政机关分别保存。

3. 查封、扣押期限

查封、扣押的期限不得超过30日；情况复杂的，经行政机关负责人批准，可以延长，但是延长期限不得超过30日。法律、行政法规另有规定的除外。延长查封、扣押的决定应当及时书面告知当事人，并说明理由。

对物品需要进行检测、检验、检疫或者技术鉴定的，查封、扣押的期间不包括检测、检验、检疫或者技术鉴定的期间。检测、检验、检疫或者技术

鉴定的期间应当明确，并书面告知当事人。检测、检验、检疫或者技术鉴定的费用由行政机关承担。

4. 行政机关的保管义务与损害赔偿义务

对查封、扣押的场所、设施或者财物，行政机关应当妥善保管，不得使用或者损毁；造成损失的，应当承担赔偿责任。

对查封的场所、设施或者财物，行政机关可以委托第三人保管，第三人不得损毁或者擅自转移、处置。因第三人的原因造成的损失，行政机关先行赔付后，有权向第三人追偿。

因查封、扣押发生的保管费用由行政机关承担。

5. 查封、扣押后的处理

行政机关采取查封、扣押措施后，应当及时查清事实，在规定的期限内作出处理决定。对违法事实清楚，依法应当没收的非法财物予以没收；法律、行政法规规定应当销毁的，依法销毁；应当解除查封、扣押的，作出解除查封、扣押的决定。

有下列情形之一的，行政机关应当及时作出解除查封、扣押决定：①当事人没有违法行为；②查封、扣押的场所、设施或者财物与违法行为无关；③行政机关对违法行为已经作出处理决定，不再需要查封、扣押；④查封、扣押期限已经届满；⑤其他不再需要采取查封、扣押措施的情形。

解除查封、扣押应当立即退还财物；已将鲜活物品或者其他不易保管的财物拍卖或者变卖的，退还拍卖或者变卖所得款项。变卖价格明显低于市场价格，给当事人造成损失的，应当给予补偿。

（三）冻结的特别要求

1. 冻结对象

冻结存款、汇款的数额应当与违法行为涉及的金额相当；已被其他国家机关依法冻结的，不得重复冻结。

2. 冻结通知书和金融机构的协助义务

行政机关依照法律规定的权限和程序决定实施冻结存款、汇款的，应当向金融机构交付冻结通知书。金融机构接到行政机关依法作出的冻结通知书后，应当立即予以冻结，不得拖延，不得在冻结前向当事人泄露信息。法律规定以外的行政机关或者组织要求冻结当事人存款、汇款的，金融机构应当拒绝。

依照法律规定冻结存款、汇款的，作出决定的行政机关应当在 3 日内向当事人交付冻结决定书。冻结决定书应当载明下列事项：①当事人的姓名或者名称、地址；②冻结的理由、依据和期限；③冻结的账号和数额；④申请行政复议或者提起行政诉讼的途径和期限；⑤行政机关的名称、印章和日期。

3. 冻结期限

自冻结存款、汇款之日起 30 日内，行政机关应当作出处理决定或者作出解除冻结决定；情况复杂的，经行政机关负责人批准，可以延长，但是延长期限不得超过 30 日。法律另有规定的除外。延长冻结的决定应当及时书面告知当事人，并说明理由。

4. 冻结解除

有下列情形之一的，行政机关应当及时作出解除冻结决定：①当事人没有违法行为；②冻结的存款、汇款与违法行为无关；③行政机关对违法行为已经作出处理决定，不再需要冻结；④冻结期限已经届满；⑤其他不再需要采取冻结措施的情形。

行政机关作出解除冻结决定的，应当及时通知金融机构和当事人。金融机构接到通知后，应当立即解除冻结。

行政机关逾期未作出处理决定或者解除冻结决定的，金融机构应当自冻结期满之日起解除冻结。

第三节　行政强制执行程序

行政机关依法作出行政决定后，当事人在行政机关决定的期限内不履行义务的，具有行政强制执行权的行政机关可以依法强制执行，但是要遵循法律明确规定的执行程序。

一、行政机关强制执行的一般规定

行政机关强制执行的一般规定是行政机关依法强制执行金钱给付义务或者代履行，都应当遵循的规则。

（一）催告及强制执行决定

行政机关作出强制执行决定前，应当事先催告当事人履行义务。催告应当以书面形式作出，并载明下列事项：①履行义务的期限；②履行义务的方式；③涉及金钱给付的，应当有明确的金额和给付方式；④当事人依法享有的陈述权和申辩权。

当事人收到催告书后有权进行陈述和申辩。行政机关应当充分听取当事人的意见，对当事人提出的事实、理由和证据，应当进行记录、复核。当事人提出的事实、理由或者证据成立的，行政机关应当采纳。

经催告，当事人逾期仍不履行行政决定，且无正当理由的，行政机关可以作出强制执行决定。强制执行决定应当以书面形式作出，并载明下列事项：①当事人的姓名或者名称、地址；②强制执行的理由和依据；③强制执行的方式和时间；④申请行政复议或者提起行政诉讼的途径和期限；⑤行政机关的名称、印章和日期。

在催告期间，对有证据证明有转移或者隐匿财物迹象的，行政机关可以作出立即强制执行决定。

催告书、行政强制执行决定书应当直接送达当事人。当事人拒绝接收或者无法直接送达当事人的，应当依照《民事诉讼法》的有关规定送达。

（二）中止执行、终结执行

有下列情形之一的，中止执行：①当事人履行行政决定确有困难或者暂无履行能力的；②第三人对执行标的主张权利，确有理由的；③执行可能造成难以弥补的损失，且中止执行不损害公共利益的；④行政机关认为需要中止执行的其他情形。中止执行的情形消失后，行政机关应当恢复执行。对没有明显社会危害，当事人确无能力履行，中止执行满3年未恢复执行的，行政机关不再执行。

有下列情形之一的，终结执行：①公民死亡，无遗产可供执行，又无义务承受人的；②法人或者其他组织终止，无财产可供执行，又无义务承受人的；③执行标的灭失的；④据以执行的行政决定被撤销的；⑤行政机关认为需要终结执行的其他情形。

（三）执行错误和执行协议

在执行中或者执行完毕后，据以执行的行政决定被撤销、变更，或者执行错误的，行政机关应当恢复原状或者退还财物；不能恢复原状或者退还财物的，依法给予赔偿。

实施行政强制执行，行政机关可以在不损害公共利益和他人合法权益的情况下，与当事人达成执行协议。执行协议可以约定分阶段履行；当事人采取补救措施的，可以减免加处的罚款或者滞纳金。执行协议应当履行。当事人不履行执行协议的，行政机关应当恢复强制执行。

（四）行政强制执行中人权保障的特别要求

行政强制执行中人权保障的特别要求有三个方面的具体体现：

第一，行政机关不得在夜间或者法定节假日实施行政强制执行。但是，情况紧急的除外。

第二，行政机关不得对居民生活采取停止供水、供电、供热、供燃气等方式迫使当事人履行相关行政决定。

第三，对违法的建筑物、构筑物、设施等需要强制拆除的，应当由行政机关予以公告，限期当事人自行拆除。当事人在法定期限内不申请行政复议或者提起行政诉讼，又不拆除的，行政机关可以依法强制拆除。如此规定是为了防止执行错误给行政相对人造成难以弥补的损害。

二、金钱给付义务的强制执行

行政机关可以通过加处罚款和滞纳金、拍卖或者划拨存款、汇款强制行政相对人执行金钱给付义务。

（一）加处罚款和滞纳金

行政机关依法作出金钱给付义务的行政决定，当事人逾期不履行的，行政机关可以依法加处罚款或者滞纳金。加处罚款或者滞纳金的标准应当告知当事人。加处罚款或者滞纳金的数额不得超出金钱给付义务的数额。

行政机关依法实施加处罚款或者滞纳金超过 30 日，经催告当事人仍不履行的，具有行政强制执行权的行政机关可以强制执行。行政机关实施强制执行前，可以根据需要依法采取查封、扣押、冻结措施。

（二）拍卖

没有行政强制执行权的行政机关应当申请人民法院强制执行。但是，当事人在法定期限内不申请行政复议或者提起行政诉讼，经催告仍不履行的，在实施行政管理过程中已经采取查封、扣押措施的行政机关，可以将查封、扣押的财物依法拍卖抵缴罚款。依法拍卖财物，由行政机关委托拍卖机构依照《拍卖法》的规定办理。

（三）划拨存款、汇款

划拨存款、汇款应当由法律规定的行政机关决定，并书面通知金融机构。

金融机构接到行政机关依法作出划拨存款、汇款的决定后，应当立即划拨。法律规定以外的行政机关或者组织要求划拨当事人存款、汇款的，金融机构应当拒绝。划拨的存款、汇款以及拍卖和依法处理所得的款项应当上缴国库或者划入财政专户。任何行政机关或者个人不得以任何形式截留、私分或者变相私分。

三、代履行的特别规定

行政机关依法作出要求当事人履行排除妨碍、恢复原状等义务的行政决定，当事人逾期不履行，经催告仍不履行，其后果已经或者将危害交通安全、造成环境污染或者破坏自然资源的，行政机关可以代履行，或者委托没有利害关系的第三人代履行。

原则上，代履行应当遵守下列规定：①代履行前送达决定书，代履行决定书应当载明当事人的姓名或者名称、地址，代履行的理由和依据、方式和时间、标的、费用预算以及代履行人；②代履行3日前，催告当事人履行，当事人履行的，停止代履行；③代履行时，作出决定的行政机关应当派员到场监督；④代履行完毕，行政机关到场监督的工作人员、代履行人和当事人或者见证人应当在执行文书上签名或者盖章。

特定情形下，行政机关可以即时代履行，不受上述规定限制。即需要立即清除道路、河道、航道或者公共场所的遗洒物、障碍物或者污染物，当事人不能清除的，行政机关可以决定立即实施代履行；当事人不在场的，行政机关应当在事后立即通知当事人，并依法作出处理。

此外，代履行的费用按照成本合理确定，除法律另有规定的外，代履行的费用由当事人承担。代履行不得采用暴力、胁迫以及其他非法方式。

四、行政机关申请人民法院强制执行程序

当事人在法定期限内不申请行政复议或者提起行政诉讼，又不履行行政决定的，没有行政强制执行权的行政机关可以自期限届满之日起3个月内，依法申请人民法院强制执行。

（一）申请

行政机关申请人民法院强制执行前，应当催告当事人履行义务。催告书送达10日后当事人仍未履行义务的，行政机关可以向所在地有管辖权的人民

法院申请强制执行；执行对象是不动产的，向不动产所在地有管辖权的人民法院申请强制执行。

行政机关向人民法院申请强制执行，应当提供下列材料：①强制执行申请书；②行政决定书及作出决定的事实、理由和依据；③当事人的意见及行政机关催告情况；④申请强制执行标的情况；⑤法律、行政法规规定的其他材料。

强制执行申请书应当由行政机关负责人签名，加盖行政机关的印章，并注明日期。

（二）法院受理与裁定

人民法院接到行政机关强制执行的申请，应当在5日内受理。行政机关对人民法院不予受理的裁定有异议的，可以在15日内向上一级人民法院申请复议，上一级人民法院应当自收到复议申请之日起15日内作出是否受理的裁定。

一般情形下，人民法院对行政机关强制执行的申请进行书面审查，对符合规定且行政决定具备法定执行效力的，人民法院应当自受理之日起7日内作出执行裁定。

人民法院发现有下列情形之一的，在作出裁定前可以听取被执行人和行政机关的意见：①明显缺乏事实根据的；②明显缺乏法律、法规依据的；③其他明显违法并损害被执行人合法权益的。人民法院应当自受理之日起30日内作出是否执行的裁定。裁定不予执行的，应当说明理由，并在5日内将不予执行的裁定送达行政机关。行政机关对人民法院不予执行的裁定有异议的，可以自收到裁定之日起15日内向上一级人民法院申请复议，上一级人民法院应当自收到复议申请之日起30日内作出是否执行的裁定。

因情况紧急，为保障公共安全，行政机关可以申请人民法院立即执行。经人民法院院长批准，人民法院应当自作出执行裁定之日起5日内执行。

（三）非诉执行费用

行政机关申请人民法院强制执行，不缴纳申请费。强制执行的费用由被执行人承担。人民法院以划拨、拍卖方式强制执行的，可以在划拨、拍卖后将强制执行的费用扣除。依法拍卖财物，由人民法院委托拍卖机构依照《拍卖法》的规定办理。划拨的存款、汇款以及拍卖和依法处理所得的款项应当上缴国库或者划入财政专户，不得以任何形式截留、私分或者变相私分。

典型案例：邓某华诉启东市城市管理局强制拆除房屋及行政赔偿案

案例来源：江苏省南通市中级人民法院［2021］苏06行终124号行政判决书

案情简介：2020年4月14日，启东市城市管理局向邓某华发出《限期拆除违法建设告知书》，告知邓某华搭建案涉亭棚的行为涉嫌违建，拟对邓某华作出责令限期自行拆除的决定，邓某华有权在指定期限内至指定地点进行陈述和申辩。告知书当日向邓某华送达，邓某华拒签。

4月22日，启东市城市管理局对邓某华作出《限期拆除违法建设决定书》，责令邓某华在2020年4月24日17时前自行拆除案涉违法建设，并告知了复议和诉讼的权利，决定书当日张贴于亭棚门上。其中载明："本机关将一并处理。请认真阅读上述告知事项，你有权进行陈述和申辩。"

4月25日，启东市城市管理局向邓某华作出《代为拆除违法建设催告书》，要求邓某华限期拆除案涉违法建设，逾期仍不拆除且无正当理由的，将代为拆除或委托第三人代为拆除，所需费用由当事人承担，催告书当日张贴于亭棚门上。

4月29日，启东市城市管理局对邓某华作出《代为拆除违法建设决定书》，决定自4月30日起委托有关单位代为履行拆除义务，要求邓某华在代为拆除前自行将违法建设内的人员和物品搬离，代履行费用据实决算后由邓某华承担，并告知了复议和诉讼的权利。决定书当日向邓某华直接送达，邓某华拒签。

5月8日，启东市城市管理局向邓某华作出《履行代为拆除违法建设决定催告书》，要求邓某华在5月12日前自行拆除违法建设，逾期未拆除的将实施代履行。催告书当日向邓某华直接送达，邓某华拒签。

7月30日，启东市城市管理局组织相关人员对案涉亭棚予以拆除，实施拆除前，工人将亭棚内物品搬出，公证人员对上述过程进行了证据保全。

法院裁判：行政机关自行实施强制拆除行为应当符合以下条件：一是行政机关具有法律赋予的行政强制执行权；二是行政机关作出了能够作为行政强制执行依据的行政决定；三是满足其他因素，主要指作出限期自行拆除的公告，当事人对作为行政强制执行依据的行政决定在法定期限内不申请行政复议或者提起行政诉讼又不拆除。

《行政强制法》之所以规定行政机关应当在法定救济期限届满之后实施行

政强制拆除行为，主要是因为强制拆除建筑物、构筑物和设施，往往具有不可逆转性，对当事人权益会产生重大影响，需要充分保障当事人救济权的行使。如果作为行政强制执行依据的行政决定不具有合法性，过早地付诸实施将可能造成难以挽回的损失，从而使得救济程序的设计失去保障意义。因此，行政机关应当在法定救济期限届满并发生法律效力后，实施行政强制执行。

首先，对建筑物、构筑物、设施的强制拆除原则上必须遵守《行政强制法》第44条的特别规定，行政机关不得随意突破，更不应当为了追求所谓的效率和效果而对此视而不见。

其次，代履行具有严格的适用条件，一般并不适用于对建筑物、构筑物、设施的强制拆除。代履行通常不具有强制性，只有在当事人怠于履行应负义务的情形下，行政机关才可以选择代履行的方式。此外，适用代履行方式还应以当事人不履行义务可能会导致迫在眼前的危害为前提。

最后，立法目的不应被无视。是否符合立法目的，是对法律适用产生分歧时作出判断和取舍需要考虑的一个重要因素，有悖立法目的的选择，不应得到支持。对于建筑物、构筑物、设施的拆除，行政机关倘若不加区分地适用《行政强制法》第50条实施代履行，将会导致第44条所确立的特别规则被架空，立法目的被抛弃，严重违反法律适用的基本要求。

复习与思考题：

1. 行政强制的概念和种类。
2. 行政强制措施和行政强制执行的设定权。
3. 代履行的程序。
4. 行政机关强制拆除违法建筑的程序。

第十一章
行政许可

本章知识要点：

1. 行政许可的概念和原则
2. 行政许可的范围与设定
3. 行政许可的实施

第一节　行政许可概述

行政许可制度的建立旨在出于公共安全之需要限制人们任意行使权利。这种限制体现为法律要求相对人不得未经申请即迳行从事某种行为，而是通过相对人的申请，使行政机关有机会事先审查其所从事行为的无害性。

一、行政许可的概念和特征

《行政许可法》第2条明确规定："本法所称行政许可，是指行政机关根据公民、法人或者其他组织的申请，经依法审查，准予其从事特定活动的行为。"第3条第2款规定："有关行政机关对其他机关或者对其直接管理的事业单位的人事、财务、外事等事项的审批，不适用本法。"根据《行政许可法》上述规定，学理上认为，行政许可是指在法律一般禁止的情况下，行政机关根据公民、法人或其他组织的申请，准予其从事某类行为的权利或资格的行政行为。

第一，行政许可是行政主体对外实施的行政行为。根据《行政许可法》第3条的规定，有关行政机关对其他机关或者对其直接管理的事业单位的人事、财务、外事等事项的审批，不适用有关行政许可设定和实施的规则。

第二，行政许可是依申请的行政行为。公民、法人或者其他组织从事特定活动，依法需要取得行政许可的，应当向行政机关提出申请。

第三，行政许可是以法律规范的一般禁止为前提的，是行政机关经审查后确认自然人、法人或其他组织达到规定的条件，准许其从事特定活动的行为，是对法律一般禁止的解除。根据权利的相对性理论，"自由就是有权从事一切无害于他人的行为"，这种无害性，表现为必须具备一定的条件或者资格，可以排除危险的发生，不至于对公共利益造成侵害。行政机关的审查内容，是对申请人是否具备一定的条件或者资格进行核实。申请人具备法律规定的条件或者资格的，准许从事该项行为；不具备法律规定的条件或者资格的，则不允许从事该行为。

第四，行政许可内容的授益性。行政许可不同于行政处罚和行政强制措施，它不是对相对人科以义务或处以惩罚的行为，而是赋予相对人某种权利和资格的授益性处理决定。

第五，行政许可通常需要以要式的形式作出，外观上表现为以正规的文书、格式、日期、印章等形式作出的批准、认可或者证明。

二、行政许可的功能

行政许可具有防止危险、配置资源和提供公信力证明等功能。

第一，行政机关通过对自然人、法人或者其他组织的条件进行严格审查、对其行为进行必要的监督，排除可能产生对社会、个人带来危险的活动，维护社会秩序和自然人、法人或者其他组织的合法权益。

第二，相对而言，市场机制在配置资源中未起基础性作用的领域，行政许可可能在配置资源方面发挥更大的作用。例如，《行政许可法》第12条第2项规定，行政许可在有限自然资源开发利用、公共资源配置以及直接关系公共利益的特定行业的市场准入等领域发挥着基础性的资源配置作用。

第三，政府规定对特定的事项应当进行登记，对登记的信息，人们可以查阅，能够确信取得行政许可的人在某些方面的能力、条件已经达到一定标准，降低了人们在经济活动和社会交往中搜寻信息、识别信息真伪的成本。

三、行政许可的基本原则

行政许可的设定和实施应当遵循一些基本原则，包括许可法定原则、许

可公平公开公正原则、高效便民原则、保障相对人合法权益原则、禁止随意
转让原则和许可监督原则。

1. 许可法定原则

许可法定原则，要求设定和实施行政许可，应当依照法定的权限、范围、
条件和程序。

2. 许可公开公平公正的原则

设定和实施行政许可应当遵循公开、公平、公正的原则。有关行政许可
的规定应当公布；未经公布的，不得作为实施行政许可的依据。行政许可的
实施和结果，除涉及国家秘密、商业秘密或者个人隐私的外，应当公开。符
合法定条件、标准的，申请人有依法取得行政许可的平等权利，行政机关不
得歧视。

3. 高效便民原则

实施行政许可，应当遵循便民的原则，提高办事效率，提供优质服务。
《行政许可法》对行政许可申请和受理、决定程序以及许可不收费等制度的规
定体现了这一原则。

4. 保障相对人合法权益原则

第一，公民、法人或者其他组织对行政机关实施行政许可，享有陈述权、
申辩权，有权依法申请行政复议或者提起行政诉讼；第二，公民、法人或者
其他组织的合法权益因行政机关违法实施行政许可受到损害的，有权依法要
求赔偿；第三，行政机关不得擅自改变已经生效的行政许可，行政许可所依
据的法律、法规、规章修改或者废止，或者准予行政许可所依据的客观情况
发生重大变化的，为了公共利益的需要，行政机关可以依法变更或者撤回已
经生效的行政许可。由此给公民、法人或者其他组织造成财产损失的，行政
机关应当依法给予补偿。

5. 禁止随意转让原则

禁止随意转让原则是指，依法取得的行政许可，除法律、法规规定依照
法定条件和程序可以转让的外，不得转让。

6. 许可监督原则

许可监督原则既包括对行政机关实施行政许可的监督，也包括对相对人
从事行政许可事项的监督。一方面，县级以上人民政府应当建立健全对行政
机关实施行政许可的监督制度，加强对行政机关实施行政许可的监督检查；

另一方面，行政机关应当对公民、法人或者其他组织从事行政许可事项的活动实施有效监督。

第二节　行政许可的种类和设定

设定行政许可，应当遵循经济和社会发展规律，有利于发挥公民、法人或者其他组织的积极性、主动性，维护公共利益和社会秩序，促进经济、社会和生态环境协调发展。因此，不仅设定行政许可的事项范围应当受到限制，行政许可设定的依据及其权限也应当予以明确。

一、行政许可的事项范围

可以设定行政许可的事项依据行政许可的性质、功能和适用条件，大体可以划分为五类：普通许可、特许、认可、核准、登记。

（一）普通许可

普通许可适用于直接涉及国家安全、公共安全、经济宏观调控、生态环境保护以及直接关系人身健康、生命财产安全等特定活动，需要按照法定条件予以批准的事项。凡是直接关系国家安全、公共安全的活动，基于高度社会信用的行业的市场准入和法定经营活动，直接关系人身健康、生命财产安全的产品、物品的生产及销售活动，都适用于普遍许可。如烟花爆竹的生产与销售的许可等。

普通许可有两个显著特征：一是对相对人行使法定权利附有一定的条件；二是一般没有数量控制。

（二）特许

特许是行政机关代表国家向被许可人授予某种权力或者对有限资源进行有效配置的管理方式。主要适用于有限自然资源的开发利用、有限公共资源的配置、直接关系公共利益的垄断性企业的市场准入。如出租车经营许可、排污许可等。

特许有两个主要特征：一是相对人取得特许后，一般应依法支付一定的费用，所取得的特许可以转让、继承；二是特许一般有数量限制，往往通过公开招标、拍卖等公开、公平的方式决定是否授予特许。

（三）认可

认可适用于提供公众服务并且直接关系公共利益的职业、行业，需要确定具备特殊信誉、特殊条件或者特殊技能等资格、资质的事项，通常采取向取得资格的人员颁发资格、资质证书的方式，如会计师、医师的资质。

认可有四个特征：一是主要适用于为公众提供服务、与公共利益直接相关，并且具有特殊信誉、特殊条件或特殊技能的自然人、法人或者其他组织的资格、资质的认定；二是一般要通过考试方式并根据考核结果决定是否认可；三是资格资质是对人的许可，与人的身份相关联，但不能继承、转让；四是没有数量限制。

（四）核准

核准适用于直接关系公共安全、人身健康、生命财产安全的重要设备、设施、产品、物品，需要按照技术标准、技术规范，通过检验、检测、检疫等方式进行审定的事项。具体而言，核准是行政机关按照技术标准、经济技术规范，对申请人是否具备特定标准、规范的判断和确定。主要适用于直接关系公共安全、人身健康、生命财产安全的重要设备、设施的设计、建造、安装和使用，以及直接关系人身健康、生命财产安全的特定产品、物品的检验、检疫，如电梯安装的核准，食用油的检验。

核准有三个显著特征：一是依据主要是专业性、技术性的标准、规范；二是一般要根据实地验收、检测来决定；三是没有数量限制。

（五）登记

登记适用于企业或者其他组织的设立等，需要确定主体资格的事项。本质而言，登记是行政机关对个人、企业是否具有特定民事权利能力和民事行为能力的主体资格和特定身份的确定。如，法人或者其他组织的设立、变更、终止；工商企业注册登记、房地产所有权登记等。

登记有三个显著特征：一是未经合法登记的法律关系和权利事项，是非法的，不受法律保护；二是没有数量限制；三是对申请登记材料一般只进行形式审查，即可当场作出是否准予登记的决定。

上述事项通过下列方式能够予以规范的，可以不设行政许可：①公民、法人或者其他组织能够自主决定的；②市场竞争机制能够有效调节的；③行业组织或者中介机构能够自律管理的；④行政机关采用事后监督等其他行政管理方式能够解决的。

此外，省级人民政府对行政法规设定的有关经济事务的行政许可，认为符合可不设定许可的，报国务院批准后，可在本行政区域内停止实施。

二、行政许可设定的依据和权限

法律可以设定行政许可。尚未制定法律的，行政法规可以设定行政许可。必要时，国务院可以采用发布决定的方式设定行政许可。实施后，除临时性行政许可事项外，国务院应当及时提请全国人民代表大会及其常务委员会制定法律，或者自行制定行政法规。

尚未制定法律、行政法规的，地方性法规可以设定行政许可；尚未制定法律、行政法规和地方性法规的，因行政管理的需要，确需立即实施行政许可的，省、自治区、直辖市人民政府规章可以设定临时性的行政许可。临时性的行政许可实施满1年需要继续实施的，应当提请本级人民代表大会及其常务委员会制定地方性法规。

地方性法规和省、自治区、直辖市人民政府规章，不得设定应当由国家统一确定的公民、法人或者其他组织的资格、资质的行政许可；不得设定企业或者其他组织的设立登记及其前置性行政许可。其设定的行政许可，不得限制其他地区的个人或者企业到本地区从事生产经营和提供服务，不得限制其他地区的商品进入本地区市场。

三、行政许可设定的程序

设定行政许可，应当规定行政许可的实施机关、条件、程序、期限。起草法律草案、法规草案和省、自治区、直辖市人民政府规章草案，拟设定行政许可的，起草单位应当采取听证会、论证会等形式听取意见，并向制定机关说明设定该行政许可的必要性、对经济和社会可能产生的影响以及听取和采纳意见的情况。

行政许可的设定机关应当定期对其设定的行政许可进行评价；对已设定的行政许可，认为通过《行政许可法》第13条所列方式能够解决的，应当对设定该行政许可的规定及时予以修改或者废止。行政许可的实施机关可以对已设定的行政许可的实施情况及存在的必要性适时进行评价，并将意见报告该行政许可的设定机关。公民、法人或者其他组织可以向行政许可的设定机关和实施机关就行政许可的设定和实施提出意见和建议。

省、自治区、直辖市人民政府对行政法规设定的有关经济事务的行政许可，根据本行政区域经济和社会发展情况，认为通过《行政许可法》第13条所列方式能够解决的，报国务院批准后，可以在本行政区域内停止实施该行政许可。

第三节　行政许可的实施

行政许可的实施包括行政许可的实施机关、实施程序、变更与延续以及行政许可费用等制度。

一、行政许可的实施机关

行政许可由具有行政许可权的行政机关在其法定职权范围内实施。

法律、法规授权的具有管理公共事务职能的组织，在法定授权范围内，以自己的名义实施行政许可。被授权的组织适用《行政许可法》有关行政机关的规定。

行政机关在其法定职权范围内，依照法律、法规、规章的规定，可以委托其他行政机关实施行政许可。委托机关应当将受委托行政机关和受委托实施行政许可的内容予以公告。委托行政机关对受委托行政机关实施行政许可的行为应当负责监督，并对该行为的后果承担法律责任。受委托行政机关在委托范围内，以委托行政机关名义实施行政许可；不得再委托其他组织或者个人实施行政许可。

经国务院批准，省、自治区、直辖市人民政府根据精简、统一、效能的原则，可以决定一个行政机关行使有关行政机关的行政许可权。行政许可需要行政机关内设的多个机构办理的，该行政机关应当确定一个机构统一受理行政许可申请，统一送达行政许可决定。行政许可依法由地方人民政府两个以上部门分别实施的，本级人民政府可以确定一个部门受理行政许可申请并转告有关部门分别提出意见后统一办理，或者组织有关部门联合办理、集中办理。

对直接关系公共安全、人身健康、生命财产安全的设备、设施、产品、物品的检验、检测、检疫，除法律、行政法规规定由行政机关实施的外，应当逐步由符合法定条件的专业技术组织实施。专业技术组织及其有关人员对所实施的检验、检测、检疫结论承担法律责任。

二、行政许可的实施程序

行政机关实施行政许可的程序包括相对人提出申请，行政机关受理和审查，针对专门事项的特别程序以及行政许可的变更、延续与撤销等。

（一）行政许可的申请

公民、法人或者其他组织从事特定活动，依法需要取得行政许可的，应当向行政机关提出申请。申请书需要采用格式文本的，行政机关应当向申请人提供行政许可申请书格式文本。申请书格式文本中不得包含与申请行政许可事项没有直接关系的内容。申请人可以委托代理人提出行政许可申请。但是，依法应当由申请人到行政机关办公场所提出行政许可申请的除外。行政许可申请可以通过信函、电报、电传、传真、电子数据交换和电子邮件等方式提出。

行政机关应当将法律、法规、规章规定的有关行政许可的事项、依据、条件、数量、程序、期限以及需要提交的全部材料的目录和申请书示范文本等在办公场所公示。申请人要求行政机关对公示内容予以说明、解释的，行政机关应当说明、解释，提供准确、可靠的信息。

申请人申请行政许可，应当如实向行政机关提交有关材料和反映真实情况，并对其申请材料实质内容的真实性负责。行政机关不得要求申请人提交与其申请的行政许可事项无关的技术资料和其他材料。

行政机关应当建立和完善有关制度，推行电子政务，在行政机关的网站上公布行政许可事项，方便申请人采取数据电文等方式提出行政许可申请；应当与其他行政机关共享有关行政许可信息，提高办事效率。

（二）行政许可的受理和审查

行政机关对申请人提出的行政许可申请，应当根据下列情况分别作出处理：①申请事项依法不需要取得行政许可的，应当即时告知申请人不受理；②申请事项依法不属于本行政机关职权范围的，应当即时作出不予受理的决定，并告知申请人向有关行政机关申请；③申请材料存在可以当场更正的错误的，应当允许申请人当场更正；④申请材料不齐全或者不符合法定形式的，应当当场或者在5日内一次告知申请人需要补正的全部内容，逾期不告知的，自收到申请材料之日起即为受理；⑤申请事项属于本行政机关职权范围，申请材料齐全、符合法定形式，或者申请人按照本行政机关的要求提交全部补正申请材料的，应当受理行政许可申请。行政机关受理或者不予受理行政许可申请，应当出具加盖本行政机关专用印章和注明日期的书面凭证。

行政机关受理行政许可申请之后，应当采取不同方式予以审查，包括材料审查、实地勘察、听证等。

1. 材料审查

行政机关应当对申请人提交的申请材料进行审查。申请人提交的申请材料齐全、符合法定形式，行政机关能够当场作出决定的，应当当场作出书面的行政许可决定。

根据法定条件和程序，需要对申请材料的实质内容进行核实的，行政机关应当指派 2 名以上工作人员进行核查。

依法应当先经下级行政机关审查后报上级行政机关决定的行政许可，下级行政机关应当在法定期限内将初步审查意见和全部申请材料直接报送上级行政机关。上级行政机关不得要求申请人重复提供申请材料。

2. 听取陈述申辩、听证

行政机关对行政许可申请进行审查时，发现行政许可事项直接关系他人重大利益的，应当告知该利害关系人。申请人、利害关系人有权进行陈述和申辩。行政机关应当听取申请人、利害关系人的意见。

在下列情形下，行政机关应当组织听证：

（1）法律、法规、规章规定实施行政许可应当听证的事项，或者行政机关认为需要听证的其他涉及公共利益的重大行政许可事项，行政机关应当向社会公告，并举行听证。

（2）行政许可直接涉及申请人与他人之间重大利益关系的，行政机关在作出行政许可决定前，应当告知申请人、利害关系人享有要求听证的权利；申请人、利害关系人在被告知听证权利之日起 5 日内提出听证申请的，行政机关应当在 20 日内组织听证。申请人、利害关系人不承担行政机关组织听证的费用。

听证按照下列程序进行：

（1）行政机关应当于举行听证的 7 日前将举行听证的时间、地点通知申请人、利害关系人，必要时予以公告。

（2）听证应当公开举行。

（3）行政机关应当指定审查该行政许可申请的工作人员以外的人员为听证主持人，申请人、利害关系人认为主持人与该行政许可事项有直接利害关系的，有权申请回避。

（4）举行听证时，审查该行政许可申请的工作人员应当提供审查意见的证据、理由，申请人、利害关系人可以提出证据，并进行申辩和质证。

（5）听证应当制作笔录，听证笔录应当交听证参加人确认无误后签字或者盖章。

行政机关应当根据听证笔录，作出行政许可决定。

（三）实施行政许可的特别程序

实施特许事项的行政许可的，行政机关应当通过招标、拍卖等公平竞争的方式作出决定。但是，法律、行政法规另有规定的，依照其规定。行政机关通过招标、拍卖等方式作出行政许可决定的具体程序，依照有关法律、行政法规的规定。行政机关按照招标、拍卖程序确定中标人、买受人后，应当作出准予行政许可的决定，并依法向中标人、买受人颁发行政许可证件。行政机关不采用招标、拍卖方式，或者违反招标、拍卖程序，损害申请人合法权益的，申请人可以依法申请行政复议或者提起行政诉讼。

实施认可事项的行政许可，赋予公民特定资格，依法应当举行国家考试的，行政机关根据考试成绩和其他法定条件作出行政许可决定；赋予法人或者其他组织特定的资格、资质的，行政机关根据申请人的专业人员构成、技术条件、经营业绩和管理水平等的考核结果作出行政许可决定。但是，法律、行政法规另有规定的，依照其规定。公民特定资格的考试依法由行政机关或者行业组织实施，公开举行。行政机关或者行业组织应当事先公布资格考试的报名条件、报考办法、考试科目以及考试大纲。但是，不得组织强制性的资格考试的考前培训，不得指定教材或者其他助考材料。

实施核准事项的行政许可的，应当按照技术标准、技术规范依法进行检验、检测、检疫，行政机关根据检验、检测、检疫的结果作出行政许可决定。行政机关实施检验、检测、检疫，应当自受理申请之日起 5 日内指派 2 名以上工作人员按照技术标准、技术规范进行检验、检测、检疫。不需要对检验、检测、检疫结果作进一步技术分析即可认定设备、设施、产品、物品是否符合技术标准、技术规范的，行政机关应当当场作出行政许可决定。行政机关根据检验、检测、检疫结果，作出不予行政许可决定的，应当书面说明不予行政许可所依据的技术标准、技术规范。

实施登记事项的行政许可，申请人提交的申请材料齐全、符合法定形式的，行政机关应当当场予以登记。需要对申请材料的实质内容进行核实的，行政机关依法核实。

有数量限制的行政许可，两个或者两个以上申请人的申请均符合法定条件、标准的，行政机关应当根据受理行政许可申请的先后顺序作出准予行政许可的决定。但是，法律、行政法规另有规定的，依照其规定。

（四）行政许可的变更、延续与撤销

1. 行政许可的变更

被许可人要求变更行政许可事项的，应当向作出行政许可决定的行政机关提出申请；符合法定条件、标准的，行政机关应当依法办理变更手续。

2. 行政许可的延续

被许可人需要延续依法取得的行政许可的有效期的，应当在该行政许可有效期届满 30 日前向作出行政许可决定的行政机关提出申请。但是，法律、法规、规章另有规定的，依照其规定。行政机关应当根据被许可人的申请，在该行政许可有效期届满前作出是否准予延续的决定；逾期未作决定的，视为准予延续。

3. 行政许可的撤销

有下列情形之一的，作出行政许可决定的行政机关或者其上级行政机关，根据利害关系人的请求或者依据职权，可以撤销行政许可：①行政机关工作人员滥用职权、玩忽职守作出准予行政许可决定的；②超越法定职权作出准予行政许可决定的；③违反法定程序作出准予行政许可决定的；④对不具备申请资格或者不符合法定条件的申请人准予行政许可的；⑤依法可以撤销行政许可的其他情形。被许可人的合法权益因此受到损害的，行政机关应当依法给予赔偿。

被许可人以欺骗、贿赂等不正当手段取得行政许可的，应当予以撤销，被许可人基于行政许可取得的利益不受保护。

撤销行政许可，可能对公共利益造成重大损害的，不予撤销。

三、行政许可的期限

除可以当场作出行政许可决定的外，行政机关应当自受理行政许可申请之日起 20 日内作出行政许可决定。20 日内不能作出决定的，经本行政机关负责人批准，可以延长 10 日，并应当将延长期限的理由告知申请人。但是，法律、法规另有规定的，依照其规定。

行政许可采取统一办理或者联合办理、集中办理的，办理的时间不得超过 45 日；45 日内不能办结的，经本级人民政府负责人批准，可以延长 15 日，并应当将延长期限的理由告知申请人。

依法应当先经下级行政机关审查后报上级行政机关决定的行政许可，下级行政机关应当自其受理行政许可申请之日起 20 日内审查完毕。但是，法律、法规另有规定的，依照其规定。

行政机关作出准予行政许可的决定，应当自作出决定之日起 10 日内向申请人颁发、送达行政许可证件，或者加贴标签、加盖检验、检测、检疫印章。

行政机关作出行政许可决定，依法需要听证、招标、拍卖、检验、检测、检疫、鉴定和专家评审的，所需时间不计算在《行政许可法》第四章第三节规定的期限内。行政机关应当将所需时间书面告知申请人。

四、行政许可决定

行政机关对行政许可申请进行审查后，除当场作出行政许可决定的外，应当在法定期限内按照规定程序作出行政许可决定。申请人的申请符合法定条件、标准的，行政机关应当依法作出准予行政许可的书面决定。行政机关依法作出不予行政许可的书面决定的，应当说明理由，并告知申请人享有依法申请行政复议或者提起行政诉讼的权利。

行政机关作出准予行政许可的决定，需要颁发行政许可证件的，应当向申请人颁发加盖本行政机关印章的下列行政许可证件：①许可证、执照或者其他许可证书；②资格证、资质证或者其他合格证书；③行政机关的批准文件或者证明文件；④法律、法规规定的其他行政许可证件。行政机关实施检验、检测、检疫的，可以在检验、检测、检疫合格的设备、设施、产品、物品上加贴标签或者加盖检验、检测、检疫印章。

行政机关作出的准予行政许可决定，应当予以公开，公众有权查阅。法律、行政法规设定的行政许可，其适用范围没有地域限制的，申请人取得的行政许可在全国范围内有效。

典型案例：范某运、范某动诉山东省邹平县[1]建设局规划许可暨行政赔偿案[2]

案例来源：《中国行政审判指导案例》（第1卷）第29号案例

案情简介：范某运、范某动于2003年12月3日购买韩店实户加油站一处，并决定将加油站迁至魏桥镇经营。经向魏桥镇人民政府申请，于2004年2月23日及3月16日分别向魏桥镇人民政府交纳了2万元土地审批费、占地费及4万元规服费后，2004年5月份开始建设魏桥振西加油城，同年9月份建成。2004年8月19日，邹平县村镇建设办公室为原告颁发了000031号村镇规划选址意见书和建设工程规划许可证（以下简称"一书一证"），2004年9月25日和9月10日，魏桥振西加油城分别获得了建筑工程消防验收和防雷设施检测合格的手续，并于2005年5月19日在邹平县工商行政管理局申请了企业名称预留名。

因同侧260米处，有早已经营的范某强的加油站，致使范某运、范某动的魏桥振西加油城未能从经贸部门获得成品油零售经营审批手续。加油站因未获审批手续对外经营加油业务，邹平县工商行政管理局于2005年5月17日对范某运、范某动作出行政处罚：予以取缔；罚款2万元，经邹平县人民法院强制执行，范某运、范某动的加油站于2006年1月停止经营。范某运、范某动建设魏桥振西加油城后不能营业造成的损失，经鉴定机构评估，数额为888 719.91元。

法院裁判：山东省滨州市中级人民法院经审理认为：第一，关于原告的起诉是否超过起诉期限的问题。被告对原告作出的是授益性行政许可，原告一开始不可能认识到该许可侵犯了其合法权益，其起诉期限应从知道该许可侵犯其权益之日起计算2年。2005年5月17日，邹平县工商行政管理局对原告作出行政处罚，可以认定原告自该日起才知道被告的许可侵犯了其权益，原告于2007年4月9日向本院起诉未超过2年，不应认定原告的起诉超过起诉期限。

第二，关于被告行政许可行为的合法性问题。参照国家经济贸易委员会等部门《关于进一步整顿和规范成品油市场秩序的意见》（国办发［2001］

---

[1]　现为邹平市，考虑到案件的发生时间，此处仍用旧称。

[2]　中华人民共和国最高人民法院行政审判庭编：《中国行政审判指导案例》（第1卷），中国法制出版社2010年版，第151页。

72号）的规定，新建加油站，必须首先由省级经济贸易委员会进行预核准，凭批准文件到有关部门办理规划、土地、消防、环保等手续，现被告在原告未取得省级经济贸易委员会预核准的前提下，即为原告颁发了一书一证，该规划行政许可不具有合法性，应当予以撤销。

第三，关于该规划行政许可的责任主体。涉案一书一证以邹平县村镇建设办公室的名义作出，但邹平县村镇建设办公室是邹平县建设局下属科室，不独立对外承担责任，对外的法律责任应由邹平县建设局承担。被告魏桥镇人民政府依据《建制镇规划建设管理办法》第16条之规定，在规划行政许可过程中只起到一个审查、上呈的中间环节作用，最终的许可决定权在县级规划行政主管部门即邹平县建设局，涉案一书一证也不是以魏桥镇人民政府的名义作出，不应对规划行政许可承担责任。原告起诉魏桥镇人民政府许可违法属错列被告。

第四，关于原告损失的责任承担问题。原告仅有规划许可，未办理合法用地手续，未申请施工许可，属于在手续不全的情况下施工建设，且其开工建设的时间早于邹平县建设局作出规划许可的时间，虽然有受相关政府部门招商引资政策引导的因素，但原告作为完全民事行为能力人，施工建设决定权是其自主作出的，自身应承担主要的责任。魏桥镇人民政府的职能部门收取了原告的土地审批费、占地费和规服费，造成原告对政府机关产生信赖进而动工建设，虽然其不是规划许可的决定机关，但对原告因信赖利益造成的损失应承担相应的责任。邹平县建设局是涉案规划许可的决定机关，同时是违法建设的监管机关，在邹平县整顿和规范市场经济秩序领导小组办公室2004年6月8日下发文件对原告的加油站进行查处，不得为其办理规划许可手续的情况下，仍然于2004年8月19日为原告办理了规划许可证，对原告信赖的产生也有一定的原因，也应承担一定的责任。原告的损失888 719.91元，结合各方的过错程度，可由原告自行负担60%，被告邹平县建设局和魏桥镇人民政府各承担20%，即各赔偿原告177 743.98元，魏桥镇人民政府的职能部门违法收取原告的6万元土地审批费、占地费和规服费应当返还。

综上，依据《最高人民法院关于执行〈中华人民共和国行政诉讼法〉若干问题的解释》（法释［2000］8号）第44条第1款第3项之规定，裁定：驳回原告范某运、范某动对邹平县魏桥镇人民政府的起诉。依据《行政诉讼法》第54条第2项第3点、《行政诉讼法》第68条第1款、《国家赔偿法》第28条第1、7项之规定，判决：撤销邹平县村镇建设办公室于2004年8月

19 日作出的 000031 号村镇规划选址意见书及建设工程规划许可证；被告魏桥镇人民政府返还收取原告的土地审批费、占地费 2 万元和规服费 4 万元；被告邹平县建设局和魏桥镇人民政府各赔偿原告 177 743.98 元。

复习与思考题：

1. 行政许可的概念与特征。
2. 阐释行政许可的范围。
3. 行政许可听证程序的适用范围。
4. 评析我国行政许可撤销制度。

第十二章
政府信息公开

本章知识要点：

1. 政府信息的内涵和外延

2. 政府信息公开的主体和范围

3. 政府信息公开的方式

4. 政府信息公开的监督和救济

第一节　政府信息公开概述

《政府信息公开条例》第一章明确了政府信息的内涵和政府信息公开的制度价值及其应遵循的基本制度和原则。

一、政府信息的内涵

《政府信息公开条例》第 2 条规定："本条例所称政府信息，是指行政机关在履行行政管理职能过程中制作或者获取的，以一定形式记录、保存的信息。"这一规定既明确了政府信息的法定概念，又从四个方面界定了政府信息的判断标准：

第一，政府信息的拥有者是行政机关和法律、法规授权的具有管理公共事务职能的组织。这两类主体也是政府信息公开义务的承担者。

第二，政府信息是行政机关和法律、法规授权的具有管理公共事务职能的组织拥有的与履行行政管理职能相关的信息。

第三，政府信息的形成方式有两种，一种是行政机关和法律、法规授权的具有管理公共事务职能的组织在履行行政管理职能过程中自行制作的，另一种是这两类主体在履行行政管理职能过程中获取的，如行政机关掌握的公民个人信息。

第四，政府信息是以一定形式记录、保存的信息，需要依附文字、图片、视频资料等载体。

二、政府信息公开的内涵、制度价值

为什么要推行政府信息公开？国务院法制办负责人在就《政府信息公开条例》有关问题答中国政府网问中回应称："推行政府信息公开，是提高科学执政、民主执政、依法执政能力和水平，构建社会主义和谐社会的必然要求，是推进社会主义民主，建设法治政府的重要举措，也是建立行为规范、运转协调、公正透明、廉洁高效的行政管理体制的重要内容。"《政府信息公开条例》第1条开宗明义地指出："为了保障公民、法人和其他组织依法获取政府信息，提高政府工作的透明度，建设法治政府，充分发挥政府信息对人民群众生产、生活和经济社会活动的服务作用，制定本条例。"这些都表明，政府信息公开具有重要的制度价值。

第一，政府信息公开有助于监督行政机关依法行政、防止权力腐败。《宪法》第41条确认了公民对国家机关和国家机关工作人员的批评建议权，"阳光是最好的防腐剂"，政府信息公开的本质就是要让行政机关的各项职权曝露在社会公众的监督之下，防止权力寻租和权力的暗箱操作。

第二，政府信息公开有助于促进公众参与、实现民主行政。《宪法》第2条规定"中华人民共和国的一切权力属于人民"，"人民依照法律规定，通过各种途径和形式，管理国家事务，管理经济和文化事业，管理社会事务"。知情是人民行使国家权力、参与国家和社会公共事务的前提，政府信息公开是保障公民知情权的重要制度。

第三，发挥政府信息对人民群众生产、生活和经济社会活动的服务作用。行政管理事项涉及社会经济文化生活的方方面面，相应地，政府信息也覆盖了各个领域，全面公开这些信息对于公民、法人或者其他组织合理安排生产、生活具有重要的参考和指引作用。

教育、供水、供电、供气、供热、环保、医疗卫生、计划生育、公共交通等与人民群众利益密切相关的公共企事业单位在提供社会公共服务过程中也制作、获取了大量社会公共信息。考虑到这些单位不是行政机关，《政府信息公开条例》特别要求这些单位"应当依照相关法律、法规和国务院有关主管部门或者机构的规定执行，全国政府信息公开工作主管部门根据实际需要可以制定专门的规定"，"未依照相关法律、法规和国务院有关主管部门或者机构的规定公开在提供社会公共服务过程中制作、获取的信息，公民、法人或者其他组织可以向有关主管部门或者机构申诉，接受申诉的部门或者机构应当及时调查处理并将处理结果告知申诉人"。

三、政府信息公开工作的组织领导和基本原则

各级人民政府应当加强对政府信息公开工作的组织领导。各级人民政府应当积极推进政府信息公开工作，逐步增加政府信息公开的内容。

（一）政府信息公开工作的组织领导

国务院办公厅是全国政府信息公开工作的主管部门，负责推进、指导、协调、监督全国的政府信息公开工作。县级以上地方人民政府办公厅（室）是本行政区域的政府信息公开工作主管部门，负责推进、指导、协调、监督本行政区域的政府信息公开工作。实行垂直领导的部门的办公厅（室）主管本系统的政府信息公开工作。

各级人民政府及县级以上人民政府部门建立健全本行政机关的政府信息公开工作制度，并指定机构负责本行政机关政府信息公开的日常工作。政府信息公开工作机构的具体职能是：①办理本行政机关的政府信息公开事宜；②维护和更新本行政机关公开的政府信息；③组织编制本行政机关的政府信息公开指南、政府信息公开目录和政府信息公开工作年度报告；④组织开展对拟公开政府信息的审查；⑤本行政机关规定的与政府信息公开有关的其他职能。

各级人民政府应当加强政府信息资源的规范化、标准化、信息化管理，加强互联网政府信息公开平台建设，推进政府信息公开平台与政务服务平台融合，提高政府信息公开在线办理水平。

（二）政府信息公开工作的基本原则

行政机关公开政府信息，应当坚持以公开为常态、不公开为例外，遵循公正、公平、合法、便民的原则。

行政机关应当及时、准确地公开政府信息。行政机关发现影响或者可能影响社会稳定、扰乱社会和经济管理秩序的虚假或者不完整信息的，应当发

布准确的政府信息予以澄清。

第二节　政府信息公开的主体和范围

政府信息公开的主体是行政机关和法律、法规授权的具有管理公共事务职能的组织。为了切实保障人民群众的知情权、参与权、监督权，《政府信息公开条例》对政府信息公开的范围作了符合我国实际的规定。

一、政府信息公开的主体

政府信息公开遵循"谁制作、谁公开"和"谁保存、谁公开"的基本规则。

第一，行政机关制作的政府信息，由制作该政府信息的行政机关负责公开。行政机关从公民、法人和其他组织获取的政府信息，由保存该政府信息的行政机关负责公开；行政机关获取的其他行政机关的政府信息，由制作或者最初获取该政府信息的行政机关负责公开。

第二，行政机关设立的派出机构、内设机构依照法律、法规对外以自己名义履行行政管理职能的，可以由该派出机构、内设机构负责与所履行行政管理职能有关的政府信息公开工作。

第三，两个以上行政机关共同制作的政府信息，由牵头制作的行政机关负责公开。

第四，行政机关应当建立健全政府信息公开协调机制。行政机关公开政府信息涉及其他机关的，应当与有关机关协商、确认，保证行政机关公开的政府信息准确一致。行政机关公开政府信息依照法律、行政法规和国家有关规定需要批准的，经批准予以公开。

第五，法律、法规对政府信息公开的权限另有规定的，从其规定。

二、政府信息公开的范围

政府信息以公开为原则，不公开为例外。行政机关应当主动编制、公布政府信息公开目录并及时更新。

（一）政府信息公开目录

行政机关编制、公布的政府信息公开指南和政府信息公开目录应当及时更新。政府信息公开指南包括政府信息的分类、编排体系、获取方式和政府信息公开工作机构的名称、办公地址、办公时间、联系电话、传真号码、互联网联系方式等内容。政府信息公开目录包括政府信息的索引、名称、内容概述、生成日期等内容。

行政机关应当依职权主动公开或者依申请公开政府信息。

（二）政府信息公开的例外

根据《政府信息公开条例》和我国实际，政府信息公开的例外包括不予公开和可以不予公开两种类型。详述如下：

第一，依法确定为国家秘密的政府信息，法律、行政法规禁止公开的政府信息，以及公开后可能危及国家安全、公共安全、经济安全、社会稳定的政府信息，不予公开。

第二，涉及商业秘密、个人隐私等公开会对第三方合法权益造成损害的政府信息，行政机关不得公开。但是，第三方同意公开或者行政机关认为不公开会对公共利益造成重大影响的，予以公开。

第三，行政机关的内部事务信息，包括人事管理、后勤管理、内部工作流程等方面的信息，可以不予公开。

第四，行政机关在履行行政管理职能过程中形成的讨论记录、过程稿、磋商信函、请示报告等过程性信息以及行政执法案卷信息，可以不予公开。法律、法规、规章规定上述信息应当公开的，从其规定。

对于不予公开或者可以不予公开的政府信息，行政机关应当建立健全审查机制，明确审查的程序和责任，依照《保守国家秘密法》以及其他法律、法规和国家有关规定对拟公开的政府信息进行审查。行政机关不能确定政府信息是否可以公开的，应当依照法律、法规和国家有关规定报有关主管部门或者保密行政管理部门确定。

行政机关应当建立健全政府信息管理动态调整机制，对本行政机关不予公开的政府信息进行定期评估审查，对因情势变化可以公开的政府信息应当公开。

第三节　政府信息公开的方式

政府信息公开的方式包括行政机关依职权主动公开和依申请公开两种。

一、行政机关主动公开政府信息

对涉及公众利益调整、需要公众广泛知晓或者需要公众参与决策的政府信息，行政机关应当主动公开。《政府信息公开条例》明确了行政机关主动公开的信息范围以及途径、期限等。

（一）行政机关主动公开的信息范围

行政机关应当主动公开本行政机关的下列政府信息：

（1）行政法规、规章和规范性文件；

（2）机关职能、机构设置、办公地址、办公时间、联系方式、负责人姓名；

（3）国民经济和社会发展规划、专项规划、区域规划及相关政策；

（4）国民经济和社会发展统计信息；

（5）办理行政许可和其他对外管理服务事项的依据、条件、程序以及办理结果；

（6）实施行政处罚、行政强制的依据、条件、程序以及本行政机关认为具有一定社会影响的行政处罚决定；

（7）财政预算、决算信息；

（8）行政事业性收费项目及其依据、标准；

（9）政府集中采购项目的目录、标准及实施情况；

（10）重大建设项目的批准和实施情况；

（11）扶贫、教育、医疗、社会保障、促进就业等方面的政策、措施及其实施情况；

（12）突发公共事件的应急预案、预警信息及应对情况；

（13）环境保护、公共卫生、安全生产、食品药品、产品质量的监督检查情况；

（14）公务员招考的职位、名额、报考条件等事项以及录用结果；

（15）法律、法规、规章和国家有关规定规定应当主动公开的其他政府信息。

除上述政府信息外，设区的市级、县级人民政府及其部门还应当根据本地方的具体情况，主动公开涉及市政建设、公共服务、公益事业、土地征收、房屋征收、治安管理、社会救助等方面的政府信息；乡（镇）人民政府还应当根据本地方的具体情况，主动公开贯彻落实农业农村政策、农田水利工程建设运营、农村土地承包经营权流转、宅基地使用情况审核、土地征收、房屋征收、筹资筹劳、社会救助等方面的政府信息。

行政机关应当确定主动公开政府信息的具体内容，并按照上级行政机关的部署，不断增加主动公开的内容。

多个申请人就相同政府信息向同一行政机关提出公开申请，且该政府信息属于可以公开的，行政机关可以纳入主动公开的范围。

对行政机关依申请公开的政府信息，申请人认为涉及公众利益调整、需要公众广泛知晓或者需要公众参与决策的，可以建议行政机关将该信息纳入主动公开的范围。行政机关经审核认为属于主动公开范围的，应当及时主动公开。

（二）行政机关主动公开信息的途径、场所

行政机关应当建立健全政府信息发布机制，将主动公开的政府信息通过政府公报、政府网站或者其他互联网政务媒体、新闻发布会以及报刊、广播、电视等途径予以公开。

各级人民政府应当加强依托政府门户网站公开政府信息的工作，利用统一的政府信息公开平台集中发布主动公开的政府信息。政府信息公开平台应当具备信息检索、查阅、下载等功能。

各级人民政府应当在国家档案馆、公共图书馆、政务服务场所设置政府信息查阅场所，并配备相应的设施、设备，为公民、法人和其他组织获取政府信息提供便利。行政机关可以根据需要设立公共查阅室、资料索取点、信息公告栏、电子信息屏等场所、设施，公开政府信息。行政机关应当及时向国家档案馆、公共图书馆提供主动公开的政府信息。

（三）行政机关主动公开信息的期限

属于主动公开范围的政府信息，应当自该政府信息形成或者变更之日起20个工作日内及时公开。法律、法规对政府信息公开的期限另有规定的，从其规定。

二、行政机关依申请公开政府信息

除行政机关主动公开的政府信息外，公民、法人或者其他组织可以向地方各级人民政府、对外以自己名义履行行政管理职能的县级以上人民政府部门、派出机构、内设机构申请获取相关政府信息。上述主体应当建立完善政府信息公开申请渠道，为申请人依法申请获取政府信息提供便利。

（一）公民、法人或者其他组织提出申请

公民、法人或者其他组织申请获取政府信息的，应当向行政机关的政府信息公开工作机构提出，并采用包括信件、数据电文在内的书面形式；采用书面形式确有困难的，申请人可以口头提出，由受理该申请的政府信息公开工作机构代为填写政府信息公开申请。

政府信息公开申请应当包括下列内容：①申请人的姓名或者名称、身份证明、联系方式；②申请公开的政府信息的名称、文号或者便于行政机关查询的其他特征性描述；③申请公开的政府信息的形式要求，包括获取信息的方式、途径。

政府信息公开申请内容不明确的，行政机关应当给予指导和释明，并自收到申请之日起7个工作日内一次性告知申请人作出补正，说明需要补正的事项和合理的补正期限。答复期限自行政机关收到补正的申请之日起计算。申请人无正当理由逾期不补正的，视为放弃申请，行政机关不再处理该政府信息公开申请。

（二）行政机关对申请的处理

行政机关收到政府信息公开申请的时间，按照下列规定确定：①申请人当面提交政府信息公开申请的，以提交之日为收到申请之日；②申请人以邮寄方式提交政府信息公开申请的，以行政机关签收之日为收到申请之日；以平常信函等无需签收的邮寄方式提交政府信息公开申请的，政府信息公开工作机构应当于收到申请的当日与申请人确认，确认之日为收到申请之日；③申请人通过互联网渠道或者政府信息公开工作机构的传真提交政府信息公开申请的，以双方确认之日为收到申请之日。

行政机关收到政府信息公开申请，能够当场答复的，应当当场予以答复。行政机关不能当场答复的，应当自收到申请之日起20个工作日内予以答复；需要延长答复期限的，应当经政府信息公开工作机构负责人同意并告知申请人，延长的期限最长不得超过20个工作日。行政机关征求第三方和其他机关意见所需时间不计算在前述规定的期限内。

依申请公开的政府信息公开会损害第三方合法权益的，行政机关应当书面征求第三方的意见。第三方应当自收到征求意见书之日起15个工作日内提出意见。第三方逾期未提出意见的，由行政机关决定是否公开。第三方不同意公开且有合理理由的，行政机关不予公开。行政机关认为不公开可能对公共利益造成重大影响的，可以决定予以公开，并将决定公开的政府信息内容和理由书面告知第三方。

申请公开的政府信息由两个以上行政机关共同制作的，牵头制作的行政机关收到政府信息公开申请后可以征求相关行政机关的意见，被征求意见机关应当自收到征求意见书之日起15个工作日内提出意见，逾期未提出意见的视为同意公开。

（三）行政机关对申请的答复

1. 对政府信息公开申请的一般答复

行政机关根据下列情况对政府信息公开申请分别作出答复：

（1）所申请公开信息已经主动公开的，告知申请人获取该政府信息的方式、途径；

（2）所申请公开信息可以公开的，向申请人提供该政府信息，或者告知申请人获取该政府信息的方式、途径和时间；

（3）行政机关依据《政府信息公开条例》的规定决定不予公开的，告知申请人不予公开并说明理由；

（4）经检索没有所申请公开信息的，告知申请人该政府信息不存在；

（5）所申请公开信息不属于本行政机关负责公开的，告知申请人并说明理由；能够确定负责公开该政府信息的行政机关的，告知申请人该行政机关的名称、联系方式；

（6）行政机关已就申请人提出的政府信息公开申请作出答复、申请人重复申请公开相同政府信息的，告知申请人不予重复处理；

（7）所申请公开信息属于工商、不动产登记资料等信息，有关法律、行政法规对信息的获取有特别规定的，告知申请人依照有关法律、行政法规的规定办理。

2. 对政府信息公开申请的特殊处理

第一，申请公开的信息中含有不应当公开或者不属于政府信息的内容，但是能够作区分处理的，行政机关应当向申请人提供可以公开的政府信息内容，并对不予公开的内容说明理由。

第二，行政机关向申请人提供的信息，应当是已制作或者获取的政府信息。除能够作区分处理的外，需要行政机关对现有政府信息进行加工、分析的，行政机关可以不予提供。

第三，申请人以政府信息公开申请的形式进行信访、投诉、举报等活动，行政机关应当告知申请人不作为政府信息公开申请处理并可以告知通过相应渠道提出。

第四，申请人提出的申请内容为要求行政机关提供政府公报、报刊、书籍等公开出版物的，行政机关可以告知获取的途径。

（四）行政机关依申请公开政府信息的形式、费用

行政机关依申请公开政府信息，应当根据申请人的要求及行政机关保存政府信息的实际情况，确定提供政府信息的具体形式；按照申请人要求的形式提供政府信息，可能危及政府信息载体安全或者公开成本过高的，可以通过电子数据以及其他适当形式提供，或者安排申请人查阅、抄录相关政府信息。

申请公开政府信息的公民存在阅读困难或者视听障碍的，行政机关应当为其提供必要的帮助。

行政机关依申请提供政府信息，不收取费用。

（五）知情权滥用的预防

申请人申请公开政府信息的数量、频次明显超过合理范围的，涉嫌知情权滥用。为防止知情权滥用，《政府信息公开条例》设置了两种预防措施：

第一，申请人申请公开政府信息的数量、频次明显超过合理范围的，行政机关可以要求申请人说明理由。行政机关认为申请理由不合理的，告知申请人不予处理；行政机关认为申请理由合理，但是无法在规定的期限内答复申请人的，可以确定延迟答复的合理期限并告知申请人。

第二，申请人申请公开政府信息的数量、频次明显超过合理范围的，行政机关可以收取信息处理费。行政机关收取信息处理费的具体办法由国务院价格主管部门会同国务院财政部门、全国政府信息公开工作主管部门制定。

第四节　政府信息公开的监督和保障

《政府信息公开条例》建立了政府信息公开工作的监督和保障制度，包括政府信息公开工作考核、评议和责任追究制度、年度报告制度和权益保障与

救济制度。

一、考核、评议和责任追究制度

各级人民政府应当建立健全政府信息公开工作考核制度、社会评议制度和责任追究制度，定期对政府信息公开工作进行考核、评议。

政府信息公开工作主管部门应当加强对政府信息公开工作的日常指导和监督检查，对行政机关未按照要求开展政府信息公开工作的，予以督促整改或者通报批评；需要对负有责任的领导人员和直接责任人员追究责任的，依法向有权机关提出处理建议。

行政机关未建立健全政府信息公开有关制度、机制的，由上一级行政机关责令改正；情节严重的，对负有责任的领导人员和直接责任人员依法给予处分。

行政机关有下列情形之一的，由上一级行政机关责令改正；情节严重的，对负有责任的领导人员和直接责任人员依法给予处分；构成犯罪的，依法追究刑事责任：①不依法履行政府信息公开职能；②不及时更新公开的政府信息内容、政府信息公开指南和政府信息公开目录；③违反《政府信息公开条例》规定的其他情形。

政府信息公开工作主管部门应当对行政机关的政府信息公开工作人员定期进行培训。

二、政府信息公开工作年度报告制度

县级以上人民政府部门应当在每年 1 月 31 日前向本级政府信息公开工作主管部门提交本行政机关上一年度政府信息公开工作年度报告并向社会公布。县级以上地方人民政府的政府信息公开工作主管部门应当在每年 3 月 31 日前向社会公布本级政府上一年度政府信息公开工作年度报告。

政府信息公开工作年度报告应当包括下列内容：

（1）行政机关主动公开政府信息的情况；

（2）行政机关收到和处理政府信息公开申请的情况；

（3）因政府信息公开工作被申请行政复议、提起行政诉讼的情况；

（4）政府信息公开工作存在的主要问题及改进情况，各级人民政府的政府信息公开工作年度报告还应当包括工作考核、社会评议和责任追究结果情况；

（5）其他需要报告的事项。

全国政府信息公开工作主管部门应当公布政府信息公开工作年度报告统一格式，并适时更新。

三、权益保障与救济制度

公民、法人和其他组织有权对行政机关的政府信息公开工作进行监督，并提出批评和建议。公民、法人或者其他组织认为行政机关未按照要求主动公开政府信息或者对政府信息公开申请不依法答复处理的，可以向政府信息公开工作主管部门提出。政府信息公开工作主管部门查证属实的，应当予以督促整改或者通报批评。

公民、法人或者其他组织有证据证明行政机关提供的与其自身相关的政府信息记录不准确的，可以要求行政机关更正。有权更正的行政机关审核属实的，应当予以更正并告知申请人；不属于本行政机关职能范围的，行政机关可以转送有权的行政机关处理并告知申请人，或者告知申请人向有权的行政机关提出。

公民、法人或者其他组织认为行政机关在政府信息公开工作中侵犯其合法权益的，可以向上一级行政机关或者政府信息公开工作主管部门投诉、举报，也可以依法申请行政复议或者提起行政诉讼。公民、法人或者其他组织认为政府信息公开行政行为侵犯其合法权益造成损害的，可以一并或单独提起行政赔偿诉讼。公民、法人或者其他组织认为下列政府信息公开工作中的具体行政行为侵犯其合法权益，依法提起行政诉讼的，人民法院应当受理：①向行政机关申请获取政府信息，行政机关拒绝提供或者逾期不予答复的；②认为行政机关提供的政府信息不符合其在申请中要求的内容或者法律、法规规定的适当形式的；③认为行政机关主动公开或者依他人申请公开政府信息侵犯其商业秘密、个人隐私的；④认为行政机关提供的与其自身相关的政府信息记录不准确，要求该行政机关予以更正，该行政机关拒绝更正、逾期不予答复或者不予转送有权机关处理的；⑤认为行政机关在政府信息公开工作中的其他具体行政行为侵犯其合法权益的。

典型案例： 罗某昌诉重庆市彭水苗族土家族自治县地方海事处政府信息公开案

案例来源： 最高人民法院指导案例 101 号

案情简介： 原告罗某昌是兴运 2 号船的船主，在乌江流域从事航运、采砂等业务。2014 年 11 月 17 日，罗某昌因诉重庆大唐国际彭水水电开发有限公司财产损害赔偿纠纷案需要，通过邮政特快专递向被告重庆市彭水苗族土家族自治县地方海事处（以下简称"彭水县地方海事处"）邮寄书面政府信息公开申请书，具体申请的内容为：①公开彭水苗族土家族自治县港航管理处（以下简称"彭水县港航处"）、彭水县地方海事处的设立、主要职责、内设机构和人员编制的文件。②公开下列事故的海事调查报告等所有事故材料：兴运 2 号船在 2008 年 5 月 18 日、2008 年 9 月 30 日的 2 起安全事故及鑫源 306 号、鑫源 308 号、高谷 6 号、荣华号等船舶在 2008 年至 2010 年发生的安全事故。

彭水县地方海事处于 2014 年 11 月 19 日签收后，未在法定期限内对罗某昌进行答复，罗某昌向彭水苗族土家族自治县人民法院（以下简称"彭水县法院"）提起行政诉讼。2015 年 1 月 23 日，彭水县地方海事处作出 [2015] 彭海处告字第 006 号《政府信息告知书》，载明：一是对申请公开的彭水县港航处、彭水县地方海事处的内设机构名称等信息告知罗某昌获取的方式和途径；二是对申请公开的海事调查报告等所有事故材料经查该政府信息不存在。彭水县法院于 2015 年 3 月 31 日对该案作出 [2015] 彭法行初字第 00008 号行政判决，确认彭水县地方海事处在收到罗某昌的政府信息公开申请后未在法定期限内进行答复的行为违法。

2015 年 4 月 22 日，罗某昌以彭水县地方海事处作出的 [2015] 彭海处告字第 006 号《政府信息告知书》不符合法律规定，且与事实不符为由，提起行政诉讼，请求撤销彭水县地方海事处作出的 [2015] 彭海处告字第 006 号《政府信息告知书》，并由彭水县地方海事处向罗某昌公开海事调查报告等涉及兴运 2 号船的所有事故材料。

另查明，罗某昌提交了涉及兴运 2 号船于 2008 年 5 月 18 日在彭水高谷长滩子发生整船搁浅事故以及于 2008 年 9 月 30 日在彭水高谷煤炭沟发生沉没事故的《乌江彭水水电站断航碍航问题调查评估报告》《彭水县地方海事处关于近两年因乌江彭水万足电站不定时蓄水造成船舶搁浅事故的情况报告》《重庆市发展和改革委员会关于委托开展乌江彭水水电站断航碍航问题调查评估的函（渝发改能函［2009］562号）》等材料。在案件二审审理期间，彭水县地方海事处主动撤销了其作出的［2015］彭海处告字第006号《政府信息告知书》，但罗某昌仍坚持诉讼。

法院裁判：《政府信息公开条例》第13条规定："除本条例第九条、第十条、第十一条、第十二条规定的行政机关主动公开的政府信息外，公民、法人或者其他组织还可以根据自身生产、生活、科研等特殊需要，向国务院部门、地方各级人民政府及县级以上地方人民政府部门申请获取相关政府信息。"彭水县地方海事处作为行政机关，负有对罗某昌提出的政府信息公开申请作出答复和提供政府信息的法定职责。根据《政府信息公开条例》第2条"本条例所称政府信息，是指行政机关在履行职责过程中制作或者获取的，以一定形式记录、保存的信息"的规定，罗某昌申请公开彭水县港航处、彭水县地方海事处的设立、主要职责、内设机构和人员编制的文件，属于彭水县地方海事处在履行职责过程中制作或者获取的，以一定形式记录、保存的信息，当属政府信息。彭水县地方海事处已为罗某昌提供了彭水编发［2008］11号《彭水苗族土家族自治县机构编制委员会关于对县港航管理机构编制进行调整的通知》的复制件，明确载明了彭水县港航处、彭水县地方海事处的机构性质、人员编制、主要职责、内设机构等事项，罗某昌已知晓，予以确认。

罗某昌申请公开涉及兴运2号船等船舶发生事故的海事调查报告等所有事故材料的信息，根据《内河交通事故调查处理规定》的相关规定，船舶在内河发生事故的调查处理属于海事管理机构的职责，其在事故调查处理过程中制作或者获取的，以一定形式记录、保存的信息属于政府信息。彭水县地方海事处作为彭水县的海事管理机构，负有对彭水县行政区域内发生的内河交通事故进行立案调查处理的职责，其在事故调查处理过程中制作或者获取的，以一定形式记录、保存的信息属于政府信息。罗某昌提交了兴运2号船于2008年5月18日在彭水高谷长滩子发生整船搁浅事故以及于2008年9月30日在彭水高谷煤炭沟发生沉没事故的相关线索，而彭水县地方海事处作出的［2015］彭海处告字第006号《政府信息告知书》第2项告知罗某昌申请公开的该项政府信息不存在，仅有彭水县地方海事处的自述，没有提供印证证据证明其尽到了查询、翻阅和搜索的义务。故彭水县地方海事处作出的［2015］彭海处告字第006号《政府信息告知书》违法，应当予以撤销。在案件二审审理期间，彭水县地方海事处主动撤销了其作出的［2015］彭海处告字第006号《政府信息告知书》，罗某昌仍坚持诉讼。根据《行政诉讼法》第74条第2款第2项之规定，判决确认彭水县地方海事处作出的政府信息告知行为违法。

复习与思考题：

1. 政府信息和政府信息公开的概念。
2. 政府信息公开的例外。
3. 政府信息公开的监督与救济。

第十三章
行政复议

本章知识要点：

1. 行政复议的制度定位

2. 行政复议的申请条件

3. 行政复议的受理与审理程序

4. 行政复议决定与执行

第一节　行政复议概述

《行政复议法》第2条规定："公民、法人或者其他组织认为行政机关的行政行为侵犯其合法权益，向行政复议机关提出行政复议申请，行政复议机关办理行政复议案件，适用本法。前款所称行政行为，包括法律、法规、规章授权的组织的行政行为。"

一、行政复议的内涵与基本原则

根据《行政复议法》第2条，行政复议是指公民、法人或者其他组织认为行政机关或者法律、法规、规章授权的组织的行政行为侵犯其合法权益，依法请求上一级行政机关或法定行政机关（行政复议机关）对该行政行为的合法性、合理性进行审查并作出处理决定的活动。具体而言：

第一，行政复议是行政复议机关对行政行为的合法性、合理性进行审查、判断的行为。

第二，行政复议是行政复议机关依相对人申请对行政行为的合法性、合理性进行审查、判断的行为。

第三，相对人提出复议申请的原因是认为行政行为侵犯其合法权益。

行政复议工作坚持中国共产党的领导。行政复议机关履行行政复议职责，应当遵循合法、公正、公开、高效、便民、为民的原则，坚持有错必纠，保障法律、法规的正确实施。

二、行政复议的制度定位

《行政复议法》第 1 条规定："为了防止和纠正违法的或者不当的行政行为，保护公民、法人和其他组织的合法权益，监督和保障行政机关依法行使职权，发挥行政复议化解行政争议的主渠道作用，推进法治政府建设，根据宪法，制定本法。"这表明，行政复议在制度定位上具有多重属性。

第一，行政复议是一种行政内部纠错机制。行政复议在形式上表现为行政机关的上一级机关、法定的行政机关（有时是行政机关本身）纠正违法的或者不当的行政行为。

第二，行政复议是一种权益保障机制。行政复议机关通过纠正违法的或者不当的行政行为，实现对公民、法人和其他组织合法权益的保障。

第三，行政复议是一种法治监督和保障机制。行政复议机关纠正违法的或者不当的行政行为体现了法治监督的功能；行政复议机关认为行政行为合法、适当而作出维持行政行为的决定，体现了对依法行政的保障。

第四，行政复议是一种争议解决机制。行政复议通过解决公民、法人和其他组织与行政机关之间因行政行为引发的纠纷来实现内部纠错、法治监督和权益保障。

第五，行政复议在本质上是行政复议机关基于行政一体原则对行政行为的二次处理，因此，行政复议决定作出后，原行政行为不复存在。此时，公民、法人或者其他组织对行政复议决定不服的，可以向人民法院提起行政诉讼（法律规定行政复议决定为最终裁决的除外）。

三、行政复议的制度保障

（一）组织保障

县级以上各级人民政府以及其他依法履行行政复议职责的行政机关是行政复议机关。

行政复议机关办理行政复议事项的机构是行政复议机构。行政复议机构同时组织办理行政复议机关的行政应诉事项。

行政复议机关应当加强行政复议工作，支持和保障行政复议机构依法履行职责。上级行政复议机构对下级行政复议机构的行政复议工作进行指导、监督。

国务院行政复议机构可以发布行政复议指导性案例。

（二）人员保障

国家建立专业化、职业化行政复议人员队伍。

行政复议机构中初次从事行政复议工作的人员，应当通过国家统一法律职业资格考试取得法律职业资格，并参加统一职前培训。

国务院行政复议机构应当会同有关部门制定行政复议人员工作规范，加强对行政复议人员的业务考核和管理。

对在行政复议工作中作出显著成绩的单位和个人，按照国家有关规定给予表彰和奖励。

（三）物质保障

行政复议机关应当确保行政复议机构的人员配备与所承担的工作任务相适应，提高行政复议人员专业素质，根据工作需要保障办案场所、装备等设施。县级以上各级人民政府应当将行政复议工作经费列入本级预算。

（四）技术保障

行政复议机关应当加强信息化建设，运用现代信息技术，方便公民、法人或者其他组织申请、参加行政复议，提高工作质量和效率。

第二节　行政复议申请

行政相对人提出复议申请以及申请符合法定条件是行政复议机关启动行政复议程序的前提。行政复议申请的法定条件包括：申请事项属于受案范围、申请人适格、被申请人明确、行政行为尚在争讼期、向有管辖权的行政机关申请行政复议等。

一、行政复议的受案范围

行政复议的受案范围应当从肯定范围、排除范围以及可以附带审查的对象予以全面把握。

（一）行政复议的受理范围

（1）对行政机关作出的行政处罚决定不服；

（2）对行政机关作出的行政强制措施、行政强制执行决定不服；

（3）申请行政许可，行政机关拒绝或者在法定期限内不予答复，或者对行政机关作出的有关行政许可的其他决定不服；

（4）对行政机关作出的确认自然资源的所有权或者使用权的决定不服；

（5）对行政机关作出的征收征用决定及其补偿决定不服；

（6）对行政机关作出的赔偿决定或者不予赔偿决定不服；

（7）对行政机关作出的不予受理工伤认定申请的决定或者工伤认定结论不服；

（8）认为行政机关侵犯其经营自主权或者农村土地承包经营权、农村土地经营权；

（9）认为行政机关滥用行政权力排除或者限制竞争；

（10）认为行政机关违法集资、摊派费用或者违法要求履行其他义务；

（11）申请行政机关履行保护人身权利、财产权利、受教育权利等合法权益的法定职责，行政机关拒绝履行、未依法履行或者不予答复；

（12）申请行政机关依法给付抚恤金、社会保险待遇或者最低生活保障等社会保障，行政机关没有依法给付；

（13）认为行政机关不依法订立、不依法履行、未按照约定履行或者违法变更、解除政府特许经营协议、土地房屋征收补偿协议等行政协议；

（14）认为行政机关在政府信息公开工作中侵犯其合法权益；

（15）认为行政机关的其他行政行为侵犯其合法权益。

（二）行政复议的排除范围

（1）国防、外交等国家行为；

（2）行政法规、规章或者行政机关制定、发布的具有普遍约束力的决定、命令等规范性文件；

（3）行政机关对行政机关工作人员的奖惩、任免等决定；

（4）行政机关对民事纠纷作出的调解。

（三）附带审查的对象范围

公民、法人或者其他组织认为行政机关的行政行为所依据的下列规范性文件不合法，在对行政行为申请行政复议时，可以一并向行政复议机关提出对该规范性文件的附带审查申请：

（1）国务院部门的规范性文件；

（2）县级以上地方各级人民政府及其工作部门的规范性文件；

（3）乡、镇人民政府的规范性文件；

（4）法律、法规、规章授权的组织的规范性文件。

规章的审查依照法律、行政法规办理。

二、行政复议参加人

行政复议参加人包括申请人、被申请人、第三人以及代理人。

（一）行政复议申请人

认为行政行为侵犯其合法权益，向行政复议机关提出行政复议申请的公民、法人或者其他组织是申请人。

有权申请行政复议的公民死亡的，其近亲属可以申请行政复议。有权申请行政复议的法人或者其他组织终止的，其权利义务承受人可以申请行政复议。

（二）第三人

申请人以外的同被申请行政复议的行政行为或者行政复议案件处理结果有利害关系的公民、法人或者其他组织，可以作为第三人申请参加行政复议，或者由行政复议机构通知其作为第三人参加行政复议。

第三人不参加行政复议，不影响行政复议案件的审理。

（三）行政复议代理人和代表人

有权申请行政复议的公民为无民事行为能力人或者限制民事行为能力人的，其法定代理人可以代为申请行政复议。

同一行政复议案件申请人人数众多的，可以由申请人推选代表人参加行政复议。代表人参加行政复议的行为对其所代表的申请人发生效力，但是代表人变更行政复议请求、撤回行政复议申请、承认第三人请求的，应当经被代表的申请人同意。

申请人、第三人可以委托1名至2名律师、基层法律服务工作者或者其他代理人代为参加行政复议。申请人、第三人委托代理人的，应当向行政复议机构提交授权委托书、委托人及被委托人的身份证明文件。授权委托书应当载明委托事项、权限和期限。申请人、第三人变更或者解除代理人权限的，应当书面告知行政复议机构。

符合法律援助条件的行政复议申请人申请法律援助的，法律援助机构应当依法为其提供法律援助。

（四）被申请人

公民、法人或者其他组织对行政行为不服申请行政复议的，作出行政行为的行政机关或者法律、法规、规章授权的组织是被申请人。

两个以上行政机关以共同的名义作出同一行政行为的，共同作出行政行为的行政机关是被申请人。

行政机关委托的组织作出行政行为的，委托的行政机关是被申请人。

作出行政行为的行政机关被撤销或者职权变更的，继续行使其职权的行政机关是被申请人。

三、行政复议的申请

行政复议的申请即申请人提出复议申请的期限、方式以及复议前置事项的特别处理。

（一）复议申请期限

公民、法人或者其他组织认为行政行为侵犯其合法权益的，可以自知道或者应当知道该行政行为之日起 60 日内提出行政复议申请；但是法律规定的申请期限超过 60 日的除外。因不可抗力或者其他正当理由耽误法定申请期限的，申请期限自障碍消除之日起继续计算。

行政机关作出行政行为时，未告知公民、法人或者其他组织申请行政复议的权利、行政复议机关和申请期限的，申请期限自公民、法人或者其他组织知道或者应当知道申请行政复议的权利、行政复议机关和申请期限之日起计算，但是自知道或者应当知道行政行为内容之日起最长不得超过 1 年。

因不动产提出的行政复议申请自行政行为作出之日起超过 20 年，其他行政复议申请自行政行为作出之日起超过 5 年的，行政复议机关不予受理。

（二）复议申请方式

申请人申请行政复议，可以书面申请；书面申请有困难的，也可以口头申请。

书面申请的，可以通过邮寄或者行政复议机关指定的互联网渠道等方式提交行政复议申请书，也可以当面提交行政复议申请书。行政机关通过互联网渠道送达行政行为决定书的，应当同时提供提交行政复议申请书的互联网渠道。

口头申请的，行政复议机关应当当场记录申请人的基本情况、行政复议请求、申请行政复议的主要事实、理由和时间。

申请人对两个以上行政行为不服的，应当分别申请行政复议。

（三）复议前置事项

有下列情形之一的，申请人应当先向行政复议机关申请行政复议，对行政复议决定不服的，可以再依法向人民法院提起行政诉讼：①对当场作出的行政处罚决定不服；②对行政机关作出的侵犯其已经依法取得的自然资源的所有权或者使用权的决定不服；③认为行政机关存在《行政复议法》第11条规定的未履行法定职责情形；④申请政府信息公开，行政机关不予公开；⑤法律、行政法规规定应当先向行政复议机关申请行政复议的其他情形。

对上述情形，行政机关在作出行政行为时应当告知公民、法人或者其他组织先向行政复议机关申请行政复议。

四、行政复议管辖

行政复议实行集中管辖模式，县级以上地方各级人民政府是主要的复议机关，其他法定机关行使特定案件的管辖权。

（一）县级以上地方各级人民政府的管辖模式

县级以上地方各级人民政府管辖下列行政复议案件：①对本级人民政府工作部门作出的行政行为不服的；②对下一级人民政府作出的行政行为不服的；③对本级人民政府依法设立的派出机关作出的行政行为不服的；④对本级人民政府或者其工作部门管理的法律、法规、规章授权的组织作出的行政行为不服的。

省、自治区、直辖市人民政府同时管辖对本机关作出的行政行为不服的行政复议案件。

省、自治区人民政府依法设立的派出机关参照设区的市级人民政府的职责权限，管辖相关行政复议案件。

对县级以上地方各级人民政府工作部门依法设立的派出机构依照法律、法规、规章规定，以派出机构的名义作出的行政行为不服的行政复议案件，由本级人民政府管辖；其中，对直辖市、设区的市人民政府工作部门按照行政区划设立的派出机构作出的行政行为不服的，也可以由其所在地的人民政府管辖。

（二）国务院部门管辖模式

国务院部门管辖下列行政复议案件：①对本部门作出的行政行为不服的；②对本部门依法设立的派出机构依照法律、行政法规、部门规章规定，以派出机构的名义作出的行政行为不服的；③对本部门管理的法律、行政法规、部门规章授权的组织作出的行政行为不服的。

（三）国务院裁决模式

省、自治区、直辖市人民政府或者国务院部门针对本机关作出的行政行为作出的行政复议决定，公民、法人或者其他组织不服的，可以向人民法院提起行政诉讼；也可以向国务院申请裁决，国务院所作裁决为最终裁决。

（四）上一级主管部门管辖模式

对海关、金融、外汇管理等实行垂直领导的行政机关、税务和国家安全机关的行政行为不服的，向上一级主管部门申请行政复议。

对履行行政复议机构职责的地方人民政府司法行政部门的行政行为不服的，可以向本级人民政府申请行政复议，也可以向上一级司法行政部门申请行政复议。

第三节　行政复议受理与审理

行政复议机关收到行政复议申请后，应当对申请进行审查并作出是否受理的决定。行政复议机关受理行政复议申请后，还要依照一定的程序和规则对行政行为是否合法、合理进行审查。

一、行政复议受理

行政复议受理以行政复议机关审查申请条件是否满足为前提，实践中还有一些特殊情形。

（一）行政复议申请的审查

行政复议机关收到行政复议申请后，应当在 5 日内进行审查，并分别作出处理。

第一，对符合下列规定的，行政复议机关应当予以受理：①有明确的申请人和符合《行政复议法》规定的被申请人；②申请人与被申请行政复议的行政行为有利害关系；③有具体的行政复议请求和理由；④在法定申请期限内提出；⑤属于《行政复议法》规定的行政复议范围；⑥属于本机关的管辖范围；⑦行政复议机关未受理过该申请人就同一行政行为提出的行政复议申请，并且人民法院未受理过该申请人就同一行政行为提起的行政诉讼。

第二，对不符合上述规定的行政复议申请，行政复议机关应当在审查期限内决定不予受理并说明理由；不属于本机关管辖的，还应当在不予受理决定中告知申请人有管辖权的行政复议机关。

第三，行政复议申请材料不齐全或者表述不清楚，无法判断行政复议申请是否符合受理条件的，行政复议机关应当自收到申请之日起 5 日内书面通知申请人补正。补正通知应当一次性载明需要补正的事项。申请人应当自收到补正通知之日起 10 日内提交补正材料。有正当理由不能按期补正的，行政复议机关可以延长合理的补正期限。无正当理由逾期不补正的，视为申请人放弃行政复议申请，并记录在案。行政复议机关收到补正材料后，对是否符合受理条件进行审查并作出处理。

行政复议申请的审查期限届满，行政复议机关未作出不予受理决定的，审查期限届满之日起视为受理。

行政复议机关受理行政复议申请后，发现该行政复议申请不符合受理条件的，应当决定驳回申请并说明理由。

（二）行政复议受理的特殊情形

第一，对当场作出或者依据电子技术监控设备记录的违法事实作出的行政处罚决定不服申请行政复议的，可以通过作出行政处罚决定的行政机关提交行政复议申请。行政机关收到行政复议申请后，应当及时处理；认为需要维持行政处罚决定的，应当自收到行政复议申请之日起 5 日内转送行政复议机关。

第二，法律、行政法规规定应当先向行政复议机关申请行政复议、对行政复议决定不服再向人民法院提起行政诉讼的，行政复议机关决定不予受理、驳回申请或者受理后超过行政复议期限不作答复的，公民、法人或者其他组织可以自收到决定书之日起或者行政复议期限届满之日起 15 日内，依法向人民法院提起行政诉讼。

第三，公民、法人或者其他组织依法提出行政复议申请，行政复议机关无正当理由不予受理、驳回申请或者受理后超过行政复议期限不作答复的，申请人有权向上级行政机关反映，上级行政机关应当责令其纠正；必要时，上级行政复议机关可以直接受理。

二、行政复议审理的一般规定

行政复议机关受理行政复议申请后，依照《行政复议法》适用普通程序或者简易程序进行审理。无论是适用普通程序还是简易程序，都需要遵循一些共同的准则。

（一）专案专办和保密义务

行政复议机构应当指定行政复议人员负责办理行政复议案件。行政复议人员对办理行政复议案件过程中知悉的国家秘密、商业秘密和个人隐私，应当予以保密。

（二）审理依据

行政复议机关依照法律、法规、规章审理行政复议案件。行政复议机关审理民族自治地方的行政复议案件，同时依照该民族自治地方的自治条例和单行条例。

（三）提级管辖

上级行政复议机关根据需要，可以审理下级行政复议机关管辖的行政复议案件。下级行政复议机关对其管辖的行政复议案件，认为需要由上级行政复议机关审理的，可以报请上级行政复议机关决定。

（四）复议中止

行政复议期间有下列情形之一的，行政复议中止：①作为申请人的公民死亡，其近亲属尚未确定是否参加行政复议；②作为申请人的公民丧失参加行政复议的行为能力，尚未确定法定代理人参加行政复议；③作为申请人的公民下落不明；④作为申请人的法人或者其他组织终止，尚未确定权利义务承受人；⑤申请人、被申请人因不可抗力或者其他正当理由，不能参加行政复议；⑥依照《行政复议法》规定进行调解、和解，申请人和被申请人同意中止；⑦行政复议案件涉及的法律适用问题需要有权机关作出解释或者确认；⑧行政复议案件审理需要以其他案件的审理结果为依据，而其他案件尚未审结；⑨行政复议机关对附带审查的规范性文件自行处理或者转送有权机关处理；⑩需要中止行政复议的其他情形。

　　行政复议中止的原因消除后，应当及时恢复行政复议案件的审理。行政复议机关中止、恢复行政复议案件的审理，应当书面告知当事人。

　　行政复议期间，行政复议机关无正当理由中止行政复议的，上级行政机关应当责令其恢复审理。

　　（五）复议终止

　　行政复议期间有下列情形之一的，行政复议机关决定终止行政复议：①申请人撤回行政复议申请，行政复议机构准予撤回；②作为申请人的公民死亡，没有近亲属或者其近亲属放弃行政复议权利；③作为申请人的法人或者其他组织终止，没有权利义务承受人或者其权利义务承受人放弃行政复议权利；④申请人对行政拘留或者限制人身自由的行政强制措施不服申请行政复议后，因同一违法行为涉嫌犯罪，被采取刑事强制措施。

　　有下列情形之一，中止行政复议满 60 日，行政复议中止的原因仍未消除的，行政复议机关决定终止行政复议：①作为申请人的公民死亡，其近亲属尚未确定是否参加行政复议；②作为申请人的公民丧失参加行政复议的行为能力，尚未确定法定代理人参加行政复议；③作为申请人的法人或者其他组织终止，尚未确定权利义务承受人。

　　（六）复议不停止执行

　　行政复议期间行政行为不停止执行；但是有下列情形之一的，应当停止执行：①被申请人认为需要停止执行；②行政复议机关认为需要停止执行；③申请人、第三人申请停止执行，行政复议机关认为其要求合理，决定停止执行；④法律、法规、规章规定停止执行的其他情形。

三、行政复议证据和举证责任

　　行政复议证据包括：书证；物证；视听资料；电子数据；证人证言；当事人的陈述；鉴定意见；勘验笔录、现场笔录。以上证据经行政复议机构审查属实，才能作为认定行政复议案件事实的根据。

　　被申请人对其作出的行政行为的合法性、适当性负有举证责任。

　　有下列情形之一的，申请人应当提供证据：①认为被申请人不履行法定职责的，提供曾经要求被申请人履行法定职责的证据，但是被申请人应当依职权主动履行法定职责或者申请人因正当理由不能提供的除外；②提出行政赔偿请求的，提供受行政行为侵害而造成损害的证据，但是因被申请人原因导致申请人无法举证的，由被申请人承担举证责任；③法律、法规规定需要申请人提供证据的其他情形。

行政复议机关有权向有关单位和个人调查取证，查阅、复制、调取有关文件和资料，向有关人员进行询问。调查取证时，行政复议人员不得少于2人，并应当出示行政复议工作证件。被调查取证的单位和个人应当积极配合行政复议人员的工作，不得拒绝或者阻挠。

行政复议期间，被申请人不得自行向申请人和其他有关单位或者个人收集证据；自行收集的证据不作为认定行政行为合法性、适当性的依据。行政复议期间，申请人或者第三人提出被申请行政复议的行政行为作出时没有提出的理由或者证据的，经行政复议机构同意，被申请人可以补充证据。

行政复议期间，申请人、第三人及其委托代理人可以按照规定查阅、复制被申请人提出的书面答复、作出行政行为的证据、依据和其他有关材料，除涉及国家秘密、商业秘密、个人隐私或者可能危及国家安全、公共安全、社会稳定的情形外，行政复议机构应当同意。

四、行政复议程序

《行政复议法》规定了行政复议的普通程序、简易程序和规范性文件的附带审查程序。

（一）普通程序

1. 审理前准备

行政复议机构应当自行政复议申请受理之日起7日内，将行政复议申请书副本或者行政复议申请笔录复印件发送被申请人。被申请人应当自收到行政复议申请书副本或者行政复议申请笔录复印件之日起10日内，提出书面答复，并提交作出行政行为的证据、依据和其他有关材料。

2. 听取意见和听证

适用普通程序审理的行政复议案件，行政复议机构应当当面或者通过互联网、电话等方式听取当事人的意见，并将听取的意见记录在案。因当事人原因不能听取意见的，可以书面审理。

审理重大、疑难、复杂的行政复议案件，行政复议机构应当组织听证。行政复议机构认为有必要听证，或者申请人请求听证的，行政复议机构可以组织听证。听证由1名行政复议人员任主持人，2名以上行政复议人员任听证员，一名记录员制作听证笔录。行政复议机构组织听证的，应当于举行听证的 5 日前将听证的时间、地点和拟听证事项书面通知当事人。申请人无正当理由拒不参加听证的，视为放弃听证权利。被申请人的负责人应当参加听证。不能参加的，应当说明理由并委托相应的工作人员参加听证。

3. 咨询行政复议委员会意见

县级以上各级人民政府应当建立相关政府部门、专家、学者等参与的行政复议委员会，为办理行政复议案件提供咨询意见，并就行政复议工作中的重大事项和共性问题研究提出意见。行政复议委员会的组成和开展工作的具体办法，由国务院行政复议机构制定。

审理行政复议案件涉及下列情形之一的，行政复议机构应当提请行政复议委员会提出咨询意见：①案情重大、疑难、复杂；②专业性、技术性较强；③对地方人民政府作出的行政行为不服申请复议的案件；④行政复议机构认为有必要。行政复议机构应当记录行政复议委员会的咨询意见。

4. 决定期限

适用普通程序审理的行政复议案件，行政复议机关应当自受理申请之日起 60 日内作出行政复议决定；但是法律规定的行政复议期限少于 60 日的除外。情况复杂，不能在规定期限内作出行政复议决定的，经行政复议机构的负责人批准，可以适当延长，并书面告知当事人；但是延长期限最多不得超过 30 日。

（二）简易程序

1. 适用范围

行政复议机关审理下列行政复议案件，认为事实清楚、权利义务关系明确、争议不大的，可以适用简易程序：①被申请行政复议的行政行为是当场作出；②被申请行政复议的行政行为是警告或者通报批评；③案件涉及款额 3000 元以下；④属于政府信息公开案件。

其他行政复议案件，当事人各方同意适用简易程序的，可以适用简易程序。

2. 具体程序规则

适用简易程序审理的行政复议案件，行政复议机构应当自受理行政复议申请之日起 3 日内，将行政复议申请书副本或者行政复议申请笔录复印件发送被申请人。被申请人应当自收到行政复议申请书副本或者行政复议申请笔录复印件之日起 5 日内，提出书面答复，并提交作出行政行为的证据、依据和其他有关材料。

适用简易程序审理的行政复议案件，可以书面审理。

3. 决定期限

适用简易程序审理的行政复议案件，行政复议机关应当自受理申请之日起 30 日内作出行政复议决定。适用简易程序审理的行政复议案件，行政复议机构认为不宜适用简易程序的，经行政复议机构的负责人批准，可以转为普通程序审理。

（三）附带审查程序

1. 行政复议机关有权处理

申请人依法提出对有关规范性文件的附带审查申请，或者行政复议机关在对被申请人作出的行政行为进行审查时认为其依据不合法，行政复议机关有权处理的，应当在 30 日内依法处理。

行政复议机关应当先中止复议程序，并自行政复议中止之日起 3 日内，书面通知规范性文件或者依据的制定机关就相关条款的合法性提出书面答复。制定机关应当自收到书面通知之日起 10 日内提交书面答复及相关材料。行政复议机构认为必要时，可以要求规范性文件或者依据的制定机关当面说明理由，制定机关应当配合。

行政复议机关认为相关条款合法的，在行政复议决定书中一并告知；认为相关条款超越权限或者违反上位法的，决定停止该条款的执行，并责令制定机关予以纠正。

2. 转送有权机关处理

申请人依法提出对有关规范性文件的附带审查申请，或者行政复议机关在对被申请人作出的行政行为进行审查时认为其依据不合法，行政复议机关无权处理的，应当在 7 日内转送有权处理的行政机关依法处理。接受转送的行政机关、国家机关应当自收到转送之日起 60 日内，将处理意见回复转送的行政复议机关。

第四节　行政复议决定与执行

行政复议机关审理行政复议案件，由行政复议机构对行政行为进行审查，提出意见，经行政复议机关的负责人同意或者集体讨论通过后，以行政复议机关的名义作出行政复议决定。经过听证的行政复议案件，行政复议机关应当根据听证笔录、审查认定的事实和证据，依法作出行政复议决定。提请行政复议委员会提出咨询意见的行政复议案件，行政复议机关应当将咨询意见作为作出行政复议决定的重要参考依据。

一、行政复议决定及其适用条件

行政复议决定可以区分为针对行政行为的复议决定、针对不履行法定职责的复议决定和针对行政协议的复议决定。行政复议机关作出行政复议决定，应当制作行政复议决定书，并加盖行政复议机关印章。行政复议决定书一经送达，即发生法律效力。

（一）针对行政行为的复议决定

针对行政行为的复议决定以变更决定为主，在特定条件下适用撤销（重作）决定、确认违法决定和确认无效决定，以及维持决定。

1. 变更行政行为

行政行为有下列情形之一的，行政复议机关决定变更该行政行为：①事实清楚，证据确凿，适用依据正确，程序合法，但是内容不适当；②事实清楚，证据确凿，程序合法，但是未正确适用依据；③事实不清、证据不足，经行政复议机关查清事实和证据。

行政复议机关不得作出对申请人更为不利的变更决定，但是第三人提出相反请求的除外。

2. 撤销行政行为并责令重作

行政行为有下列情形之一的，行政复议机关决定撤销或者部分撤销该行政行为，并可以责令被申请人在一定期限内重新作出行政行为：①主要事实不清、证据不足；②违反法定程序；③适用的依据不合法；④超越职权或者滥用职权。

行政复议机关责令被申请人重新作出行政行为的，被申请人不得以同一事实和理由作出与被申请行政复议的行政行为相同或者基本相同的行政行为，但是行政复议机关以违反法定程序为由决定撤销或者部分撤销的除外。

3. 确认行政行为违法

行政行为有下列情形之一的，行政复议机关不撤销该行政行为，但是确认该行政行为违法：①依法应予撤销，但是撤销会给国家利益、社会公共利益造成重大损害；②程序轻微违法，但是对申请人权利不产生实际影响。

行政行为有下列情形之一，不需要撤销的，行政复议机关确认该行政行为违法：①行政行为违法，但是不具有可撤销内容；②被申请人改变原违法行政行为，申请人仍要求撤销或者确认该行政行为违法。

4. 确认行政行为无效

行政行为有实施主体不具有行政主体资格或者没有依据等重大且明显违法情形，申请人申请确认行政行为无效的，行政复议机关确认该行政行为无效。

5. 维持行政行为

行政行为认定事实清楚，证据确凿，适用依据正确，程序合法，内容适当的，行政复议机关决定维持该行政行为。

（二）针对不履行法定职责的复议决定

针对不履行法定职责的复议申请，行政复议机关经审查视情形分别作出如下决定：

（1）被申请人不履行法定职责的，行政复议机关决定被申请人在一定期限内履行。

（2）被申请人不履行或者拖延履行法定职责，责令履行没有意义的，确认违法。

（3）行政复议机关受理申请人认为被申请人不履行法定职责的行政复议申请后，发现被申请人没有相应法定职责或者在受理前已经履行法定职责的，决定驳回申请人的行政复议请求。

（三）针对行政协议的复议决定

被申请人不依法订立、不依法履行、未按照约定履行或者违法变更、解除行政协议的，行政复议机关决定被申请人承担依法订立、继续履行、采取补救措施或者赔偿损失等责任。

被申请人变更、解除行政协议合法，但是未依法给予补偿或者补偿不合理的，行政复议机关决定被申请人依法给予合理补偿。

（四）赔偿和责令补救决定

申请人在申请行政复议时一并提出行政赔偿请求，行政复议机关对依照《国家赔偿法》的有关规定应当不予赔偿的，在作出行政复议决定时，应当同时决定驳回行政赔偿请求；对符合《国家赔偿法》的有关规定应当给予赔偿的，在决定撤销或者部分撤销、变更行政行为或者确认行政行为违法、无效时，应当同时决定被申请人依法给予赔偿；确认行政行为违法的，还可以同时责令被申请人采取补救措施。

申请人在申请行政复议时没有提出行政赔偿请求的，行政复议机关在依法决定撤销或者部分撤销、变更罚款，撤销或者部分撤销违法集资、没收财物、征收征用、摊派费用以及对财产的查封、扣押、冻结等行政行为时，应当同时责令被申请人返还财产，解除对财产的查封、扣押、冻结措施，或者赔偿相应的价款。

（五）被申请人不提交证据的处理

被申请人不依法提出书面答复、提交作出行政行为的证据、依据和其他有关材料的，视为该行政行为没有证据、依据，行政复议机关决定撤销、部分撤销该行政行为，确认该行政行为违法、无效或者决定被申请人在一定期限内履行，但是行政行为涉及第三人合法权益，第三人提供证据的除外。

二、行政复议调解与和解

当事人经调解达成协议的，行政复议机关应当制作行政复议调解书，经各方当事人签字或者签章，并加盖行政复议机关印章，即具有法律效力。调解未达成协议或者调解书生效前一方反悔的，行政复议机关应当依法审查或者及时作出行政复议决定。

当事人在行政复议决定作出前可以自愿达成和解，和解内容不得损害国家利益、社会公共利益和他人合法权益，不得违反法律、法规的强制性规定。当事人达成和解后，由申请人向行政复议机构撤回行政复议申请。行政复议机构准予撤回行政复议申请、行政复议机关决定终止行政复议的，申请人不得再以同一事实和理由提出行政复议申请。但是，申请人能够证明撤回行政复议申请违背其真实意愿的除外。

三、行政复议执行

除行政复议决定书、调解书外，行政复议机关还可以向被申请人或者其他下级行政机关制发行政复议意见书。具体而言，行政复议机关在办理行政复议案件过程中，发现被申请人或者其他下级行政机关的有关行政行为违法或者不当的，可以向其制发行政复议意见书。有关机关应当自收到行政复议意见书之日起 60 日内，将纠正相关违法或者不当行政行为的情况报送行政复议机关。

被申请人应当履行行政复议决定书、调解书、意见书。被申请人不履行或者无正当理由拖延履行行政复议决定书、调解书、意见书的，行政复议机关或者有关上级行政机关应当责令其限期履行，并可以约谈被申请人的有关负责人或者予以通报批评。

申请人、第三人逾期不起诉又不履行行政复议决定书、调解书的，或者不履行最终裁决的行政复议决定的，按照下列规定分别处理：①维持行政行为的行政复议决定书，由作出行政行为的行政机关依法强制执行，或者申请人民法院强制执行；②变更行政行为的行政复议决定书，由行政复议机关依法强制执行，或者申请人民法院强制执行；③行政复议调解书，由行政复议机关依法强制执行，或者申请人民法院强制执行。

行政复议机关根据被申请行政复议的行政行为的公开情况，按照国家有关规定将行政复议决定书向社会公开。县级以上地方各级人民政府办理以本级人民政府工作部门为被申请人的行政复议案件，应当将发生法律效力的行政复议决定书、意见书同时抄告被申请人的上一级主管部门。

典型案例：彭某华诉浙江省宁波市北仑区人民政府工伤行政复议案[1]

案例来源：《中国行政审判指导案例》（第 1 卷）第 20 号案例

案情简介：2003 年 7 月 6 日，徐某兵经人介绍到金鑫公司工作，与金鑫公司建立了事实劳动关系。2004 年 7 月 7 日 20 时 30 分许，徐某兵自宁波市北仑区小港街道前村暂住地骑自行车至金鑫公司处上班途中，与机动车发生碰撞致死。2005 年 6 月 14 日，彭某华（系徐某兵之妻）向宁波市北仑区劳动和社会保障局提出工伤认定申请，该局根据查明的事实，依据《工伤保险条例》的相关规定，认定徐某兵该次事故伤害为工伤。宣告后，金鑫公司不服，于同年 9 月 9 日向北仑区人民政府申请复议。2005 年 11 月 8 日，北仑区人民政府在未通知彭某华参加行政复议的情形下，作出仑政行复〔2005〕6 号行

---

〔1〕 中华人民共和国最高人民法院行政审判庭编：《中国行政审判指导案例》（第 1 卷），中国法制出版社 2010 年版，第 99 页。

政复议决定，撤销了北仑区劳动和社会保障局作出的涉案工伤认定决定。

法院裁判：行政复议制度，作为一种争讼制度、一种权利救济制度，应当贯彻正当程序原则。行政复议原则上采取书面审查办法，在书面审查办法不足以保护行政相对人的合法权益时，应当听取行政相对人、利害关系人的意见。行政复议机关拟作出对利害关系人产生不利影响的行政复议决定，应当通知利害关系人参加行政复议，行使复议权利。行政复议机关未履行通知义务，属于程序违法。自由裁量行为是指法律规范授权行政主体在符合立法目的和法律原则前提下，自主采取相应措施，作出裁断的行为。行政自由裁量的边界是体现立法目的和法律原则的法律规范。北仑区人民政府认为，是否通知彭某华参加行政复议，并听取意见是其自由裁量的范围，该主张是对自由裁量权的扩大理解。

复习与思考题：

1. 应如何理解发挥"行政复议化解行政争议的主渠道作用"？
2. 行政复议前置的适用范围。
3. 复议不停止执行及其例外。
4. 行政复议的决定方式及其适用条件。

第四编
行政救济编

　　本编围绕行政诉讼和行政赔偿两种核心救济方式展开。在行政诉讼部分，本编按照行政诉讼起诉、受理、审理、判决与执行这一基本流程重点介绍行政诉讼的受案范围、管辖、当事人、审理程序和规则以及判决方式及其执行等重要内容。在行政赔偿部分，本编主要介绍《国家赔偿法》架构的行政赔偿制度及其实践。

第十四章
行政诉讼概述

本章知识要点:

1. 行政诉讼的概念、特征
2. 行政诉讼的一般原则
3. 行政诉讼的特有原则

第一节　行政诉讼的概念与特征

行政诉讼是指公民、法人或者其他组织认为行政机关和被授权组织的行政行为侵犯其合法权益,向人民法院提起诉讼,人民法院依法予以受理、审理并作出裁判的活动。这个概念源于《行政诉讼法》第2条的立法表述。该条规定:"公民、法人或者其他组织认为行政机关和行政机关工作人员的行政行为侵犯其合法权益,有权依照本法向人民法院提起诉讼。前款所称行政行为,包括法律、法规、规章授权的组织作出的行政行为。"

根据上述界定,行政诉讼具有如下特征:

第一,行政诉讼是纠纷解决机制,原被告双方具有恒定性,被告恒为行使行政权的行政机关和被授权组织,原告恒为行政相对人即公民、法人或者其他组织,故而行政诉讼又俗称"民告官"。

第二,行政诉讼是通过法院对行政行为的合法性审查促使行政机关依法行政的法律监督制度,既是司法监督,也是外部监督,区别于行政复议基于行政一体原则自上而下的内部监督。

第三,行政诉讼同时也是通过法院对行政行为的合法性审查为合法权益受到行政行为侵害的行政相对人提供救济的法律救济制度。

行政诉讼的上述制度特征也贴合了我国《行政诉讼法》的立法目的，该法第 1 条开宗明义地指出"为保证人民法院公正、及时审理行政案件，解决行政争议，保护公民、法人和其他组织的合法权益，监督行政机关依法行使职权，根据宪法，制定本法"。

第二节　行政诉讼的基本原则

行政诉讼的基本原则包括一般基本原则和特有基本原则，一般基本原则是行政诉讼作为一种诉讼活动与民事诉讼活动、刑事诉讼活动共有的一些原则，包括：①人民法院依法对行政案件独立行使审判权，不受行政机关、社会团体和个人的干涉；②人民法院审理行政案件，以事实为根据，以法律为准绳；③人民法院审理行政案件，依法实行合议、回避、公开审判和两审终审制度；④当事人在行政诉讼中的法律地位平等；⑤各民族公民都有用本民族语言、文字进行行政诉讼的权利；在少数民族聚居或者多民族共同居住的地区，人民法院应当用当地民族通用的语言、文字进行审理和发布法律文书；人民法院应当对不通晓当地民族通用的语言、文字的诉讼参与人提供翻译；⑥当事人在行政诉讼中有权进行辩论；⑦人民检察院有权对行政诉讼实行法律监督。

行政诉讼的特有基本原则是指行政诉讼活动作为一种"民告官"机制不同于民事诉讼活动、刑事诉讼活动的一些特殊原则。本节重点介绍行政诉讼的特有基本原则。

一、保护诉权原则

这一原则有三层意涵：第一，人民法院应当保障公民、法人和其他组织的起诉权利，对应当受理的行政案件依法受理；第二，行政机关及其工作人员不得干预、阻碍人民法院受理行政案件；第三，被诉行政机关负责人应当出庭应诉。不能出庭的，应当委托行政机关相应的工作人员出庭。

关于行政首长出庭应诉，在实践操作中应当符合以下规则要求：

（1）应当出庭应诉的行政机关负责人，包括行政机关的正职、副职负责人以及其他参与分管的负责人。行政机关负责人出庭应诉的，可以另行委托 1 名至 2 名诉讼代理人。行政机关负责人不能出庭的，应当委托行政机关相应的工作人员出庭，不得仅委托律师出庭。

涉及重大公共利益、社会高度关注或者可能引发群体性事件等案件以及人民法院书面建议行政机关负责人出庭的案件，被诉行政机关负责人应当出庭。

行政机关负责人出庭应诉的，应当向人民法院提交能够证明该行政机关负责人职务的材料。

（2）被诉行政机关负责人出庭应诉的，应当在当事人及其诉讼代理人基本情况、案件由来部分予以列明。行政机关负责人有正当理由不能出庭应诉的，应当向人民法院提交情况说明，并加盖行政机关印章或者由该机关主要负责人签字认可。行政机关拒绝说明理由的，不发生阻止案件审理的效果，人民法院可以向监察机关、上一级行政机关提出司法建议。

（3）接受行政首长委托出庭的"行政机关相应的工作人员"，包括该行政机关具有国家行政编制身份的工作人员以及其他依法履行公职的人员。被诉行政行为是地方人民政府作出的，地方人民政府法制工作机构的工作人员，以及被诉行政行为具体承办机关工作人员，可以视为被诉人民政府相应的工作人员。

行政机关委托相应的工作人员出庭应诉的，应当向人民法院提交加盖行政机关印章的授权委托书，并载明工作人员的姓名、职务和代理权限。

（4）行政机关负责人和行政机关相应的工作人员均不出庭，仅委托律师出庭的，或者人民法院书面建议行政机关负责人出庭应诉，行政机关负责人不出庭应诉的，人民法院应当记录在案和在裁判文书中载明，并可以建议有关机关依法作出处理。

二、审查行政行为合法性原则

《行政诉讼法》第 6 条"人民法院审理行政案件，对行政行为是否合法进行审查"之规定确立了行政诉讼的审查行政行为合法性原则。这一原则包含两层含义：

第一，行政诉讼审查的对象是行政行为的合法性，不审查行政行为的合理性。行政行为的合法性包括行政作为的合法性和行政不作为的合法性。就行政作为的合法性审查而言，行政诉讼基本围绕主要证据充分，法律适用正确，符合法定程序，不存在超越职权、滥用职权以及明显不当等展开；就行政不作为的合法性审查而言，行政诉讼主要围绕着被告是否负有职权、相对人是否提出过履职申请、被告是否恰当履职等展开。对于行政行为的合理性，法院一般不予审查，除非存在裁量怠惰、裁量逾越或者裁量滥用构成了职权滥用或者行政行为明显不当以至于行政决定构成了实质违法。

第二，行政诉讼不审查行政相对人行为的违法性。多数的行政行为都是行政机关对行政相对人的特定行为或者特定的不作为而作出的行政处理，但是行政相对人的行为违法与否并不影响法院对被诉行政行为合法性的判断。法院审理行政案件，应当以监督行政机关依法行政和充分保障行政相对人合法权益为目标，即使行政相对人的行为违法，行政机关对违法行为的处理也要符合职权合法、程序合法、内容合法和形式合法的要求。只要行政机关对行政相对人行为的处理存在合法性瑕疵，无论行政相对人的行为合法与否，法院都应当对被诉行政行为作出否定性评价。

三、司法变更有限原则

行政和司法的不同之处及其权限分工决定了司法应当秉持谦抑性原则，不过分干涉专属于行政之事务。这种谦抑性直观地表现为行政诉讼对违法行政行为的处理方式明显区别于行政复议对违法行政行为的处理方式，前者以撤销为主，后者则以变更为主。具体而言，根据《行政复议法》第 63 条第 1 款之规定，"行政行为有下列情形之一的，行政复议机关决定变更该行政行为：（一）事实清楚，证据确凿，适用依据正确，程序合法，但是内容不适当；（二）事实清楚，证据确凿，程序合法，但是未正确适用依据；（三）事实不清、证据不足，经行政复议机关查清事实和证据"。这表明，只要事实清楚和证据确凿，行政复议机关就可以改变原行政决定的内容或者法律适用。与之相反，在被诉行政行为内容不适当或者法律适用错误的情形下，即便是事实清楚和证据确凿，法院原则上也只能撤销被诉的行政行为，而不能改变原行政决定的内容或者法律适用。

然而，如果恪守司法谦抑性原则，有可能导致行政纠纷得不到实质性化解和徒增诉累。这主要体现为行政行为被法院撤销之后，行政机关有可能会基于同一事实和理由作出与原被诉行政行为基本一样的行政行为，或者行政机关作出的新的行政行为依然无法让相对人信服，相对人又重新提起行政诉讼。为了避免这种情况，《行政诉讼法》赋予了法院有限的司法变更权，允许其在特定条件下作出变更判决，即《行政诉讼法》第 77 条规定："行政处罚明显不当，或者其他行政行为涉及对款额的确定、认定确有错误的，人民法院可以判决变更。人民法院判决变更，不得加重原告的义务或者减损原告的权益。但利害关系人同为原告，且诉讼请求相反的除外。"

四、保障公共利益原则

保障公共利益原则贯穿于行政诉讼的立案受理、审理和裁判的全过程。

在立案受理阶段，《最高人民法院关于人民法院登记立案若干问题的规定》（法释〔2015〕8 号）明确人民法院对涉及危害国家主权和领土完整、危害国家安全、破坏国家统一和民族团结、破坏国家宗教政策的起诉、自诉不予登记立案。

在案件审理阶段，公益优先原则有以下主要体现：①人民法院不公开审理涉及国家秘密、个人隐私的行政案件；②诉讼期间，不停止被诉行政行为执行，但是人民法院认为该行政行为的执行会给国家利益、社会公共利益造成重大损害的，应当作出停止执行裁定；③人民法院对行政案件宣告判决或者裁定前原告申请撤诉的，或者被告改变其所作的行政行为原告同意并申请撤诉的，由人民法院裁定是否准许，涉及国家利益和社会公共利益的不得准许撤诉；④除行政赔偿、补偿以及行政机关行使法律、法规规定的自由裁量权的案件之外，人民法院审理行政案件不适用调解，调解不得损害国家利益、社会公共利益和他人合法权益。

在裁判阶段，《行政诉讼法》第 74 条第 1 款明确规定"行政行为依法应当撤销，但撤销会给国家利益、社会公共利益造成重大损害的"以及"行政行为程序轻微违法，但对原告权利不产生实际影响的"，人民法院判决确认违法，但不撤销行政行为。

此外，《最高人民法院关于适用〈中华人民共和国行政诉讼法〉的解释》（法释〔2018〕1 号）第 82 条也规定："当事人之间恶意串通，企图通过诉讼等方式侵害国家利益、社会公共利益或者他人合法权益的，人民法院应当裁定驳回起诉或者判决驳回其请求，并根据情节轻重予以罚款、拘留；构成犯罪的，依法追究刑事责任。"

典型案例：包某照诉苍南县人民政府强制拆除案

案例来源：《温州百年百事·全国首例"民告官"案》，载《人民法院报》2019 年 7 月 13 日

案情简介：1985 年 8 月 1 日，农户包某照在浙江省苍南县舥艚镇东面的河滩上毁堤抛石填河形成三间屋基，向舥艚镇城建办申请建房，建房审批表中有当地生产大队"同意建房，请主管部门审批"的意见和印章，没有镇城建办和镇政府的审批意见和印章。在包某照根据"个别领导违规的口头同意"动工建房时，苍南县水电局等有关部门责令其停建并自行拆除，但包某照建成三间三层楼房，并办理了房屋产权登记。苍南县人民政府认为，上述房屋建在海堤范围内，对抗洪防汛造成干扰，要求其自行拆除未果。1987 年 7 月 4 日，苍南县人民政府以未经合法审批、占用水道为由，组织人员强行拆除了包某照新建的三间三层楼房的部分建筑。包某照和其子包某村不服，以苍南县人民政府侵犯其合法财产权益为由提起诉讼，要求苍南县人民政府赔偿各类损失总计 13 012 元。

依照 1982 年颁布的《民事诉讼法（试行）》的规定，"法律规定由人民法院审理的行政案件，适用本法规定"。虽然行政案件受理范围很窄，且立的是民事案号，采用民事诉讼程序审理，但仍标志着行政诉讼制度在新中国的初步建立。正是在这样的背景下，原告为立案奔波了一年多后，经浙江省高级人民法院（以下简称"浙江高院"）指定温州市中级人民法院（以下简称"温州中院"）依法受理此案。1988 年 8 月 25 日，温州中院民事审判庭在苍南县影剧院按照民事诉讼程序依法公开开庭审理此案，原告包某照一家和苍南县人民政府县长黄某余到庭参加诉讼，1000 余名群众及 20 余家媒体记者旁听此案。温州中院一审认定，原告包某照等人 1975 年在艚闸堤坡及河面上非法建房和 1985 年又毁堤建房，属违章建筑，影响引洪排洪，危害闸坝安全，苍南县人民政府强行拆除原告违章建造的部分房屋是合法、正确的。原告诉请赔偿，显属无理。8 月 28 日，温州中院依法作出驳回原告诉讼请求的一审判决。

包某照等不服，上诉至浙江高院。浙江高院依法受理后，于 1988 年 11 月 18 日在温州市公开开庭审理了此案，并于 12 月 26 日经审判委员会讨论后，作出二审判决。浙江高院二审判决认为，原审判决认定事实清楚，证据充分可靠，审判程序合法，适用法律正确，驳回包某照等人的诉讼请求，并无不当。根据《民事诉讼法（试行）》第 150 条第 1 款第 1 项之规定，判决驳回

上诉，维持原判。

　　案件意义：这是全国范围内首次农民运用法律手段起诉县政府、法院依法受理公开审判、县长作为被告出庭应诉——三者结合，官司的影响远超官司本身。此案被誉为全国第一届人民代表大会至第九届人民代表大会50年间"民主与法制建设"十件大事之一，并入选"浙江律师在推进民主与法制发展中最有影响的十大案例"。作为《行政诉讼法》颁布前的全国首例农民告县长案，本案虽并不是中国的第一起行政案件，却因为其重要意义被称为中国行政诉讼第一案。虽然本案以原告的败诉结束，但它的影响却是深远的。它唤起了公民依法维权意识的觉醒和政府对依法行政的反思，推动了中国行政诉讼制度的确立。1989年4月，第七届全国人民代表大会第二次会议通过《行政诉讼法》，并于1990年10月1日起施行，中国的行政诉讼制度正式确立。自此，行政相对人针对行政行为的诉讼有了专门的制度支持，标志着新中国的法治建设逐步走向健全与完善。1994年5月，《国家赔偿法》颁布；1996年3月，《行政处罚法》颁布；1999年4月，第九届全国人民代表大会常务委员会第九次会议通过《行政复议法》，行政诉讼义有了一个新通道。

复习与思考题：

1. 行政诉讼的基本特征。
2. 如何理解"人民法院审理行政案件，对行政行为是否合法进行审查"。
3. 保障公共利益原则在行政诉讼中的制度体现。

第十五章
行政诉讼的起诉条件

本章知识要点：

1. 行政诉讼受案范围
2. 行政诉讼管辖
3. 行政诉讼当事人
4. 行政诉讼起诉期限
5. 行政复议与行政诉讼程序衔接
6. 重复起诉
7. 滥诉及其规制

第一节　行政诉讼受案范围

行政诉讼受案范围是指法院受理行政争议案件的界限，即可以受理什么样的案件，不能受理什么样的案件，哪些行政活动应当由法院审查，哪些不能被审查。因此，行政诉讼受案范围既关系到行政相对人受司法保护的权利范围，也关系到司法权监督行政权的边界范围。现行《行政诉讼法》从肯定和否定两个方面规定了我国行政诉讼的受案范围。围绕有关立法和司法实践，本节设计了以下三个方面的内容：第一，《行政诉讼法》肯定的受案范围；第二，《行政诉讼法》排除的受案范围；第三，司法解释排除的受案范围。

一、《行政诉讼法》肯定的受案范围

《行政诉讼法》第 2 条规定："公民、法人或者其他组织认为行政机关和行政机关工作人员的行政行为侵犯其合法权益，有权依照本法向人民法院提

起诉讼。前款所称行政行为，包括法律、法规、规章授权的组织作出的行政行为。"根据这一规定，凡行政行为侵害公民、法人或者其他组织合法权益的，都应当纳入行政诉讼的受案范围。而且，行政行为在范围上也不限于组织法意义上的行政机关所作出的行政行为，还包括法律、法规、规章授权的组织依照授权实施行政管理的行为。在我国，这主要是指律师协会、医师协会等行业协会、高等学校、国有企事业单位、基层群众性自治组织、工青妇等社会团体依照单行法律、法规或者规章的授权所实施的具有行政管理性质的行为。

在《行政诉讼法》第 2 条的基础上，《行政诉讼法》第 12 条第 1 款对行政诉讼受案范围进行了列举式规定，进一步明确人民法院受理公民、法人或者其他组织提起的下列诉讼：

（1）对行政拘留、暂扣或者吊销许可证和执照、责令停产停业、没收违法所得、没收非法财物、罚款、警告等行政处罚不服的；

（2）对限制人身自由或者对财产的查封、扣押、冻结等行政强制措施和行政强制执行不服的；

（3）申请行政许可，行政机关拒绝或者在法定期限内不予答复，或者对行政机关作出的有关行政许可的其他决定不服的；

（4）对行政机关作出的关于确认土地、矿藏、水流、森林、山岭、草原、荒地、滩涂、海域等自然资源的所有权或者使用权的决定不服的；

（5）对征收、征用决定及其补偿决定不服的；

（6）申请行政机关履行保护人身权、财产权等合法权益的法定职责，行政机关拒绝履行或者不予答复的；

（7）认为行政机关侵犯其经营自主权或者农村土地承包经营权、农村土地经营权的；

（8）认为行政机关滥用行政权力排除或者限制竞争的；

（9）认为行政机关违法集资、摊派费用或者违法要求履行其他义务的；

（10）认为行政机关没有依法支付抚恤金、最低生活保障待遇或者社会保险待遇的；

（11）认为行政机关不依法履行、未按照约定履行或者违法变更、解除政府特许经营协议、土地房屋征收补偿协议等协议的；

（12）认为行政机关侵犯其他人身权、财产权等合法权益的。

对"行政机关侵犯其他人身权、财产权等合法权益"应当从两个方面予以理解：其一，行政相对人认为除《行政诉讼法》第 12 条第 1 款第 1 项至第 11 项的规定以外的其他行政行为侵害其人身权、财产权，依法提起行政诉讼的，只要不属于《行政诉讼法》明确排除的受案范围，都属于法院司法审查的对象；其二，可以提起行政诉讼的不仅仅限于侵害公民、法人或者其他组织人身权、财产权的行政行为，还包括侵害行政相对人其他合法权益的行政行为，如受教育权、政治权利、社会权利和救济权利等在内的诸多权益。

此外，随着社会经济结构变迁带来的权益类型的多样化、公民权利意识越来越强以及法院在司法实践中的经验积累越来越丰富，受司法保护的权益范围也必然会越来越广泛。为了进一步扩大行政诉讼受案范围，《行政诉讼法》第 12 条第 2 款专门规定："除前款规定外，人民法院受理法律、法规规定可以提起诉讼的其他行政案件。"根据这一规定，《行政诉讼法》对行政诉讼受案范围的规定只是列举了常见的可以提起行政诉讼的行政行为类型，单行法律、法规在《行政诉讼法》之外对特定事项可否纳入司法审查的范畴作出特别规定。

二、《行政诉讼法》排除的受案范围

《行政诉讼法》排除的受案范围集中体现在《行政诉讼法》第 13 条，该条明确列举了四类不可诉行为，即"人民法院不受理公民、法人或者其他组织对下列事项提起的诉讼：（一）国防、外交等国家行为；（二）行政法规、规章或者行政机关制定、发布的具有普遍约束力的决定、命令；（三）行政机关对行政机关工作人员的奖惩、任免等决定；（四）法律规定由行政机关最终裁决的行政行为"。

（一）国防、外交等国家行为

根据《最高人民法院关于适用〈中华人民共和国行政诉讼法〉的解释》（法释〔2018〕1 号）第 2 条第 1 款，《行政诉讼法》第 13 条第 1 项规定的"国家行为"，是指国务院、中央军事委员会、国防部、外交部等根据宪法和法律的授权，以国家的名义实施的有关国防和外交事务的行为，以及经宪法和法律授权的国家机关宣布紧急状态等行为。根据这一解释，国家行为具有两大类：一是处理国家外部关系的行为，即国务院、中央军事委员会、国防部、外交部根据宪法和法律的授权，以国家的名义实施的有关国防和外交事务的行为；二是处理一国内部关系的行为，即经宪法和法律授权的国家机关

宣布紧急状态等行为。这两类行为通常是特定主体基于国家的政治利益需求而作出的，以追求国家整体利益为目的，且国防、外交等行为因处理的是国与国之间的关系，因而具有高度的主权性。国家行为的政治性、整体性和主权性决定了其不受一般行政法规则的制约，国防、外交等行为在确保领土和主权完整的原则下主要遵循国际条约和惯例，而宣布紧急状态等国家内部行为则受紧急状态等特殊法律的调整。

（二）具有普遍约束力的决定、命令

根据《最高人民法院关于适用〈中华人民共和国行政诉讼法〉的解释》（法释〔2018〕1号）第2条第2款，《行政诉讼法》第13条第2项规定的"具有普遍约束力的决定、命令"，是指行政机关针对不特定对象发布的能反复适用的规范性文件。《行政诉讼法》将规范性文件排除在行政诉讼的受案范围，仅仅是不允许行政相对人直接对规范性文件提起行政诉讼，而非绝对排除法院对规范性文件的司法审查。考虑到实践中规范性文件的制定主体的多层级性和制定程序的非严格性，规范性文件违法的情形在所难免，且规范性文件一旦违法给行政相对人权益造成的侵害后果往往比具体的行政决定有过之而无不及，所以《行政诉讼法》确立了规范性文件的一并审查机制，即允许行政相对人在对具体的行政决定提起行政诉讼时一并请求法院对作为被诉行政行为依据的规章效力以下的规范性文件的合法性进行审查。根据《行政诉讼法》第53条，行政相对人可以一并请求合法性审查的规范性文件包括：①国务院部门制定的规范性文件；②地方人民政府制定的规范性文件；③县级以上地方人民政府的职能部门制定的规范性文件。同时，《行政诉讼法》第64条规定："人民法院在审理行政案件中，经审查认为本法第五十三条规定的规范性文件不合法的，不作为认定行政行为合法的依据，并向制定机关提出处理建议。"此外，《最高人民法院关于适用〈中华人民共和国行政诉讼法〉的解释》（法释〔2018〕1号）设专章对"规范性文件的一并审查"从程序和实体两个方面作了相对细致的可操作性规范。

（三）对行政机关工作人员的奖惩、任免等决定

根据《最高人民法院关于适用〈中华人民共和国行政诉讼法〉的解释》（法释〔2018〕1号）第2条第3款，《行政诉讼法》第13条第3项规定的"对行政机关工作人员的奖惩、任免等决定"，是指行政机关作出的涉及行政机关工作人员公务员权利义务的决定。

　　行政机关对本机关工作人员的奖惩、任免等决定是指行政机关对本机关公务员所作的包括录取、考核、交流、培训、工资福利、职务升降、奖励、处分、开除、辞退等在内的所有行为，这类行为被认为是行政内部管理行为。这种内部管理的主要特征之一就是行政机关为达成行政目的对本机关的公务员享有概括的命令支配权，只要行政机关的决定不违法，公务员就有服从和执行上级决定和命令的绝对义务。因此，公务员对涉及本人的人事处理不服的，不能向法院提起诉讼，只能通过内部复核或者申诉的方式实现权利救济，但复核、申诉期间不停止人事处理的执行。

　　（四）法律规定由行政机关最终裁决的行政行为

　　根据《最高人民法院关于适用〈中华人民共和国行政诉讼法〉的解释》（法释［2018］1号）第2条第4款，《行政诉讼法》第13条第4项规定的"法律规定由行政机关最终裁决的行政行为"中的"法律"，是指全国人民代表大会及其常务委员会制定、通过的规范性文件。

　　"法律规定由行政机关最终裁决某些行政行为"的理由可以概括为两点：①根据司法与行政的权力划分及各自的权力特征，有些事务具有高度的行政专业性，以至于司法机关不了解也没有能力解决这类事务；②出于对某个行政主体的高度尊重，对于这类行政机关所作的决定，司法不宜加以否定，例如，《行政复议法》规定国务院对行政争议所作的裁决是最终裁决，实际上就是确立了国务院不得做被告的现实地位。

　　需要指出的是，根据《立法法》，司法和诉讼制度属于法律绝对保留的范围，所以对于行政终局裁决的行为，只能通过全国人民代表大会及其常务委员会的法律或者决定、决议以及对法律的解释加以规定。同时，司法是最为中立以及专业的适法，被认为是权益保障的最后一道屏障，所以从保障权益的角度而言，对于行政终局裁决的行为，必须从外延上加以限制。

三、司法解释排除的受案范围

　　《最高人民法院关于适用〈中华人民共和国行政诉讼法〉的解释》（法释［2018］1号）第1条第2款规定采取列举条款+兜底条款的方式对行政诉讼的受案范围作出了排除性规定，即"下列行为不属于人民法院行政诉讼的受案范围：（一）公安、国家安全等机关依照刑事诉讼法的明确授权实施的行为；（二）调解行为以及法律规定的仲裁行为；（三）行政指导行为；（四）驳回当事人对行政行为提起申诉的重复处理行为；（五）行政机关作出的不产生外部法律效力的行为；（六）行政机关为作出行政行为而实施的准备、论证、研究、层报、咨询等过程性行为；（七）行政机关根据人民法院的生效裁判、协助执行通知书作出的执行行为，但行政机关扩大执行范围或者采取违法方式实施的除外；（八）上级行政机关基于内部层级监督关系对下级行政机关作出的听取报告、执法检查、督促履责等行为；（九）行政机关针对信访事项作出的登记、受理、交办、转送、复查、复核意见等行为；（十）对公民、法人或者其他组织权利义务不产生实际影响的行为"。该条款列举的事项是实践中较为常见但在可诉性方面具有较大争议的事项。法院在具体个案中适用该条款时要注意，上述事项并非绝对不可诉，是否可诉要根据案件的具体情况对被诉的行为进行实质性甄别，如果被诉行为是行政机关行使公权力的行为且已经对当事人权利义务产生了实际影响，则应当对其进行司法审查。

（一）刑事司法行为

这类行为的主体具有特定性，即公安机关和国家安全机关，它们在国家机构体系设置中具有双重身份，既是刑事侦查机关，又是行政管理机关。"公安、国家安全等机关依照刑事诉讼法的明确授权实施的行为"是指《刑事诉讼法》规定的刑事强制措施（拘传、取保候审、监视居住、拘留、逮捕）和刑事侦查行为（勘验、检查、搜查、扣押、鉴定、通缉等），是为了保障刑事诉讼活动的顺利进行而实施的刑事司法行为。公安机关和国家安全机关在采取上述行为的时候并没有运用行政权力的目的，因而其行为不是行使行政权力的行为，不属于行政诉讼的受案范围。

如果公安机关和国家安全机关实施的某一行为没有《刑事诉讼法》的明确授权，或者其目的并不是保障刑事诉讼活动的顺利进行，即使该行为表面上具备刑事司法行为的特征，也可以对其进行司法审查。

（二）行政调解和法律规定的仲裁行为

行政调解是国家行政机关处理平等主体之间民事争议的一种方法，以争议双方当事人自愿为原则，促成双方协商并达成协议，从而解决争议。自愿原则意味着是否接受调解以及能不能达成调解协议完全取决于当事人的意思自治，具体表现为：①当事人可以不经调解直接采取其他途径如民事诉讼、仲裁来解决纠纷；②当事人在行政机关的居中调停下达成的调解协议不具有强制执行力，由当事人自愿选择履行，当事人不履行不影响其通过其他方式重新解决民事争议。由此可见，行政机关在调解过程中以及对调解协议的达成与否并没有行使任何行政权，行政调解是当事人的意思自治行为，故而不属于以监督行政行为合法性为目的的行政诉讼的受案范围。

与行政调解一样，法律规定的仲裁是指仲裁机构居于中立的地位对平等主体之间的民事纠纷按照法定的程序予以解决；与行政调解协议不具有法律效力所不同的是，仲裁决定具有法律效力。仲裁行为体现了民间性和自治性，其不属于行政诉讼的受案范围的理由在于：①仲裁行为是由相对独立的仲裁机构作出的，这些仲裁机构不具有公权力性质，不属于行政机关；②当事人采用仲裁方式解决争议是基于双方当事人的自愿达成的仲裁协议，没有仲裁协议而一方当事人申请仲裁的，仲裁机构不予受理；③仲裁实行一裁终局制。

（三）行政指导行为

所谓行政指导，是指行政机关在其所管辖事务的范围内，通过制定倡导性、诱导性规范性文件或者采取具体建议、劝告等非强制性手段，促使行政相对人自愿采取或不采取某种行为，以实现一定行政目的的行政行为。行政指导在行政机关实施社会公共事务管理的过程中广泛存在，形式多样，既可以是针对不特定对象的通知、纲要、会议纪要等规范性文件，也可以是针对特定主体提供咨询意见、建议、劝诫。行政指导的典型特征就是非强制性，相对人接受或者不接受指导都是自愿的，因而并没有直接导致行政主体和相对人之间法律关系的产生、变更或者消灭，也就不能对其提起行政诉讼。

但是，如果行政机关以行政指导之名行干预相对人权利义务之实，并侵犯相对人合法权益的，相对人可以对其提起行政诉讼，在其他立案条件都符合的情形下，法院也不得拒绝受理。

（四）驳回当事人对行政行为提起申诉的重复处理行为

行政重复处理行为系指行政机关对先前行政行为已确定（已过争讼期限）的行政法律关系状态予以再确定，并未产生新的法律效果之行为。从行政相对人的角度来说，行政重复处理行为系指针对已过争讼期限或者效力已经确定的行政行为及相关法律关系状态，要求行政机关予以重新处置，行政机关经审查未对原行政行为和相关法律关系状态予以改变，故而对当事人的权利义务并未产生新的影响。

（五）行政机关作出的不产生外部法律效力的行为

所谓外部效力，是指行政机关所作的行为对行政相对人的权利义务产生了直接的影响，它通常要求行政机关实施某一行为既有运用行政权力以规制行政相对人行为的主观意图，同时也在客观上产生了规制相对人的法律后果。这是行政机关的行为是否可诉的重要特征之一。因此，如果是纯粹的内部行政事项，如行政机关的内部会议纪要、上级对下级的命令指示等并不产生外部效力，则属于不可诉的行为。实践中，如果行政机关在实施行政管理过程中作出的内部行政行为产生了直接的、外部的法律效果，则具备可诉性。

（六）过程性行为

行政机关为作出行政行为而实施的准备、论证、研究、层报、咨询等过程性行为，不是完全独立的行政行为，并不是行政机关对相对人的最终意思表示，而只是行政机关与申请人进行沟通过程中的中间行为，不能单独影响公民、法人或其他组织的合法权益，而要依附于其后续的最终行政决定，才能对当事人产生影响。故而相对人如就过程性行为提起诉讼或者申请复议，将不被受理。过程性行为本身缺乏独立性，故而不属于行政诉讼的受案范围。

（七）司法协助行为

行政诉讼是对行政行为合法性的监督，行政机关根据人民法院的生效裁判、协助执行通知书作出的执行行为属于司法协助行为，"基于行政权不能对抗司法权的原则，行政机关的协助执行行为是其必须履行的法定义务，而不是自主行政行为，因而对该行为进行审查并无实际意义"。[1]换言之，如果行政机关扩大了执行范围或者采取违法方式实施协助行为给当事人造成损害，当事人提起诉讼的，法院应当受理。

（八）层级监督行为

上级行政机关基于内部层级监督关系对下级行政机关作出的听取报告、执法检查、督促履责等行为属于上下级之间的内部管理与监督，并不直接为当事人设定权利义务，故而属于不可诉的行为。

（九）信访处理行为

根据《信访条例》（已失效）的规定，信访工作机构是县级以上人民政府或其职能部门授权负责信访工作的专门机构，其依据《信访条例》（已失效）作出的登记、受理、交办、转送、复查、复核意见等行为，对信访人不

---

〔1〕　姜明安主编：《行政法与行政诉讼法》（第 7 版），高等教育出版社、北京大学出版社 2017 年版，第 310 页。

具有强制力，对信访人的权利义务不产生实质影响，因而不属于行政诉讼的受案范围。

第二节 行政诉讼管辖

行政诉讼的管辖是指不同性质、不同级别和不同地域的人民法院在受理第一审行政案件方面的职权分工。根据行政诉讼管辖是否由法律直接规定的标准，学理上将行政诉讼管辖区分为法定管辖和裁定管辖。法定管辖是指法律明确规定第一审案件由哪一法院行使管辖权，可以根据法院对行政案件的纵横管辖关系的不同，分为级别管辖和地域管辖。裁定管辖则是指由法院裁定行政案件的具体管辖法院，可以依据管辖决定方式的不同，分为指定管辖、移送管辖和管辖权转移。

《行政诉讼法》关于管辖的确定，主要考虑便捷、公正的原则，既要便于当事人进行诉讼、人民法院有效行使审判权和行政案件裁判的顺利执行等，又要尽量减少和避免行政权干预审判权的现象，以确保受诉人民法院公正审理案件。因此，《行政诉讼法》在规定多数一审案件由基层法院管辖和一般地域管辖的原则之外，还对某些案件的提级管辖、专业法院管辖和跨行政区域审理行政案件作出了规定。

立案后，受诉人民法院的管辖权不受当事人住所地改变、追加被告等事实和法律状态变更的影响，此谓之管辖恒定原则。当然，如果当事人（通常是被告）认为受诉人民法院对已经受理的行政案件不具有管辖权，其可以提出管辖异议。

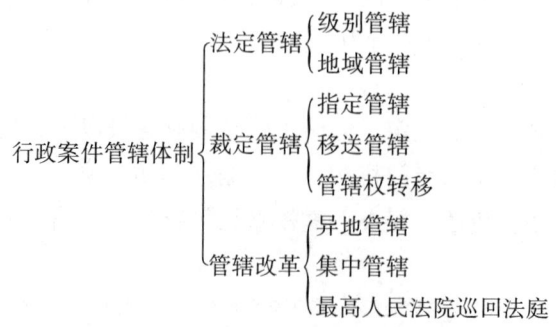

一、级别管辖

级别管辖是指上下级人民法院之间受理第一审案件的分工和权限。根据《宪法》和《人民法院组织法》的规定，我国法院的设置分为四级，即基层人民法院、中级人民法院、高级人民法院和最高人民法院。行政诉讼的级别管辖要解决的是在目前四级法院的体系中，第一审行政案件应由哪一级法院来审理的问题。

（一）《行政诉讼法》对级别管辖的一般规定

《行政诉讼法》第 14 条至第 17 条四个条款对级别管辖作出了一般性规定，具体如下：

第一，第一审行政案件原则上由基层人民法院管辖。《行政诉讼法》第 14 条规定："基层人民法院管辖第一审行政案件。"这意味着，除了法律特别规定应当由中级人民法院、高级人民法院和最高人民法院一审管辖的案件，其余案件都由基层法院行使一审管辖权。换言之，实践中绝大部分案件的一审都是在基层法院完成的。这是因为，基层法院在我国数量大、分布广，当事人所在地、争议财产所在地、行为发生地等都在基层法院的辖区范围内，由基层法院审理一审案件既便于当事人进行诉讼，也便于人民法院有效行使审判权和判决的顺利执行。

第二，中级人民法院对特定行政案件行使一审管辖权。根据《行政诉讼法》第 15 条的规定，中级人民法院管辖下列第一审行政案件：

（1）对国务院部门或者县级以上地方人民政府所作的行政行为提起诉讼的案件。立法作此规定主要是考虑到：一方面，国务院部委的行政级别较高，其作出的行政决定通常具有较强的专业性和政策性，不宜由基层法院审理；另一方面，基层法院的审级较低，且法院在人财物等方面都受制于同级人民政府，由基层法院审理其所在县级以上人民政府为被告的案件难以摆脱地方干预，从而影响案件的公正审判。

（2）海关处理的案件。立法作此规定，一方面是因为海关行政案件专业性较强，由中级人民法院管辖有利于保障办案质量，另一方面是因为海关行政机关在我国属于垂直管辖的机关，其设置不具有普遍性，多数海关行政机关都与中级人民法院的辖区吻合，符合地域管辖的一般原则。

（3）本辖区内重大、复杂的案件。由中级人民法院对其辖区内重大、复杂的案件行使一审管辖权，体现了我国行政诉讼管辖制度的灵活性。根据《最高人民法院关于适用〈中华人民共和国行政诉讼法〉的解释》（法释〔2018〕1号）第5条，《行政诉讼法》第15条第3项规定的"本辖区内重大、复杂的案件"具体是指：①社会影响重大的共同诉讼案件；②涉外或者涉及香港特别行政区、澳门特别行政区、台湾地区的案件；③其他重大、复杂案件。实践中，对于何为"重大、复杂"，由中级人民法院根据案件性质、疑难程度、被告的行政级别、社会影响等因素综合考量认定[1]。

（4）其他法律规定由中级人民法院管辖的案件。立法作此规定，主要是考虑到《行政诉讼法》在条文内容上有可能会滞后于社会经济的发展变化，因而为将来可能出现的不宜由基层法院行使一审管辖权的案件类型在管辖规则的适用上预留空间，即由单行法作出特别规定。

第三，高级人民法院和最高人民法院管辖辖区范围内重大、复杂的第一审行政案件。《行政诉讼法》第16条规定："高级人民法院管辖本辖区内重大、复杂的第一审行政案件。"第17条规定："最高人民法院管辖全国范围内重大、复杂的第一审行政案件。"据此，高级人民法院对本省、自治区、直辖市范围内，案情疑难、重大，涉及面广的案件行使一审管辖权，最高人民法院则对在全国范围内有重大影响的案件、在国际上有重大影响的涉外案件行使一审管辖权。

（二）管辖权在上下级法院之间的转移

根据《行政诉讼法》和《最高人民法院关于适用〈中华人民共和国行政诉讼法〉的解释》（法释〔2018〕1号）的相关规定，管辖权在上下级法院之间的转移包括以下情形：

第一，上级人民法院提级管辖。《行政诉讼法》第24条第1款规定："上级人民法院有权审理下级人民法院管辖的第一审行政案件。"据此，上级人民法院可以将本应由下级人民法院审理的案件直接提级审理。

第二，当事人直接向上级人民法院起诉的，由上级人民法院裁定处理。当事人直接向上级人民法院起诉包括两种情形：一是当事人自己认为案件重大、复杂而越级起诉的；二是当事人向下级人民法院起诉，但下级人民法院在法定期限内既不立案，又不作出不予立案裁定，故而当事人向上级人民法

---

〔1〕 何海波：《行政诉讼法》（第3版），法律出版社2022年版，第237页。

院起诉的（《行政诉讼法》第 52 条）。《最高人民法院关于适用〈中华人民共和国行政诉讼法〉的解释》（法释［2018］1 号）第 6 条规定："当事人以案件重大复杂为由，认为有管辖权的基层人民法院不宜行使管辖权或者根据行政诉讼法第五十二条的规定，向中级人民法院起诉，中级人民法院应当根据不同情况在七日内分别作出以下处理：（一）决定自行审理；（二）指定本辖区其他基层人民法院管辖；（三）书面告知当事人向有管辖权的基层人民法院起诉。"

第三，下级人民法院对其管辖的第一审行政案件认为需要由上级人民法院审理而报请上级人民法院决定，由上级人民法院裁定处理。《行政诉讼法》第 24 条第 2 款规定："下级人民法院对其管辖的第一审行政案件，认为需要由上级人民法院审理或者指定管辖的，可以报请上级人民法院决定。"同时，《最高人民法院关于适用〈中华人民共和国行政诉讼法〉的解释》（法释［2018］1 号）第 7 条规定："基层人民法院对其管辖的第一审行政案件，认为需要由中级人民法院审理或者指定管辖的，可以报请中级人民法院决定。中级人民法院应当根据不同情况在七日内分别作出以下处理：（一）决定自行审理；（二）指定本辖区其他基层人民法院管辖；（三）决定由报请的人民法院审理。"

二、地域管辖

地域管辖是指同级人民法院之间横向划分其各自辖区内受理第一审案件的职权和分工。地域管辖是在确定级别管辖的基础上划分的，即在确定级别管辖之后，才能借助地域管辖的一般规则来确定第一审案件的具体管辖法院。根据《行政诉讼法》，行政诉讼的地域管辖分为一般地域管辖和特殊地域管辖，特殊地域管辖主要是指限制公民人身自由的案件和涉及不动产的案件的管辖。

（一）一般地域管辖

行政诉讼一般地域管辖的原则是"原告就被告"。《行政诉讼法》第 18 条第 1 款规定："行政案件由最初作出行政行为的行政机关所在地人民法院管辖。经复议的案件，也可以由复议机关所在地人民法院管辖。"对这一规定，应从以下方面加以理解：

（1）最初作出行政行为的行政机关所在地人民法院管辖的情形。这包括三种情形：第一种是未经过行政复议直接向人民法院起诉的案件，由最初作出行政行为的行政机关所在地人民法院管辖，即被告所在地人民法院管辖；第二种是《行政诉讼法》第26条第3款前半句规定的情形，即"复议机关在法定期限内未作出复议决定，公民、法人或者其他组织起诉原行政行为的，作出原行政行为的行政机关是被告"，因此在地域管辖上也由最初作出行政行为的行政机关所在地人民法院管辖；第三种则是复议机关不受理复议申请的情形下，原告直接起诉原行政行为的，以最初作出行政行为的行政机关为被告并由其所在地人民法院行使管辖权。

（2）复议机关所在地人民法院行使管辖权。这也包括两种情形：第一种是经过行政复议的案件，复议决定改变了原行政行为，当事人提起诉讼的，应由复议机关所在地人民法院作为受案法院，同时以复议机关级别确定级别管辖，其法律依据在于《行政诉讼法》第26条第2款后半句规定"复议机关改变原行政行为的，复议机关是被告"；第二种情形是，根据《行政诉讼法》第26条第3款后半句的规定，"起诉复议机关不作为的，复议机关是被告"，自然由复议机关所在地人民法院行使管辖权，这里"复议机关不作为"包括复议机关不受理复议申请的情形和复议机关在法定期限内不作复议决定的情形。

根据《最高人民法院关于适用〈中华人民共和国行政诉讼法〉的解释》（法释〔2018〕1号）第22条，《行政诉讼法》第26条第2款规定的"复议机关改变原行政行为"包括下列三种情形：①复议机关改变原行政行为的处理结果；②复议机关确认原行政行为无效；③复议机关确认原行政行为违法，但是复议机关以违反法定程序为由确认原行政行为违法的，不属于改变原行政行为。

（3）经过行政复议的案件，若复议机关决定维持原行政行为，则原告既可以向作出原行政行为的行政机关所在地人民法院起诉，也可以向复议机关所在地人民法院起诉。这是因为，根据《行政诉讼法》第26条第2款前半句和《最高人民法院关于适用〈中华人民共和国行政诉讼法〉的解释》（法释〔2018〕1号）第134条第1款的规定，复议机关决定维持原行政行为的，作出原行政行为的行政机关和复议机关是共同被告。原告只起诉作出原行政行为的行政机关或者复议机关的，人民法院应当告知原告追加被告。原告不同意追加的，人民法院应当将另一机关列为共同被告。行政复议决定既有维持原行政行为内容，又有改变原行政行为内容或者不予受理申请内容的，作出原行政行为的行政机关和复议机关为共同被告。这意味着在以作出原行政行为的行政机关和复议机关作为共同被告的情形下，原告有选择管辖法院的机会，但在选择管辖法院的同时也要考虑《最高人民法院关于适用〈中华人民共和国行政诉讼法〉的解释》（法释［2018］1号）第134条第3款对级别管辖的规定，即"复议机关作共同被告的案件，以作出原行政行为的行政机关确定案件的级别管辖"。因此，如果复议机关和作出原行政行为的行政机关在同一辖区，则原告只需根据作出原行政行为的行政机关确定级别管辖和地域管辖；如果复议机关和作出原行政行为的行政机关不在同一辖区，则原告既可以向作出原行政行为的行政机关所在地人民法院起诉，也可以向复议机关所在地人民法院起诉，但应以作出原行政行为的行政机关确定级别管辖。

根据《最高人民法院关于适用〈中华人民共和国行政诉讼法〉的解释》（法释［2018］1号）第22条、第133条，复议机关维持原行政行为包括下列情形：①复议机关维持原行政行为的处理结果（复议机关改变原行政行为所认定的主要事实和证据、改变原行政行为所适用的规范依据，但未改变原行政行为处理结果的，视为复议机关维持原行政行为）；②复议机关驳回复议申请或者复议请求（复议机关不受理复议申请的情形除外，此种情形当事人可以分别起诉复议机关不作为和原行政行为，此时复议机关与原行政机关不为共同被告，地域管辖也以各自所在地为原则）；③复议机关以违反法定程序为由确认原行政行为违法。

（二）限制人身自由的行政强制措施案件的管辖

《行政诉讼法》第19条规定："对限制人身自由的行政强制措施不服提起的诉讼，由被告所在地或者原告所在地人民法院管辖。"根据这一规定，对于限制人身自由的行政强制措施案件，被告所在地人民法院和原告所在地人民法院都有管辖权，原告可以自行选择具体的管辖法院。因此，有学者将这类案件的管辖称为选择管辖。

《最高人民法院关于适用〈中华人民共和国行政诉讼法〉的解释》（法释［2018］1号）第8条规定："行政诉讼法第十九条规定的'原告所在地'，包括原告的户籍所在地、经常居住地和被限制人身自由地。对行政机关基于同一事实，既采取限制公民人身自由的行政强制措施，又采取其他行政强制措施或者行政处罚不服的，由被告所在地或者原告所在地的人民法院管辖。"据此，法院受理限制人身自由的行政强制措施案件，可以一并管辖审理行政机关基于同一事实作出的其他行政强制措施或行政处罚行为。

选择管辖上述制度规定有利于最大限度地保护原告诉权，方便原告起诉的同时也方便法院审理案件，可以节约司法资源并防止不同法院的裁判冲突。在选择管辖的案件中，如果原告同时向两个有管辖权的法院提起行政诉讼，则由先立案的法院行使管辖权。（《行政诉讼法》第21条规定："两个以上人民法院都有管辖权的案件，原告可以选择其中一个人民法院提起诉讼。原告向两个以上有管辖权的人民法院提起诉讼的，由最先立案的人民法院管辖。"）

（三）不动产案件的管辖

《行政诉讼法》第20条规定："因不动产提起的行政诉讼，由不动产所在地人民法院管辖。"据此，因不动产提起的行政诉讼，只能由不动产所在地人民法院管辖，这类管辖具有排他性，因而被称为专属管辖。实践中，大量的行政活动都会直接或间接地涉及不动产，例如违章建筑的行政处罚和强制拆除、土地的权属确定、与场所有关的行政许可等，若凡是涉及不动产的行政纠纷都由不动产所在地人民法院管辖，则有可能导致行政案件的一般地域管辖规则丧失实际意义。所以，对"因不动产提起的行政诉讼"案件范围必须有所限定。为此，《最高人民法院关于适用〈中华人民共和国行政诉讼法〉的解释》（法释〔2018〕1号）第9条规定："行政诉讼法第二十条规定的'因不动产提起的行政诉讼'是指因行政行为导致不动产物权变动而提起的诉讼。不动产已登记的，以不动产登记簿记载的所在地为不动产所在地；不动产未登记的，以不动产实际所在地为不动产所在地。"这里的不动产物权变动既包括因民事行为如房屋买卖、抵押等导致的物权初始登记行为和变更登记行为，也包括因行政管理如土地征收、房屋拆迁等导致的不动产权属的实际变动。

三、裁定管辖

前述级别管辖和地域管辖因为通过法律的直接规定而确定的管辖，属于法定管辖。实践中，有些案件的具体管辖法院单纯依靠法定管辖的规则难以确定时，就需要根据人民法院的裁定来予以必要补充，因而就有了裁定管辖的必要。根据《行政诉讼法》第22条至第24条的规定，裁定管辖主要包括移送管辖、指定管辖和管辖权转移三种类型。此外，实践中，管辖异议通常是导致裁定管辖的重要原因，这里一并予以说明。

（一）移送管辖

移送管辖是指受诉人民法院对于已经受理的案件经审查发现不属于本院管辖时，将案件移送给其他有管辖权的法院。因此，移送管辖实质上并非管辖权的转移，而是案件的移送。《行政诉讼法》第 22 条规定："人民法院发现受理的案件不属于本院管辖的，应当移送有管辖权的人民法院，受移送的人民法院应当受理。受移送的人民法院认为受移送的案件按照规定不属于本院管辖的，应当报请上级人民法院指定管辖，不得再自行移送。"据此，移送管辖必须满足以下条件：第一，人民法院已经实际受理案件；第二，受诉人民法院对案件没有管辖权；第三，受移送的人民法院对案件有管辖权；第四，受移送的人民法院认为受移送的案件不属于本院管辖的，必须报请上级人民法院指定管辖。

（二）指定管辖

指定管辖是指上级人民法院以裁定的方式将某一案件交由某个下级人民法院管辖。《行政诉讼法》第 23 条规定："有管辖权的人民法院由于特殊原因不能行使管辖权的，由上级人民法院指定管辖。人民法院对管辖权发生争议，由争议双方协商解决。协商不成的，报它们的共同上级人民法院指定管辖。"根据这一规定，指定管辖有两种情形：

一是有管辖权的人民法院由于特殊原因不能行使管辖权。这里的特殊原因既包括法律上的原因，如因回避、审判力量不足等导致不能有效组成合议庭审理案件，或者行政干预导致案件不能公正审理；也包括事实上的原因，如重大自然灾害、不可抗力等导致案件不能正常审理。根据最高人民法院司法解释的精神和有关司法实践，有下列情形之一的，有管辖权的人民法院应当报请上一级人民法院指定管辖：①原告是受诉人民法院的工作人员、受诉人民法院所在地的党政主要负责人或者是受诉人民法院主要领导人或者行政审判人员近亲属的；②受诉人民法院参与了被诉行政行为，当事人申请回避且理由成立的；③其他特殊原因。

二是人民法院对管辖权发生争议，且争议方对管辖协商不成的，报它们的共同上级人民法院指定管辖。

此外，根据《行政诉讼法》第 52 条、《最高人民法院关于适用〈中华人民共和国行政诉讼法〉的解释》（法释〔2018〕1 号）第 6 条、第 7 条的规定，下列情形是指定管辖：①原告向人民法院起诉后，人民法院既不立案，又不作出不予立案裁定的，当事人直接向上一级人民法院起诉，上一级人民法院认为符合起诉条件的，指定其他下级人民法院立案、审理；②当事人以案件重大复杂为由，认为有管辖权的基层人民法院不宜行使管辖权而向中级人民法院起诉的，中级人民法院根据案件情况指定原法院或者本辖区其他基层人民法院管辖；③基层人民法院对其管辖的第一审行政案件，认为需要由中级人民法院审理或者指定管辖，而报请中级人民法院决定的，中级人民法院根据案件情况指定原法院或者本辖区其他基层人民法院管辖。这也是司法实践中异地管辖的主要途径，可以相对有效地保障行政相对人的诉权，发挥行政诉讼监督行政行为合法性和保障相对人合法权益的功能。[1]

（三）管辖权转移

管辖权转移主要是指由上级人民法院决定或者同意，把案件的管辖权由下级人民法院移交给上级人民法院。《行政诉讼法》第 24 条规定："上级人民法院有权审理下级人民法院管辖的第一审行政案件。下级人民法院对其管辖的第一审行政案件，认为需要由上级人民法院审理或者指定管辖的，可以报请上级人民法院决定。"根据这一规定，行政诉讼案件的管辖权转移可以分为两种情形：一是对于下级人民法院既不受理又不作不予受理裁定的案件，上级人民法院认为符合受理条件的，可以自行受理、审理；二是下级人民法院对其管辖的第一审行政案件，认为需要由上级人民法院审理而报请上级人民法院决定，上级人民法院经审查后自行审理。

值得注意的是，行政诉讼案件管辖权的转移只能是下级法院将案件管辖权移交给上级人民法院，上级人民法院不能将本应由其管辖审理的案件交由下级法院审理，以免影响案件审判的公正性、专业性。

（四）管辖异议和管辖恒定

管辖异议是指当事人认为受诉人民法院对已经受理的案件没有管辖权，

---

[1] 在"朱某明、朱某一诉江苏省启东市公安局追截车辆行为案"中，原告就被告启东市公安局在实施交通管理中，其警员追车撞死其母等行为违法并要求赔偿，于 2000 年 9 月 14 日诉至启东市人民法院。启东市人民法院在 7 日内未立案，亦未作出不予受理的裁定，故两原告于 2000 年 9 月 25 日向江苏省南通市中级人民法院提起诉讼。江苏省南通市中级人民法院于 2000 年 10 月 12 日指定南通市港闸区人民法院审理此案。港闸区人民法院经审理支持了原告的诉讼请求。后被告虽上诉至南通市中级人民法院，但南通市中级人民法院驳回了上诉，维持原判。参见南通市港闸区人民法院〔2001〕港行初字第 12 号行政判决书、江苏省南通市中级人民法院〔2001〕通中行终字第 67 号行政判决书。

从而向受诉人民法院提出不服管辖的意见。行政诉讼案件的管辖异议一般由行政诉讼被告提出。《最高人民法院关于适用〈中华人民共和国行政诉讼法〉的解释》（法释〔2018〕1号）第10条第1、2款规定："人民法院受理案件后，被告提出管辖异议的，应当在收到起诉状副本之日起十五日内提出。对当事人提出的管辖异议，人民法院应当进行审查。异议成立的，裁定将案件移送有管辖权的人民法院；异议不成立的，裁定驳回。"第11条规定："有下列情形之一的，人民法院不予审查：（一）人民法院发回重审或者按第一审程序再审的案件，当事人提出管辖异议的；（二）当事人在第一审程序中未按照法律规定的期限和形式提出管辖异议，在第二审程序中提出的。"

《最高人民法院关于适用〈中华人民共和国行政诉讼法〉的解释》（法释〔2018〕1号）第10条第3款规定："人民法院对管辖异议审查后确定有管辖权的，不因当事人增加或者变更诉讼请求等改变管辖，但违反级别管辖、专属管辖规定的除外。"此谓之管辖恒定原则。所谓管辖恒定，是指案件管辖权的确定应以起诉时为准，起诉时对案件享有管辖权的人民法院，其管辖权不因确定管辖的事实在诉讼过程中发生变化而受到影响。

四、管辖改革

在我国当前国家机构设置和权力架构机制下，法院在人、财、物等方面均受制于同级人民政府，以至于行政审判活动会受到地方政府的干扰。近年来，为解决司法审判区域与行政管理区域同一导致的地方行政机关干预司法的问题，我国行政审判体制改革在行政诉讼案件的地域管辖方面做了很多改革与探索。这些改革和探索旨在实现行政审判区域和行政管理区域的适度分离，确保《行政诉讼法》第2条第2款规定的"行政机关及其工作人员不得干预、阻碍人民法院受理行政案件"原则得以落实。其中，异地管辖和集中管辖是最为显著的变化。

（一）异地管辖

以《河南省高级人民法院关于行政案件异地管辖问题的规定（试行）》为例作相应说明。2014年5月27日，河南省高级人民法院召开新闻发布会，对外公布《河南省高级人民法院关于行政案件异地管辖问题的规定（试行）》。该规定确立了两种不同类型的异地管辖，即固定化或者制度化的异地管辖和指定的异地管辖。[1]

就固定化或者制度化的异地管辖而言，该规定第 2 条明确规定："下列案件实行异地管辖：1. 以县级人民政府为被告的案件，除依法应当由中级人民法院管辖的以外，由被告所在地之外的基层人民法院管辖。2. 中级人民法院管辖的以同级人民政府为被告的案件，由被告所在地之外的中级人民法院管辖。3. 环境保护行政案件。"

就指定的异地管辖而言，该规定第 5 条规定了异地管辖的三种启动方式，即 "1. 对于下级法院管辖的案件，当事人直接向上级人民法院起诉的，上级人民法院可以在受理后将案件指定被告所在地人民法院管辖或者其他法院管辖。2. 下级法院认为自己不宜审理，需要由上级人民法院指定管辖的案件，可以报请上级人民法院指定其他法院管辖。3. 当事人认为被告所在地人民法院难以公正审理的，可以向受案法院申请其他法院管辖，受案法院应当在收到申请之日起 3 日内报请上级人民法院决定"。

2015 年 4 月，河南省高级人民法院审判委员会讨论通过《河南省高级人民法院关于行政案件异地管辖补充规定》，规定 "对基层法院管辖的所有行政案件实行异地管辖"，以及 "调整全省中级人民法院异地管辖分工，18 个中级人民法院分成 6 组，每组 3 个，全部实行推磨方式，每两年调整一次"。这种 "推磨式" 调整可以有效避免长期固定的异地管辖带来的新的行政干预及拐弯说情，从而确保司法审判的独立性和公正性。[2]

（二）集中管辖

2013 年 1 月 4 日，《最高人民法院关于开展行政案件相对集中管辖试点工作的通知》（法〔2013〕3 号）发布。根据该通知，"行政案件相对集中管辖，就是将部分基层人民法院管辖的第一审行政案件，通过上级人民法院统一指定的方式，交由其他基层人民法院集中管辖的制度"。2014 年《行政诉讼法》修改时增加了跨行政区域管辖的规定，即第 18 条第 2 款规定："经最高人民法院批准，高级人民法院可以根据审判工作的实际情况，确定若干人民法院跨行政区域管辖行政案件。" 根据现有的司法实践，行政案件的集中管辖主要

---

〔1〕 曹红歌：《河南高院出台行政案件异地管辖问题的规定》，载 http：//www. hncourt. gov. cn/public/detail. php？id＝146731，最后访问时间：2024 年 12 月 17 日。

〔2〕《河南高院行政案件异地管辖补充规定来袭 快收藏扩散吧》，载微信公众号 "郑州中院" 2015 年 6 月 13 日，最后访问时间：2024 年 6 月 5 日。

有以下形式：

（1）由跨行政区划法院集中管辖行政案件。例如，上海市第三中级人民法院集中管辖以上海市人民政府为被告的一审行政案件和以市级行政机关为上诉人或者被上诉人的二审行政案件（不包括知识产权行政案件）以及上海铁路运输法院实行集中管辖审理的二审行政案件。北京市第四中级人民法院集中管辖以本市区（县）人民政府为被告的第一审行政案件。

（2）依托铁路法院跨行政区划集中管辖行政案件。如2016年1月，作为全国首批7个省市铁路法院试点单位之一，[1]广州铁路运输两级法院正式启动行政案件集中管辖改革。广州市涉部委、省、市、区和镇、街五级行政机关的全部行政案件整体交由广州铁路运输两级法院管辖，广州市地方两级法院撤销行政庭，所有机构和人员全部划归广州铁路运输两级法院。[2]

（3）由普通基层法院开展相对集中管辖。例如，2015年6月，广东省高级人民法院确定深圳市开展行政案件集中管辖改革，自2015年6月30日起，深圳市基层人民法院管辖的以区属行政机关为被告的行政诉讼案件统一由深圳市盐田区人民法院集中管辖，除盐田区人民法院外的其他基层人民法院不再受理以区属行政机关为被告的行政诉讼案件；自2016年1月1日起，深圳市基层人民法院管辖的行政诉讼案件及行政非诉案件审查，统一由深圳市盐田区人民法院集中管辖，除盐田区人民法院外的其他基层人民法院不再受理行政诉讼案件及行政非诉案件审查，但行政非诉案件审查后的执行工作，仍依法由申请人所在地或不动产所在地基层人民法院负责。[3]

（4）由铁路法院以外的专门法院实施集中管辖。采取此种模式的主要是海南省和新疆维吾尔自治区高级人民法院生产建设兵团分院。海南省自2011年8月开始由海口海事法院集中管辖全省海事行政案件。新疆维吾尔自治区高级人民法院生产建设兵团分院在南疆指定第一师中级人民法院作为试点单位，确定阿拉尔市垦区人民法院作为三个基层人民法院当中的相对集中管辖

---

〔1〕　2014年10月16日发布的《最高人民法院关于开展铁路法院管辖改革工作的通知》（法〔2014〕257号）确定北京、上海、吉林、辽宁、江苏、陕西、广东等7个省（市）在全国先期开展铁路运输法院管辖改革试点（吉林、辽宁两省因故未开展）。后甘肃、河南两省经报最高人民法院批准也开展了铁路运输法院管辖改革试点。

〔2〕　林晔晗、关维、黎楚君：《广铁法院：打造行政案件集中管辖改革"羊城样本"》，载 https://www.chinacourt.org/article/detail/2021/02/id/5790447.shtml，最后访问时间：2024年12月17日。

〔3〕　参见《深圳市中级人民法院关于实施行政案件集中管辖的公告》。

法院，负责一师范围内所有行政案件的审理。[1]

（三）最高人民法院巡回审判庭

中共十八届三中全会提出，探索建立与行政区划适当分离的司法管辖制度。中共十八届四中全会审议通过的《中共中央关于全面推进依法治国若干重大问题的决定》提出，优化司法职权配置，推动实行审判权和执行权相分离的体制改革试点。最高人民法院设立巡回法庭。2014 年 12 月 28 日，第十二届全国人民代表大会常务委员会第十二次会议同意最高人民法院在深圳市、沈阳市设立第一、第二巡回法庭。2016 年 11 月 1 日，原中央全面深化改革领导小组第二十九次会议同意最高人民法院在重庆市、西安市、南京市、郑州市增设巡回法庭。巡回法庭的作用，一方面是方便当事人诉讼，减轻最高人民法院的办案压力，同时也避免案件审理中可能存在的地方保护主义，保证案件审判更加公平公正；另一方面是有利于最高人民法院更好地行使对全国各地法院的监督指导职能。

此外，从摆脱地方干预的角度看，湖北省汉江中级人民法院模式也值得关注。1999 年 10 月 18 日，湖北省经报请最高人民法院同意，中央编制委员会批准，设立湖北省汉江中级人民法院，直接隶属于湖北省高级人民法院管理，受省人民代表大会监督，其院长和审判人员由湖北省人民代表大会常务委员会任命，并无同级人民代表大会、党委和政府。

第三节　行政诉讼参加人

行政诉讼参加人包括行政诉讼的当事人和其他诉讼参与人。行政诉讼当事人即原告、被告和第三人，其他诉讼参与人主要是指诉讼代理人。

一、行政诉讼原告

行政诉讼原告是指有权就特定的行政行为以个人名义向法院提起行政诉讼、启动行政诉讼程序的主体。《行政诉讼法》第 25 条第 1 款规定："行政行为的相对人以及其他与行政行为有利害关系的公民、法人或者其他组织，有

---

[1]　江必新：《从跨区划管辖到跨区划法院——兼论新型诉讼格局之构建》，载《人民司法（应用）》2017 年第 31 期。

权提起诉讼。"通说认为，该条确立了我国行政诉讼原告资格的利害关系标准。

（一）行政诉讼原告恒定

行政诉讼原告恒定是指行政诉讼作为"民告官"的制度设计，只能"民告官"，不许官告民，故而其原告只能是作为行政行为相对人的公民、法人或者其他组织。

1. 原告类别：公民、法人或者其他组织

公民是具有中华人民共和国国籍的自然人。自然人作为行政诉讼原告时不必然具有行为能力，不具有行为能力的公民也可以成为行政诉讼的原告。《行政诉讼法》第 30 条规定："没有诉讼行为能力的公民，由其法定代理人代为诉讼。法定代理人互相推诿代理责任的，由人民法院指定其中一人代为诉讼。"当然，法定代理人应当以被代理人的名义提起诉讼。（代表性案例：北雁云依案。）

根据《民法典》的规定，法人在大的类型上分为营利法人、非营利法人和特别法人。营利法人即企业法人，是行政管理的主要对象之一，又可依据不同的标准分为诸多类型；非营利法人则包括事业单位法人、社会团体、基金会和社会服务机构（民办非企业范围）等；特别法人包括机关法人、农村集体经济组织法人、城镇农村的合作经济组织法人、基层群众性自治组织法人。根据行政诉讼原告恒定的原则，作为机关法人之一的行政机关原则上只能充当行政诉讼的被告。然而，实践中，在土地管理、城市规划、工伤认定等领域，某一行政机关成为另一行政机关特定行为的相对人或者利害关系人时，亦可以提起行政诉讼。在此意义上，任何机关法人作为行政行为的相对人或者利害关系人时，都可以提起行政诉讼。

其他组织即"非法人组织"，是不具有法人资格，但能够以自己的名义从事民事活动的组织，包括个人独资企业、合伙企业、不具有法人资格的专业服务机构等。

2. 原告资格的转移与继受

在个案中成为行政诉讼的原告是有条件的，并非任何人都可以针对行政行为提起行政诉讼。根据《行政诉讼法》第 25 条第 1 款，行政诉讼的原告只能是行政行为的相对人或者其他与行政行为有利害关系的人。但是，在法律所承认的特定情形下，行政行为的相对人或者行政行为利害关系人的诉权可以由其他特定的主体来承受，这就是原告资格转移。根据《行政诉讼法》第

25 条第 2 款和第 3 款，行政诉讼的原告资格发生转移有两种情形：一是有权提起诉讼的公民死亡，其近亲属可以提起诉讼；二是有权提起诉讼的法人或者其他组织终止，承受其权利的法人或者其他组织可以提起诉讼。承受原告资格的主体以自己的名义参与行政诉讼活动。

《行政诉讼法》第 25 条第 2 款规定的"近亲属"，包括配偶、父母、子女、兄弟姐妹、祖父母、外祖父母、孙子女、外孙子女和其他具有扶养、赡养关系的亲属。

3. 检察行政公益诉讼

人民检察院在履行职责中发现生态环境和资源保护、食品药品安全、国有财产保护、国有土地使用权出让等领域负有监督管理职责的行政机关违法行使职权或者不作为，致使国家利益或者社会公共利益受到侵害的，应当向行政机关提出检察建议，督促其依法履行职责。行政机关不依法履行职责的，人民检察院依法向人民法院提起诉讼。此谓之行政检察公益诉讼。

在行政检察公益诉讼的制度架构中，检察机关系以公益代表人的身份启动法院对行政机关依法行政的监督程序，而非行政诉讼原告。

4. 几种特殊的原告

《最高人民法院关于适用〈中华人民共和国行政诉讼法〉的解释》（法释〔2018〕1 号）第 15 条至第 18 条规定了若干特殊情形下的原告，即：

（1）合伙企业向人民法院提起诉讼的，应当以核准登记的字号为原告。未依法登记领取营业执照的个人合伙的全体合伙人为共同原告；全体合伙人可以推选代表人，被推选的代表人，应当由全体合伙人出具推选书。

（2）个体工商户向人民法院提起诉讼的，以营业执照上登记的经营者为原告。有字号的，以营业执照上登记的字号为原告，并应当注明该字号经营者的基本信息。

（3）股份制企业的股东大会、股东会、董事会等认为行政机关作出的行政行为侵犯企业经营自主权的，可以企业名义提起诉讼。

（4）联营企业、中外合资或者合作企业的联营、合资、合作各方，认为联营、合资、合作企业权益或者自己一方合法权益受行政行为侵害的，可以自己的名义提起诉讼。

（5）非国有企业被行政机关注销、撤销、合并、强令兼并、出售、分立或者改变企业隶属关系的，该企业或者其法定代表人可以提起诉讼。

（6）事业单位、社会团体、基金会、社会服务机构等非营利法人的出资人、设立人认为行政行为损害法人合法权益的，可以自己的名义提起诉讼。

（7）业主委员会对于行政机关作出的涉及业主共有利益的行政行为，可以自己的名义提起诉讼。业主委员会不起诉的，专有部分占建筑物总面积过半数或者占总户数过半数的业主可以提起诉讼。

（二）原告资格判断标准：利害关系

行政诉讼原告资格解决的是谁在具体案件中有权向法院提起行政诉讼的问题。行政机关每天都在进行大量的行政管理活动，如果允许任何公民、法人或者其他组织在任何情况下可以针对这些行政管理活动提起诉讼，那么行政管理活动的正常秩序无疑会被破坏，同时司法资源也不足以解决泛滥的诉讼问题。因此，为确保行政管理的有序和司法资源的有效利用，只有那些受到特定影响的公民、法人或者其他组织才有权提起诉讼。在此意义上，行政诉讼的原告资格关系到什么样的人有权提起行政诉讼并启动对行政行为的司法审查。通说认为，我国行政诉讼原告资格的判断标准为利害关系标准，即判断某一主体是否有权就特定的行政行为提起行政诉讼，应首先判断该主体与被诉的行政行为之间是否具有利害关系，有利害关系即有原告资格，无利害关系则无原告资格。

1. 为什么是利害关系标准？

《行政诉讼法》文本之中，与行政诉讼原告有关的主要条款有三条，分别是第2条、第25条和第49条。在这些条款中，与原告资格认定标准有关的表述分别为"侵犯其合法权益""行政行为的相对人"以及"与行政行为有利害关系"。

首先，"侵犯合法权益"不能作为原告资格的认定标准。在行政诉讼中，原告资格是一个程序性问题，即原告能够启动行政诉讼程序的条件，是在起诉阶段或者法院是否决定受理起诉时要解决的问题。然而，侵犯合法权益与否，是法院经过诉讼审查后才能得出的最终结论，这是一个诉讼认定结果，而不是一个在起诉阶段就能够真正解决的问题；而且侵犯权益是一个实质结果，原告资格首先要回答的不是结果问题而是法律关系的关联性问题，这是一个形式问题。

第二，对于原告资格，《行政诉讼法》第25条第1款又进一步作出具体规定："行政行为的相对人以及其他与行政行为有利害关系的公民、法人或者其他组织，有权提起诉讼。"该条虽然看似将适格原告区分为两大类，但事实上适用了一个相同的标准，即"利害关系"。通常情况下，行政行为的相对人总是有诉权的，因为一个不利行政行为会给其造成权利侵害之可能显而易见。因而，有人把行政相对人称为"明显的当事人"。但是，可能受到行政行为侵害的绝不仅仅限于直接相对人。为了保证直接相对人以外的公民、法人或者其他组织的诉权，而又不使这种诉权的行使"失控"，法律才限定了一个"利害关系"的标准。[1]

第三，"利害关系标准"实质来源于《行政诉讼法》第29条关于行政诉讼第三人的规定，使得原来只能以第三人身份参与行政诉讼的主体可以启动行政诉讼程序，一定程度上扩大了诉权。例如，在"海口市美兰区演丰镇塔市村委会大塘村民小组诉海南省海口市人民政府不履行法定职责纠纷案"（《中国行政审判案例》（第2卷）第52号案例）中，案外人桂林洋农场与原告之间存在土地权属争议，桂林洋农场请求被告及海口市国土局确认权属争议土地的所有权。海口市国土局受理后向原告送达《答辩通知书》，要求原告提交答辩状及有关证据材料，随后还组织包括原告在内的当事人参加协调会。被告还要求土地争议各方在行政程序未完毕前不得改变土地现状。原告应要求向被告和海口市国土局提交了答辩状和有关材料，但被告受理此案后4年都未作出确权决定，也未给予合理解释，故原告以被告不履行法定职责为由起诉至法院，要求被告限期作出确权决定。上述案件中，原告不是土地确权行为的申请人，故而不是土地确权行为的直接相对人。如果仅以相对人标准来承认原告资格，则本案原告无权提起行政诉讼，而只能等待案外人桂林洋农场起诉后作为第三人加入诉讼中。这意味着，如果桂林洋农场不提起行政诉讼，则原告的权益将长期处于不确定的状态。而根据"利害关系标准"，由于待确权的土地关系到原告的合法权益，故而原告与土地确权行为存在利害关系，对被告已经受理的土地争议案件长期拖延，迟迟不作出处理意见的行政不作为依法享有诉权，可以作为本案原告提出本案之诉。

2. 利害关系的内涵

所谓利害关系，是指起诉者享有的值得受诉讼保护的权益受到了被诉行

---

[1] 臧某诉安徽省宿州市砀山县人民政府土地行政登记案，最高人民法院〔2016〕最高法行申2560号行政裁定书。

政行为的不利影响，既包括直接受行政行为影响的权益，也包括间接受到行政行为影响的权益；既包括制定法所确认和保护的权利，也包括制定法尚未确认但法律上值得保护的利益。本质上取决于起诉者的权益受到的不利影响与被诉行政行为的关联程度以及起诉者的权益保护之需与行政秩序稳定、司法资源有效利用之间的权衡。在"张某生诉河南省鲁山县人民政府为栗某杰颁发房屋所有权证案"中，最高人民法院的判决指出，《行政诉讼法》第25条规定的"利害关系"应当包含四个方面的含义，即：第一，存在一项法律赋予和保护的权利或利益；第二，该权利或利益归属于原告个人；第三，该权利或利益可能受到了被诉行政行为的侵害；第四，该权利或利益具有通过所提诉讼予以救济的可能性和必要性。[1]

3. 常见"利害关系"类型

《最高人民法院关于适用〈中华人民共和国行政诉讼法〉的解释》（法释〔2018〕1号）第12条明确列举了五种属于《行政诉讼法》第25条第1款规定的"与行政行为有利害关系"的情形，即被诉的行政行为涉及其相邻权或者公平竞争权的；在行政复议等行政程序中被追加为第三人的；要求行政机关依法追究加害人法律责任的；撤销或者变更行政行为涉及其合法权益的；为维护自身合法权益向行政机关投诉，具有处理投诉职责的行政机关作出或者未作出处理的；以及一种兜底情形"其他与行政行为有利害关系的"。

二、行政诉讼被告

根据《行政诉讼法》的立法逻辑，行政诉讼被告是被原告指控实施了侵犯其合法权益的行为而由法院通知应诉的行政主体。《行政诉讼法》第49条规定，提起行政诉讼应当有明确的被告。在行政诉讼实务中，选择适格的行政诉讼被告既要把握行政诉讼被告识别的一般规则，又要明晰行政诉讼被告识别的具体规则。

（一）行政诉讼被告识别的一般准则

理论上和行政诉讼实务普遍认为，识别行政诉讼被告的一般准则为"谁行为谁被告"。根据《行政诉讼法》及有关司法解释和行政诉讼实务，对这一

---

〔1〕　参见最高人民法院〔2017〕最高法行再77号行政裁定书。

准则可以从以下三个层次加以理解：

1. 行政诉讼被告是行政主体

在行政法理论上，行政主体是依照宪法和组织法的授权或者单行法律、法规或者规章的授权，能够以自己的名义对外行使行政权，并独立承担法律后果的主体，在外延上包括行政机关和法律、法规、规章授权的组织（简称"被授权组织"）。而所谓"独立承担法律后果"，实质就是在行政诉讼中充当行政诉讼被告。因此，可以说，行政诉讼被告和行政主体在外延上是完全等同的，凡行政主体都有资格充当行政诉讼被告；反过来，若能充当行政诉讼被告，就一定得具有行政主体资格。

尽管《行政诉讼法》第 2 条规定"公民、法人或者其他组织认为行政机关和行政机关工作人员的行政行为侵犯其合法权益，有权依照本法向人民法院提起诉讼。前款所称行政行为，包括法律、法规、规章授权的组织作出的行政行为"，但是行政机关或者被授权组织工作人员所作出的行政行为的法律后果是由所在机关或者所在组织承担的，所以，工作人员个人不能成为行政诉讼被告。

目前，以行政主体范式来判断行政诉讼被告饱受诟病，其主要原因在于，随着社会公共行政的发展，大量的社会组织在事实上行使着公权力，而"行政主体"在外延上的封闭性导致这些社会公权力组织因缺乏单行法的授权而不具有行政主体资格，以至于无法被纳入司法监督的范畴。不仅如此，即使是在单行法明确规定某一组织享有某种社会管理权的情形，该规定是属于授权性规定还是属于对社会组织固有自治权的确认性规定，也有赖于法官的解释，一旦法官将其解释为确权性规定，则该组织不会被认为是被授权组织而免受司法监督。

2. 行政诉讼被告是实施了被诉行政行为的行政主体

"谁行为谁被告"特别强调行政诉讼被告必须实施了原告认为的侵害其合法权益的行政行为。具体而言，当原告就某一具体事项起诉至法院，法院在判断原告确定的被告是否正确时，基本上采取两步走的方式：第一步，判断被诉的主体是否为行政主体，即行政机关或者被授权组织；第二步，判断被诉的主体是否实施了被指控的行政行为。二者缺一不可，被诉主体不具有行政主体资格，则不能充当行政诉讼被告；被诉主体具有行政主体资格但并没有实施被诉的行政行为，则不能充当行政诉讼被告。

3. 适格的行政诉讼被告有赖于法院的释明

行政诉讼被告需由法院通知而应诉。我国行政权行使的主体繁多，不仅有行政机关和被授权组织之分，还存在大量的不具有行政主体资格的行政机构以及行政委托执法的情形。所以，法院并不要求原告在就具体的行政争议提起行政诉讼时必须提供完全正确的被告，相反，法院有权根据原告的诉状来辨别原告确定的被告是否正确以及是否需要变更或者追加被告。为此，《最高人民法院关于适用〈中华人民共和国行政诉讼法〉的解释》（法释〔2018〕1号）第26明确规定："原告所起诉的被告不适格，人民法院应当告知原告变更被告；原告不同意变更的，裁定驳回起诉。应当追加被告而原告不同意追加的，人民法院应当通知其以第三人的身份参加诉讼，但行政复议机关作共同被告的除外。"此外，在涉及复议机关作为共同被告的案件中，《最高人民法院关于适用〈中华人民共和国行政诉讼法〉的解释》（法释〔2018〕1号）第134条第1款规定："复议机关决定维持原行政行为的，作出原行政行为的行政机关和复议机关是共同被告。原告只起诉作出原行政行为的行政机关或者复议机关的，人民法院应当告知原告追加被告。原告不同意追加的，人民法院应当将另一机关列为共同被告。"

实践中，原告提供被告的名称等信息足以使被告与其他行政机关相区别的，可以认定为《行政诉讼法》第49条第2项规定的"有明确的被告"。起诉状列写被告信息不足以认定明确的被告的，人民法院可以告知原告补正；原告补正后仍不能确定明确的被告的，人民法院裁定不予立案。

（二）行政诉讼被告的具体确认规则

"谁行为谁被告"这一准则是从《行政诉讼法》及司法解释的具体条文中总结出的一般规律。我国《行政诉讼法》第26条和《最高人民法院关于适用〈中华人民共和国行政诉讼法〉的解释》（法释〔2018〕1号）第19条至第21条和第23条至第25条，分别规定了常见的行政诉讼案件中行政诉讼被告应如何确定的具体情形。

《行政诉讼法》第26条主要规定了确定行政诉讼被告的六种不同情形，分别如下：

（1）公民、法人或者其他组织直接向人民法院提起诉讼的，作出行政行为的行政机关是被告。

（2）经复议的案件，复议机关决定维持原行政行为的，作出原行政行的行政机关和复议机关是共同被告；复议机关改变原行政行为的，复议机关是被告。

（3）复议机关在法定期限内未作出复议决定，公民、法人或者其他组织起诉原行政行为的，作出原行政行为的行政机关是被告；起诉复议机关不作为的，复议机关是被告。

（4）两个以上行政机关作出同一行政行为的，共同作出行政行为的行政机关是共同被告。

（5）行政机关委托的组织所作的行政行为，委托的行政机关是被告。

（6）行政机关被撤销或者职权变更的，继续行使其职权的行政机关是被告。

《最高人民法院关于适用〈中华人民共和国行政诉讼法〉的解释》（法释［2018］1号）在总结司法经验的基础上，规定了几类特殊案件中确定行政诉讼被告的具体规则，包括以下若干方面：

（1）当事人不服经上级行政机关批准的行政行为，向人民法院提起诉讼的，以在对外发生法律效力的文书上署名的机关为被告。

（2）行政机关组建并赋予行政管理职能但不具有独立承担法律责任能力的机构，以自己的名义作出行政行为，当事人不服提起诉讼的，应当以组建该机构的行政机关为被告。

（3）法律、法规或者规章授权行使行政职权的行政机关内设机构、派出机构或者其他组织，超出法定授权范围实施行政行为，当事人不服提起诉讼的，应当以实施该行为的机构或者组织为被告。

（4）没有法律、法规或者规章规定，行政机关授权其内设机构、派出机构或者其他组织行使行政职权的，属于《行政诉讼法》第26条规定的委托。当事人不服提起诉讼的，应当以该行政机关为被告。

（5）当事人对由国务院、省级人民政府批准设立的开发区管理机构作出的行政行为不服提起诉讼的，以该开发区管理机构为被告；对由国务院、省级人民政府批准设立的开发区管理机构所属职能部门作出的行政行为不服提起诉讼的，以其职能部门为被告；对其他开发区管理机构所属职能部门作出的行政行为不服提起诉讼的，以开发区管理机构为被告；开发区管理机构没有行政主体资格的，以设立该机构的地方人民政府为被告。

（6）行政机关被撤销或者职权变更，没有继续行使其职权的行政机关的，以其所属的人民政府为被告；实行垂直领导的，以垂直领导的上一级行政机关为被告。

（7）当事人对村民委员会或者居民委员会依据法律、法规、规章的授权履行行政管理职责的行为不服提起诉讼的，以村民委员会或者居民委员会为被告。当事人对村民委员会、居民委员会受行政机关委托作出的行为不服提起诉讼的，以委托的行政机关为被告。

（8）当事人对高等学校等事业单位以及律师协会、注册会计师协会等行业协会依据法律、法规、规章的授权实施的行政行为不服提起诉讼的，以该事业单位、行业协会为被告。当事人对高等学校等事业单位以及律师协会、注册会计师协会等行业协会受行政机关委托作出的行为不服提起诉讼的，以委托的行政机关为被告。

（9）市、县级人民政府确定的房屋征收部门组织实施房屋征收与补偿工作过程中作出行政行为，被征收人不服提起诉讼的，以房屋征收部门为被告；征收实施单位受房屋征收部门委托，在委托范围内从事的行为，被征收人不服揭起诉讼的，应当以房屋征收部门为被告。

（三）行政复议机关的被告资格问题

经复议的案件，复议机关改变原行政行为的，复议机关是被告。包括下列情形：①复议机关改变原行政行为的处理结果；②复议机关确认原行政行为无效；③复议机关确认原行政行为违法，但复议机关以违反法定程序为由确认原行政行为违法的不属于改变原行政行为。

复议机关决定维持原行政行为的，作出原行政行为的行政机关和复议机关是共同被告。包括下列情形：①复议机关完全维持原行政行为；②复议机关改变原行政行为所认定的主要事实和证据、改变原行政行为所适用的规范依据，但未改变原行政行为的处理结果；③复议机关以违反法定程序为由确认原行政行为违法；④复议机关驳回复议请求；⑤行政复议决定既有维持原行政行为内容，又有改变原行政行为内容或者不予受理申请内容。

复议机关在法定期限内未作出复议决定，公民、法人或者其他组织起诉原行政行为的，作出原行政行为的行政机关是被告；起诉复议机关不作为的，复议机关是被告，复议机关不作为包括行政机关不予受理复议申请，不作行政复议决定以及受理复议申请以后以复议申请不符合受理条件为由裁定驳回申请。

三、行政诉讼第三人

《行政诉讼法》第 29 条第 1 款规定："公民、法人或者其他组织同被诉行政行为有利害关系但没有提起诉讼，或者同案件处理结果有利害关系的，可以作为第三人申请参加诉讼，或者由人民法院通知参加诉讼。"据此，行政诉讼第三人可以分为两种类型：一类为同被诉行政行为有利害关系，即原告型第三人；另一类为同案件处理结果有利害关系，即事实型第三人。

原告型第三人在同案原告没有起诉的情形下，可以直接就同一行政行为直接提起行政诉讼，常见的情形包括：①行政处罚案件中的受害人、处罚对象、被处罚的利益波及人、共同被处罚人；②行政确权案件中的权属争议人；③不服行政裁决案件中的非起诉方；④行政许可案件中的未起诉的许可争议人；⑤行政合同被行政主体单方解除或变更而受到不利影响的利益波及人；⑥行政征收、征用案件中，被征收或征用的人之外对征收、征用行为主张权利的他人；⑦行政强制执行案件中，被执行人之外对执行标的主张权利的主体等。

事实型第三人只能在同案原告提起诉讼的情形下，作为第三人参与诉讼，常见的情形包括：①委托执法案件中，委托主体为被告，受托主体为第三人；②行政机关和非行政机关共同作出行政行为，行政机关为被告，非行政机关为第三人；③一个行政机关针对一个事实作出行政行为，后一行政机关针对同一事实作出新的行政行为产生与原行政行为相矛盾的效果，相对人只起诉其中一个行政机关；④行政机关的处理对象错误，被处理对象在诉讼中提出了正确的处理对象；⑤存在加害人，行政机关不作为致使损害扩大的，加害人为第三人等。

此外，在共同诉讼中，人民法院应当追加的原告，已明确表示放弃实体权利的，可不予追加；既不愿意参加诉讼，又不放弃实体权利的，应追加为第三人，其不参加诉讼，不能阻碍人民法院对案件的审理和裁判。根据《行政诉讼法》第 27 条、第 28 条，当事人一方或者双方为 2 人以上，因同一行政行为发生的行政案件，或者因同类行政行为发生的行政案件、人民法院认为可以合并审理并经当事人同意的，为共同诉讼；当事人一方人数众多的共同诉讼，可以由当事人推选代表人进行诉讼。代表人的诉讼行为对其所代表的当事人发生效力，但代表人变更、放弃诉讼请求或者承认对方当事人的诉讼请求，应当经被代表的当事人同意。"人数众多"，一般指 10 人以上。当事人一方人数众多的，由当事人推选代表人。当事人推选不出的，可以由人民法院在起诉的当事人中指定代表人。

四、行政诉讼代理人

没有诉讼行为能力的公民，由其法定代理人代为诉讼。法定代理人互相推诿代理责任的，由人民法院指定其中一人代为诉讼。

当事人、法定代理人，可以委托1人至2人作为诉讼代理人。下列人员可以被委托为诉讼代理人：①律师、基层法律服务工作者；②当事人的近亲属或者工作人员；③当事人所在社区、单位以及有关社会团体推荐的公民。当事人委托诉讼代理人，应当向人民法院提交由委托人签名或者盖章的授权委托书。委托书应当载明委托事项和具体权限。公民在特殊情况下无法书面委托的，也可以由他人代书，并由自己捺印等方式确认，人民法院应当核实并记录在卷；被诉行政机关或者其他有义务协助的机关拒绝人民法院向被限制人身自由的公民核实的，视为委托成立。当事人解除或者变更委托的，应当书面报告人民法院。

与当事人有合法劳动人事关系的职工，可以当事人工作人员的名义作为诉讼代理人。以当事人的工作人员身份参加诉讼活动，应当提交以下证据之一加以证明：①缴纳社会保险记录凭证；②领取工资凭证；③其他能够证明其为当事人工作人员身份的证据。

有关社会团体推荐公民担任诉讼代理人的，应当符合下列条件：①社会团体属于依法登记设立或者依法免予登记设立的非营利性法人组织；②被代理人属于该社会团体的成员，或者当事人一方住所地位于该社会团体的活动地域；③代理事务属于该社会团体章程载明的业务范围；④被推荐的公民是该社会团体的负责人或者与该社会团体有合法劳动人事关系的工作人员。专利代理人经中华全国专利代理人协会推荐，可以在专利行政案件中担任诉讼代理人。

代理诉讼的律师，有权按照规定查阅、复制本案有关材料，有权向有关组织和公民调查，收集与本案有关的证据。对涉及国家秘密、商业秘密和个人隐私的材料，应当依照法律规定保密。当事人和其他诉讼代理人有权按照规定查阅、复制本案庭审材料，但涉及国家秘密、商业秘密和个人隐私的内容除外。

第四节　起诉期限

起诉期限是法院受理行政诉讼的条件之一。"法律规定起诉期限的目的，是督促当事人及时提起行政诉讼，尽快解决行政纠纷，尽快稳定社会关系。法院在立案审查时，发现原告的起诉明显超过起诉期限的，应当裁定不予受理；法院在立案以后发现原告的起诉超过起诉期限的，裁定驳回起诉。"[1]

一、针对行政行为直接向人民法院提起诉讼的期限

对属于人民法院受案范围的行政案件，公民、法人或者其他组织可以先向行政机关申请复议，对复议决定不服的，再向人民法院提起诉讼；也可以直接向人民法院提起诉讼。公民、法人或者其他组织直接向人民法院提起诉讼的，应当自知道或者应当知道作出行政行为之日起6个月内提出。法律另有规定的除外。

一般而言，行政决定送达之日是公民、法人或者其他组织知道或者应当知道作出行政行为之日。这是因为，送达是行政程序结束的标志，也是行政决定在法律上存在的起点，也是行政相对人可以寻求法律救济的时间起点。行政决定未经合法形式送达的，应在法律上视为行政决定不存在或不成立。[2]对于送达，应当把握如下几点：

---

〔1〕 何海波：《行政诉讼法》（第3版），法律出版社2022年版，第251~152页。

〔2〕 例如，在"俞某诉无锡市城市管理局行政处罚案"（《中国行政审判案例》（第3卷）第113号案例）中，2009年4月，无锡市城市管理局（以下简称"城管局"）在对原告的建筑物进行巡查后，证实原告建筑物现状与无锡市房屋权属证明登记事实不一致，且无建设工程规划许可证，依据《城乡规划法》第40条第1款、第64条之规定，于2009年6月25日以张贴的方式将行政处罚事先告知书送达给原告，并载明了相关权利，有太湖街道工作人员证明，但原告不在现场；无锡市城管局于2009年7月3日又以张贴的方式将行政处罚决定书送达给原告，并载明了相关权利，要求原告在15日内自行拆除，也有太湖街道工作人员证明，但原告不在现场。法院判决指出："行政处罚决定书应当在宣告后当场交付当事人；当事人不在场的，行政机关应当在7日内依照《民事诉讼法》的有关规定，将行政处罚决定书送达当事人……本案中，无锡市城管局以张贴的方式将行政处罚事先告知书、行政处罚决定书送达给原告。虽有在场人证明已张贴送达，但原告表示未收到，故上述送达方式不能证明被告已向原告告知给予行政处罚的事实、理由和依据及告知原告有权要求陈述和申辩，行政处罚不能成立；行政处罚决定书的送达方式不符合留置送达和公告送达的规定，也不能视为送达。根据《行政处罚法》的有关规定，被告所作的行政处罚决定不能成立。判决确认被告作出的行政处罚决定无效。"

第一，送达必须是正式即以行政主体的名义发出的，公务人员的个人通知或者通过其他途径偶然知晓，原则上不发生送达的法律效力。但是，在行政诉讼中，被告主张原告超过起诉期限，并能提交证据充分证明原告"知道或者应当知道作出行政行为之日"早于送达之日的，法院会予以认可。

第二，一般而言，送达回执上载明的时间是送达时间。行政决定涉及多个利害关系人的，应分别送达。不同利害关系人的起诉期限于各自收到行政决定书的时间分别起算。

第三，行政决定应当采取当场送达或者其他的直接送达，直接送达不成的，可以依法采取留置送达、邮寄送达、委托送达、转交送达或者公告送达的方式。就公告送达而言，受送达人下落不明或者个别送达成本不合乎比例的（如征收决定），可以公告送达。例如，在"上海九峰水泥有限公司诉中华人民共和国环保部案"中，法院判决指出："有些行政行为因涉及面广，影响人数众多，不便直接送达，故采用公告送达的方式，此系基于行政效率之考量，兼顾公众私益保护之目的，并非针对受送达人下落不明的送达方式。而公告送达作为一种特殊的送达方式，具有推定知悉的法律效力，即其生效并不受行政行为相对人是否实际知晓行政行为内容的影响。"[1]

二、针对行政不作为直接向人民法院提起诉讼的期限

公民、法人或者其他组织申请行政机关履行保护其人身权、财产权等合法权益的法定职责，法律、法规对行政机关履行职责的期限有明确规定的，行政机关在接到申请之日起在法定的期限内履行职责。行政机关在法定的期限内不履行职责的，公民、法人或者其他组织可以自法定的履职期限届满之日起6个月内向人民法院提起诉讼。

公民、法人或者其他组织申请行政机关履行保护其人身权、财产权等合法权益的法定职责，法律、法规未对行政机关履行职责的期限作出明确规定的，行政机关在接到申请之日起2个月内履行完毕。行政机关在接到申请之日起2个月内不履行的，公民、法人或者其他组织可以自2个月期限届满之日起6个月内向人民法院提起诉讼。

---

〔1〕　参见北京市第一中级人民法院［2017］京01行初230号行政判决书。

公民、法人或者其他组织在紧急情况下请求行政机关履行保护其人身权、财产权等合法权益的法定职责，行政机关不履行的，公民、法人或者其他组织应当自行政机关不履行即时保护义务之日起 6 个月内提起诉讼。

三、经过复议的案件向人民法院提起诉讼的期限

经过复议的案件包括两种情形：一是法律、法规规定应当先向行政机关申请复议，对复议决定不服再向人民法院提起诉讼的情形，即复议前置型；[1] 二是公民、法人或者其他组织选择先向行政机关申请复议，对复议决定不服再向人民法院提起诉讼的情形，即自由选择型。无论是何种情形，公民、法人或者其他组织不服复议决定的，可以在收到复议决定书之日起 15 日内向人民法院提起诉讼。公民、法人或者其他组织向复议机关申请行政复议后，复议机关作出维持决定的，应当以复议机关和原行为机关为共同被告，仍以复议决定送达时间确定起诉期限。法律另有规定的除外。

在复议前置型案件中，公民、法人或者其他组织因不知复议前置而错过复议期限的，是否影响诉权行使呢？具体而言，《行政复议法》规定的复议申请期限为"知道或者应当知道该行政行为之日起六十日内"，而《行政诉讼法》规定的一般起诉期限为"知道或者应当知道作出行政行为之日起六个月内"，如果公民、法人或者其他组织自知道作出行政行为之日第三个月直接向法院提起诉讼，法院则以未经复议程序而不予受理，此时公民、法人或者其他组织转而申请复议的，复议机关能否以超过复议期限为由不予受理复议申请呢？为了避免此种情形下导致的救济权丧失，《行政复议法》规定了两种特别处理方式。其一，该法第 23 条第 2 款规定，对于复议前置型的行政行为，"行政机关在作出行政行为时应当告知公民、法人或者其他组织先向行政复议机关申请行政复议"；其二，如果行政机关未明确告知相对人应先行复议，则适用该法第 20 条第 3 款之规定，即"行政机关作出行政行为时，未告知公

---

[1]《行政复议法》第 23 条规定："有下列情形之一的，申请人应当先向行政复议机关申请行政复议，对行政复议决定不服的，可以再依法向人民法院提起行政诉讼：（一）对当场作出的行政处罚决定不服；（二）对行政机关作出的侵犯其已经依法取得的自然资源的所有权或者使用权的决定不服；（三）认为行政机关存在本法第十一条规定的未履行法定职责情形；（四）申请政府信息公开，行政机关不予公开；（五）法律、行政法规规定应当先向行政复议机关申请行政复议的其他情形。对前款规定的情形，行政机关在作出行政行为时应当告知公民、法人或者其他组织先向行政复议机关申请行政复议。"

民、法人或者其他组织申请行政复议的权利、行政复议机关和申请期限的，申请期限自公民、法人或者其他组织知道或者应当知道申请行政复议的权利、行政复议机关和申请期限之日起计算"，此时，法院不予受理起诉并告知相对人应先行复议之日视为相对人知道或者应当知道申请行政复议的权利和申请期限之日，并开始计算复议申请期限。

若是复议机关不作为的，起诉期限则视下列具体情形而定：

第一，复议机关不受理复议申请，公民、法人或者其他组织对复议机关不作为提起行政诉讼的，可以自复议机关作出不予受理决定之日起 15 日内向人民法院提起诉讼；复议机关逾期不作决定的，公民、法人或者其他组织可以在复议期限届满之日起 15 日内向人民法院提起诉讼。

第二，复议机关不受理复议申请或者复议机关逾期不作决定，公民、法人或者其他组织直接就原行政决定提起诉讼的，适用行政诉讼的一般起诉期限，即自其知道或者应当知道作出行政行为之日起 6 个月内提起行政诉讼。

第三，在复议前置型案件中，公民、法人或者其他组织不能直接就原行政决定提起诉讼，若复议机关不受理复议申请或者驳回申请，公民、法人或者其他组织可以自收到决定书之日起 15 日内，依法向人民法院提起行政诉讼。

四、针对未告知诉期和诉权的行政决定提起行政诉讼的期限

《最高人民法院关于适用〈中华人民共和国行政诉讼法〉的解释》（法释〔2018〕1 号）第 64 条第 1 款规定："行政机关作出行政行为时，未告知公民、法人或者其他组织起诉期限的，起诉期限从公民、法人或者其他组织知道或者应当知道起诉期限之日起计算，但从知道或者应当知道行政行为内容之日起最长不得超过一年。"

行政机关作出不利于行政相对人或者利害关系人的行政决定，应当依法送达行政决定书，行政决定书中应当明确告知相对人救济途径和救济期限，这是依法行政原则的要求。例如，根据《行政处罚法》第 59 条，《行政强制法》第 24 条、第 31 条、第 37 条以及《行政许可法》第 38 条之规定，行政处罚决定书、查封、扣押决定书、冻结决定书、强制执行决定应当载明申请行政复议、提起行政诉讼的途径和期限；行政机关依法作出不予行政许可的书面决定的，应当说明理由，并告知申请人享有依法申请行政复议或者提起行政诉讼的权利。行政决定书送达一般应推定为公民、法人或者其他组织知道或者应当知道起诉期限。然而，实践中确有行政相对人不知如何行使救济权之情形，如因行政机关作出行政行为时未告知其起诉期限而导致其诉权丧失，既不利于对行政相对人的权利保障，也会助长行政机关为了躲避诉讼而故意不告知诉期和诉权的违法行为。为此，《最高人民法院关于适用〈中华人民共和国行政诉讼法〉的解释》（法释［2018］1号）第64条第1款将起诉期限放宽为"从知道或者应当知道行政行为内容之日起最长不得超过一年"以作为相应的补救。

第一，行政机关作出行政行为时未告知公民、法人或者其他组织起诉期限的，起诉期限为公民、法人或者其他组织知道或者应当知道起诉期限之日起6个月，以充分保障公民、法人和其他组织的起诉权利。

第二，如果公民、法人或者其他组织知道或者应当知道起诉期限之日距其知道或者应当知道行政行为内容之日满1年已不足6个月的，则剩余期限为其起诉期限，以督促相对人通过各种方式尽早主张权利并使法律关系和法律状态及早确定。例如，张三自某年1月1日知道处罚决定但不知起诉期限，其于9月1日知道起诉期限，其起诉期限从此时开始计算至次年1月1日还有4个月。

第三，行政机关作出行政行为不存在《行政诉讼法》第70条规定的违法情形，仅仅是未告知公民、法人或者其他组织起诉期限，属于应当确认违法而不撤销之情形。[1]

五、行政诉讼的最长起诉期限

实践中，不仅有因为行政机关未告知公民、法人或者其他组织起诉权利和起诉期限而耽误行使起诉权利之情形，也存在公民、法人或者其他组织不知道行政机关作出的行政行为内容而导致无从行使起诉权利之情形。为了充分保障公民、法人或者其他组织的合法权益，《行政诉讼法》及《最高人民法院关于适用〈中华人民共和国行政诉讼法〉的解释》（法释［2018］1号）规定了行政诉讼的最长起诉期限制度，即公民、法人或者其他组织不知道行

---

〔1〕 深圳碳中和生物燃气股份有限公司诉深圳市龙华区环境保护和水务局环境保护行政管理（环保）行政许可案，广东省深圳市中级人民法院［2018］粤03行终215号行政判决书。

政机关作出的行政行为内容的，其起诉期限从知道或者应当知道该行政行为内容之日起计算，但是因不动产提起诉讼的案件自行政行为作出之日起超过20 年，其他案件自行政行为作出之日起超过 5 年提起诉讼的，人民法院不予受理。

例如，在"王某田诉呼和浩特房产管理局房屋登记案"（《中国行政审判指导案例》（第 1 卷）第 8 号案例）中，原告王某田与王某系父子关系，王某田于 2007 年到被告处办理挂失房产证挂失时，得知涉案房产已于 2001 年 2 月12 日转移登记在王某的名下。原告从未到被告处申请办理房屋转移登记，房屋所有权证原件和身份证复印件也不是原告提交到被告处的，房地产买卖申请审批书和房地产买卖契约中王某田的签名也不是原告本人所签。被告在原告未签名的情况下就办理房屋转移登记，侵害了原告的合法权益，因此请求法院撤销该转移登记。被告和第三人王某均主张原告王某田于 2007 年提起行政诉讼已超过起诉期限。但是法院则认为，由于王某田系 2007 年才知道房产转移登记之内容，且此时距房产转移登记作出的时间尚不足 20 年，故而认定原告未超过起诉期限。该案中，法院裁判进一步指出这类案件中起诉期限的证明责任，即"被告或者第三人认为原告在某一特定时间知道具体行政行为内容，但应提供的证据无法排除合理怀疑且原告予以否认的，人民法院应当推定原告在该特定时间不知道具体行政行为内容"。[1]

六、起诉期限的扣除与延长

公民、法人或者其他组织因不可抗力或者其他不属于其自身的原因耽误起诉期限的，被耽误的时间不计算在起诉期限内。公民、法人或者其他组织因其他特殊情况耽误起诉期限的，在障碍消除后 10 日内，可以申请延长期限，是否准许由人民法院决定。

实践中，当事人因选择管辖法院错误而耽误的起诉期限应予扣除。[2]根据《行政诉讼法》保护公民、法人或者其他组织合法权益的立法宗旨，从切实保障当事人诉权的角度出发，司法实践中，对确有正当理由超过法定期限

---

〔1〕　中华人民共和国最高人民法院行政审判庭编：《中国行政审判指导案例》（第 1 卷），中国法制出版社 2010 年版，第 38 页。

〔2〕　最高人民法院行政审判庭编著：《最高人民法院行政审判庭法官会议纪要》（第 2 辑），人民法院出版社 2023 年版，第 113 页以下。

提起的诉讼，应当作有利于公民、法人或者其他组织的解释。判断超过起诉期限是否具备正当理由，应当充分考虑行政相对人是否已经积极行使诉权，是否存在行政相对人因不属于其自身的原因而耽误起诉期限的情形。起诉人在法定起诉期限内行使起诉权，虽然管辖法院选择错误，但经过人民法院释明，起诉人在合理期限内已经向有管辖权的人民法院提起诉讼，因此而耽误起诉期限具有正当理由，属于非因当事人自身原因耽误的时间，不应计算在起诉期限内。据此，起诉人因选择管辖法院错误而耽误了起诉期限，不属于因其自身原因导致，因此由此耽误的时间可以予以扣除，扣除后仍在起诉期间的，法院应依法受理。

第五节　行政诉讼的其他起诉条件

除上述规定的事项之外，行政诉讼的受理条件还包括原告提起诉讼应当有具体的诉讼请求和事实根据、符合行政复议和行政诉讼的衔接关系、不存在重复起诉、不构成滥诉等条件。

一、有具体的诉讼请求和事实根据

原告不能凭空提起行政诉讼，必须有事实根据，也就是有能使诉讼标的特定化或者能被识别所需的最低限度的事实。这种事实是至少能够证明所争议的行政法上的权利义务关系客观存在的事实，比如请求撤销一个行政处罚，就要附具相应的行政处罚决定书以证明影响原告权利义务的行政处罚决定事实上存在。行政机关作出行政行为时，没有制作或者送达法律文书，公民、法人或者其他组织只要能证明行政行为存在，并在法定期限内起诉的，人民法院应当依法立案。

诉讼请求通常反映原告提起行政诉讼想要实现的目标，《最高人民法院关于适用〈中华人民共和国行政诉讼法〉的解释》（法释〔2018〕1号）第68条规定，"有具体的诉讼请求"是指：①请求判决撤销或者变更行政行为；②请求判决行政机关履行特定法定职责或者给付义务；③请求判决确认行政行为违法；④请求判决确认行政行为无效；⑤请求判决行政机关予以赔偿或者补偿；⑥请求解决行政协议争议；⑦请求一并审查规章以下规范性文件；⑧请求一并解决相关民事争议；⑨其他诉讼请求。当事人单独或者一并提起行政赔偿、补偿诉讼的，应当有具体的赔偿、补偿事项以及数额；请求一并审查规章以下规范性文件的，应当提供明确的文件名称或者审查对象；请求一并解决相关民事争议的，应当有具体的民事诉讼请求。当事人未能正确表达诉讼请求的，人民法院应当要求其明确诉讼请求。

上列诉讼请求表明，只有认为行政行为侵犯其合法权益，公民、法人或者其他组织才有权依法提起行政诉讼；如果认为行政行为合法，则不能提起行政诉讼。"行政行为一经作出即发生法律效力，未经法定程序予以撤销，其法律效力无需人民法院的行政判决予以确认。无争议即无诉讼。国家设立行政诉讼制度的目的在于化解行政争议，维护公民、法人和其他组织的合法权益，监督行政机关依法行政。如果认为行政行为合法，未侵犯其合法权益，不存在行政争议，则无需启动行政诉讼程序。"[1]

与此同时，被诉行政行为构成人民法院进行合法性审查的对象，亦决定了人民法院审理和裁判的范围。在一个行政案件中，被诉行政行为一般仅指一个行政机关作出的一个行政行为，或两个及两个以上的行政机关作出的同一个行政行为。在无法律规定的情况下，除非存在关联事实等特殊情况及出于诉讼经济的便宜考虑，一般不得在同一个行政案件中将两个或两个以上的行政行为列为被诉行政行为。此即通常所谓的"一行为一诉"的行政诉讼立案受理原则。[2]基于这一原则，起诉状副本送达被告后，原告提出新的诉讼请求的，人民法院不予准许，但有正当理由的除外。

二、行政复议与行政诉讼程序衔接

根据《行政诉讼法》《行政复议法》和《最高人民法院关于适用〈中华人民共和国行政诉讼法〉的解释》（法释［2018］1号）的相关规定，行政复议和行政诉讼的衔接关系存在自由选择型、复议前置型以及选择兼终局型等类型，不同类型的衔接关系对法院是否受理行政诉讼案件的影响方式不同。此外，根据司法最终原则，因对法院的判决结果不服而重新申请行政复议或

---

〔1〕　孙某武诉辽宁省沈阳市浑南区人民政府给第三人颁发宅基地使用证案，最高人民法院［2015］行提字第34号行政裁定书。

〔2〕　参见《马某忠与宁夏回族自治区固原市人民政府行政批复、宁夏回族自治区固原市住房和城乡建设局房屋拆迁行政裁决案》，载《中华人民共和国最高人民法院公报》2019年第12期。

者变相申请行政复议，不属于行政复议受理范围。[1]

（一）自由选择型

在一般情形下，对属于人民法院受案范围的行政案件，公民、法人或者其他组织可以先向行政机关申请复议，对复议决定不服的，再向人民法院提起诉讼；也可以直接向人民法院提起诉讼。

法律、法规未规定行政复议为提起行政诉讼的必经程序，公民、法人或者其他组织既提起诉讼又申请行政复议的，由先立案的机关管辖；同时立案的，由公民、法人或者其他组织选择。公民、法人或者其他组织已经申请行政复议，在法定复议期间内又向人民法院提起诉讼的，人民法院裁定不予立案。

法律、法规未规定行政复议为提起行政诉讼的必经程序，公民、法人或者其他组织向复议机关申请行政复议后，又经复议机关同意撤回复议申请，在法定起诉期限内对原行政行为提起诉讼的，人民法院应当依法立案。

（二）复议前置型

《行政复议法》第23条规定："有下列情形之一的，申请人应当先向行政复议机关申请行政复议，对行政复议决定不服的，可以再依法向人民法院提起行政诉讼：（一）对当场作出的行政处罚决定不服；（二）对行政机关作出的侵犯其已经依法取得的自然资源的所有权或者使用权的决定不服；（三）认为行政机关存在本法第十一条规定的未履行法定职责情形；（四）申请政府信息公开，行政机关不予公开；（五）法律、行政法规规定应当先向行政复议机关申请行政复议的其他情形。对前款规定的情形，行政机关在作出行政行为时应当告知公民、法人或者其他组织先向行政复议机关申请行政复议。"

法律、法规规定应当先申请复议，公民、法人或者其他组织未申请复议直接提起诉讼的，人民法院不予受理。复议机关不受理复议申请或者在法定期限内不作出复议决定，公民、法人或者其他组织不服，依法向人民法院提起诉讼的，人民法院应当依法受理。

法律、行政法规规定应当先向行政复议机关申请行政复议、对行政复议决定不服再向人民法院提起行政诉讼的，行政复议机关决定不予受理、驳回申请或者受理后超过行政复议期限不作答复的，公民、法人或者其他组织可

---

[1] 宋某利诉某市人民政府驳回行政复议申请决定案，浙江省杭州市中级人民法院［2020］浙01行初113号行政裁定书，浙江省高级人民法院［2020］浙行终1352号行政裁定书。

以自收到决定书之日起或者行政复议期限届满之日起 15 日内，依法向人民法院提起行政诉讼。

（三）选择兼终局型

选择兼终局型指的是这样一种情形，即行政相对人可以选择行政救济亦可以选择司法救济，若相对人选择行政救济，则其不能对行政救济的结果再行起诉。

例如，《行政复议法》第 24 条至第 26 条规定，省、自治区、直辖市人民政府或者国务院部门管辖对本机关或者本部门作出的行政行为不服的行政复议案件，对省、自治区、直辖市人民政府或者国务院部门针对本机关或者本部门行政行为作出的行政复议决定不服的，可以向人民法院提起行政诉讼，也可以向国务院申请裁决，国务院作出的裁决为最终裁决。

再如，2009 年《出境入境管理法》第 15 条规定："受公安机关拘留处罚的公民对处罚不服的，在接到通知之日起十五日内，可以向上一级公安机关提出申诉，由上一级公安机关作出最后的裁决，也可以直接向当地人民法院提起诉讼。"

（四）排除行政诉讼

这是指单行法律明确规定，行政机关对于特定行政行为引起的争议具有专属管辖权，相对人对该类行政行为不服的只能申请复议，对复议结果不服也不能提起行政诉讼。由于这种做法限制了诉权，属于《立法法》第 11 条规定的"诉讼制度"事项，应当恪守法律保留原则。

例如，1999 年《行政复议法》第 30 条第 2 款规定："根据国务院或者省、自治区、直辖市人民政府对行政区划的勘定、调整或者征用土地的决定，省、自治区、直辖市人民政府确认土地、矿藏、水流、森林、山岭、草原、荒地、滩涂、海域等自然资源的所有权或者使用权的行政复议决定为最终裁决。"

再如，《集会游行示威法》第 13 条规定："集会、游行、示威的负责人对主管机关不许可的决定不服的，可以自接到决定通知之日起三日内，向同级人民政府申请复议，人民政府应当自接到申请复议书之日起三日内作出决定。"相关判例认为，"集会、游行、示威等权利属于政治权利的范畴，不属于人身权、财产权，相关法律、法规只规定对行政机关有关集会、游行、示威等政治权利方面的行政行为不服可以依法申请行政复议，未规定可以向人民法院提起行政诉讼。据此，公民、法人或者其他组织对行政机关有关集会、游行、示威等政治权利方面的行政行为和行政复议决定不服提起的诉讼，人民法院不应受理"。[1]

三、重复起诉

当事人就已经提起诉讼的事项在诉讼过程中或者裁判生效后再次起诉，同时具有下列情形的，构成重复起诉：①后诉与前诉的当事人相同；②后诉与前诉的诉讼标的相同；③后诉与前诉的诉讼请求相同，或者后诉的诉讼请求被前诉裁判所包含。原告构成重复起诉的，法院将不予受理。

在判断是否构成重复起诉时，争议事项是否为同一事项为关键要素。不仅原告对同一行政行为先提起撤销之诉后又提起确认无效或者确认违法之诉构成重复起诉，不同原告针对同一行政行为提起的诉讼亦构成重复起诉。例如，在"王某华诉北京市东城区人民政府行政征收决定违法案"[2]中，王某华向北京市第四中级人民法院提起行政诉讼，请求确认北京市东城区人民政府作出的东政发〔2016〕1号《关于天坛周边简易楼腾退项目范围内房屋征收的决定》违法，并请求附带审查《北京市旧城改建房屋征收实施意见》。法院查明，董某崑因不服同一征收决定曾向北京市第四中级人民法院提起诉讼，且该院已经作出〔2016〕京04行初369号行政判决书认定本案被诉房屋征收决定证据确凿、适用法律规定正确、程序合法，并据此判决驳回董某崑诉请撤销本案被诉征收决定的诉讼请求。该判决被北京市高级人民法院于2016年10月21日作出的〔2016〕京行终4352号行政判决终审维持。因此，法院认为，被诉征收决定已为一审法院和北京市高级人民法院的生效行政判决效力所羁束，故王某华提起本案诉讼不符合法定起诉条件，裁定驳回王某华的起诉。

人民法院裁定准许原告撤诉后，原告以同一事实和理由重新起诉的，人民法院不予立案。准予撤诉的裁定确有错误，原告申请再审的，人民法院应当通过审判监督程序撤销原准予撤诉的裁定，重新对案件进行审理。原告或者上诉人未按规定的期限预交案件受理费，又不提出缓交、减交、免交申请，或者提出申请未获批准的，按自动撤诉处理。在按撤诉处理后，原告或者上

---

[1] 马某青诉辽宁省大连市人民政府、辽宁省大连市公安局集会游行示威许可及行政复议案，最高人民法院〔2018〕最高法行申2905号行政裁定书。

[2] 参见最高人民法院〔2017〕最高法行申8830号行政判决书。

诉人在法定期限内再次起诉或者上诉，并依法解决诉讼费预交问题的，人民法院应予立案。

四、滥诉

《最高人民法院关于人民法院推行立案登记制改革的意见》（法发〔2015〕6 号）规定，"加强诉讼诚信建设，规范行使诉权行为。对虚假诉讼、恶意诉讼、无理缠诉等滥用诉权行为，加大惩治力度"。

既有裁判指出："当事人反复、多次提起相同或类似的诉讼请求，或者明知无正当理由而反复提起诉讼的，属于目的不当、有悖诚信的起诉行为，应认定为缺乏诉的利益，构成滥用诉权行为。"[1]

最高人民法院的裁判还指出："立案登记制亦非取消立案条件审查，而是从依法保障人民法院行使职权和依法保护当事人诉权的角度，要求人民法院在立案时就要针对法定起诉条件等事项，进行更加精细、准确、妥当的审查，并防止不必要和过度审查……公民、法人或者其他组织提起行政诉讼，必须符合《行政诉讼法》所规定的条件；公民、法人或者其他组织提起的诉讼明显不成立或者滥用起诉权利的，人民法院有权不予登记立案。人民法院对已经认定为滥用诉权的起诉，可以退回诉状并记录在册。"[2]

在"李某诉蒸湘区人民政府行政复议案"中，最高人民法院认为，民事维权成功后仍坚持投诉举报"维权"涉嫌滥诉。该案裁判要旨指出："作为一名有丰富维权经验的消费者，其在维权方式的选择上应当履行更高的诚信义务，应当选择恰如其分且更有利于维护其自身合法权益的维权途径；但其在本案相关联的案涉商品索赔纠纷已通过民事诉讼得到解决且人民法院民事判决已经支持其返还货款、赔偿 10 倍货款的诉讼请求后，其自身合法权益已然得到维护，仍然向最高人民法院申请再审，既浪费国家有限的司法资源，又无益于维护其自身合法权益，明显存有滥用诉讼权利的嫌疑，不应得到支

---

〔1〕　参见《陆某霞诉南通市发展和改革委员会政府信息公开答复案》，载《中华人民共和国最高人民法院公报》2015 年第 11 期；王某强诉广东省人民政府信访答复告知书案，最高人民法院〔2023〕最高法行申 1645 号行政裁定书。

〔2〕　陈某东诉浙江省人民政府不履行行政复议法定职责案，浙江省杭州市中级人民法院〔2015〕浙杭行初字第 288 号行政判决，浙江省高级人民法院作出〔2016〕浙行终 193 号行政判决书，最高人民法院〔2018〕最高法行申 6453 号行政裁定书。

持。"〔1〕

典型案例：王某德诉乐山市人力资源和社会保障局工伤认定案

案例来源：最高人民法院指导案例 69 号

案情简介：原告王某德系王某兵之父。王某兵是四川嘉宝资产管理集团有限公司峨眉山分公司职工。2013 年 3 月 18 日，王某兵因交通事故死亡。由于王某兵驾驶摩托车倒地翻覆的原因无法查实，四川省峨眉山市公安局交警大队于同年 4 月 1 日依据《道路交通事故处理程序规定》第 50 条的规定，作出乐公交认定〔2013〕第 00035 号《道路交通事故证明》。该《道路交通事故证明》载明：2013 年 3 月 18 日，王某兵驾驶无牌"卡迪王"二轮摩托车由峨眉山市大转盘至小转盘方向行驶。1 时 20 分许，当该车行至省道 S306 线 29.3 千米处驶入道路右侧与隔离带边缘相擦挂，翻覆于隔离带内，造成车辆受损、王某兵当场死亡的交通事故。

2013 年 4 月 10 日，第三人四川嘉宝资产管理集团有限公司峨眉山分公司就其职工王某兵因交通事故死亡，向被告乐山市人力资源和社会保障局申请工伤认定，并同时提交了峨眉山市公安局交警大队所作的《道路交通事故证明》等证据。被告以公安机关交通管理部门尚未对本案事故作出交通事故认定书为由，于当日作出乐人社工时〔2013〕05 号（峨眉山市）《工伤认定时限中止通知书》（以下简称《中止通知》），并向原告和第三人送达。

2013 年 6 月 24 日，原告通过国内特快专递邮件方式，向被告提交了《恢复工伤认定申请书》，要求被告恢复对王某兵的工伤认定。因被告未恢复对王某兵工伤认定程序，原告遂于同年 7 月 30 日向法院提起行政诉讼，请求判决撤销被告作出的《中止通知》。

法院裁判：被告作出《中止通知》，属于工伤认定程序中的程序性行政行为，如果该行为不涉及终局性问题，对相对人的权利义务没有实质影响，则属于不成熟的行政行为，不具有可诉性，相对人提起行政诉讼的，不属于人民法院行政诉讼受案范围。但如果该程序性行政行为具有终局性，对相对人权利义务产生实质影响，并且无法通过提起针对相关的实体性行政行为的诉讼获得救济的，则属于可诉行政行为，相对人提起行政诉讼的，属于人民法

---

〔1〕 参见最高人民法院〔2023〕最高法行申 3963 号行政裁定书。

院行政诉讼受案范围。虽然根据《道路交通安全法》第 73 条的规定："公安机关交通管理部门应当根据交通事故现场勘验、检查、调查情况和有关的检验、鉴定结论，及时制作交通事故认定书，作为处理交通事故的证据。交通事故认定书应当载明交通事故的基本事实、成因和当事人的责任，并送达当事人。"但是，在现实道路交通事故中，也存在因道路交通事故成因确实无法查清，公安机关交通管理部门不能作出交通事故认定书的情况。对此，《道路交通事故处理程序规定》第 50 条规定："道路交通事故成因无法查清的，公安机关交通管理部门应当出具道路交通事故证明，载明道路交通事故发生的时间、地点、当事人情况及调查得到的事实，分别送达当事人。"就本案而言，峨眉山市公安局交警大队就王某兵因交通事故死亡，依据所调查的事故情况，只能依法作出《道路交通事故证明》，而无法作出《交通事故认定书》。因此，本案中《道路交通事故证明》已经是公安机关交通管理部门依据《道路交通事故处理程序规定》就事故作出的结论，也就是《工伤保险条例》第 20 条第 3 款中规定的工伤认定决定需要的"司法机关或者有关行政主管部门的结论"。除非出现新事实或者决定理由，否则公安机关交通管理部门不会就本案涉及的交通事故作出其他结论。而本案被告在第三人申请认定工伤时已经提交了相关《道路交通事故证明》的情况下，仍然作出《中止通知》，并且一直到原告起诉之日，被告仍以工伤认定处于中止为由，拒绝恢复对王某兵死亡是否属于工伤的认定程序。由此可见，虽然被告作出《中止通知》是工伤认定中的一种程序性行为，但该行为将导致原告的合法权益长期，乃至永久得不到依法救济，直接影响了原告的合法权益，对其权利义务产生实质影响，并且原告也无法通过对相关实体性行政行为提起诉讼以获得救济。因此，被告作出《中止通知》，属于可诉行政行为，人民法院应当依法受理。

复习与思考题：

1. 《行政诉讼法》对行政诉讼受案范围的规定。
2. 中级人民法院管辖的第一审行政案件的范围。
3. 如何理解行政诉讼原告资格的利害关系标准。
4. 行政诉讼最长起诉期限的具体适用及其制度价值。
5. 重复起诉的识别标准。

第十六章
行政诉讼受理和审理

本章知识要点:

1. 行政诉讼的受理程序
2. 行政诉讼的举证责任配置
3. 行政诉讼的审理程序
4. 行政诉讼的法律适用

第一节 行政诉讼的受理程序

行政诉讼的受理是行政诉讼程序正式启动的标志,是法院接收原告向其提交的起诉材料并予以审查后作出立案决定的过程。

一、起诉

起诉应当向人民法院递交起诉状,并按照被告人数提出副本。书写起诉状确有困难的,可以口头起诉,由人民法院记入笔录,出具注明日期的书面凭证,并告知对方当事人。

除起诉状外,公民、法人或者其他组织提起诉讼时还应当提交以下起诉材料:①原告的身份证明材料以及有效联系方式;②被诉行政行为或者不作为存在的材料;③原告与被诉行政行为具有利害关系的材料;④人民法院认为需要提交的其他材料。

由法定代理人或者委托代理人代为起诉的,还应当在起诉状中写明或者在口头起诉时向人民法院说明法定代理人或者委托代理人的基本情况,并提交法定代理人或者委托代理人的身份证明和代理权限证明等材料。

二、立案

人民法院在接到起诉状时对符合《行政诉讼法》规定的起诉条件的，应当当场登记立案。对当场不能判定是否符合《行政诉讼法》规定的起诉条件的，应当接收起诉状，出具注明收到日期的书面凭证，并在7日内决定是否立案。不符合起诉条件的，作出不予立案的裁定。裁定书应当载明不予立案的理由。原告对裁定不服的，可以提起上诉。7日内仍不能作出判断的，应当先予立案。

人民法院应当就起诉状内容和材料是否完备以及是否符合《行政诉讼法》规定的起诉条件进行审查。起诉状内容欠缺或者有其他错误的，应当给予指导和释明，并一次性告知当事人需要补正的内容。起诉状内容或者材料欠缺的，人民法院应当给予指导和释明，并一次性全面告知当事人需要补正的内容、补充的材料及期限。不得未经指导和释明即以起诉不符合条件为由不接收起诉状。在指定期限内补正并符合起诉条件的，应当登记立案。当事人拒绝补正或者经补正仍不符合起诉条件的，退回起诉状并记录在册；坚持起诉的，裁定不予立案，并载明不予立案的理由。

对于不接收起诉状、接收起诉状后不出具书面凭证，以及不一次性告知当事人需要补正的起诉状内容的，当事人可以向上级人民法院投诉，上级人民法院应当责令改正，并对直接负责的主管人员和其他直接责任人员依法给予处分。

人民法院既不立案，又不作出不予立案裁定的，当事人可以向上一级人民法院起诉。上一级人民法院认为符合起诉条件的，应当立案、审理，也可以指定其他下级人民法院立案、审理。

```
                    ┌ 原告必须是适格的公民、法人或者其他组织
          《行政诉讼法》┤ 必须有明确的被告
          第49条       │ 必须有具体的诉讼请求和事实根据
行政               └ 案件属于人民法院的受案范围且符合管辖规则
诉讼   在法定的起诉期限内提起诉讼
案件   符合复议和诉讼的衔接关系
受理               ┌ 直接的重复起诉
条件   排除重复起诉 ┤
                   └ 诉讼标的已受生效裁判或者调解书羁束
       其他：如公共秩序保留、滥诉等
```

第二节 举证责任和证据规则

行政诉讼证据包括书证；物证；视听资料；电子数据；证人证言；当事人的陈述；鉴定意见；勘验笔录、现场笔录。以上证据经法庭审查属实，才能作为认定案件事实的根据。

一、举证责任的性质和构成

行政诉讼的举证责任由程序推进责任和实体说服责任两部分构成。程序推进责任是指行政诉讼原被告双方遵循"谁主张、谁举证"的辩论规则不断推进行政诉讼程序的进行。实体说服责任则是指提交证据证明作为裁判基础的法律要件事实并以此说服法官作出有利于自己的裁判结果，否则就要承担败诉风险。通常所说的行政诉讼举证责任主要是指行政诉讼的实体说服责任。根据《行政诉讼法》第 34 条之规定，行政诉讼的实体说服责任由被告承担，即"被告对作出的行政行为负有举证责任，应当提供作出该行政行为的证据和所依据的规范性文件。被告不提供或者无正当理由逾期提供证据，视为没有相应证据。但是，被诉行政行为涉及第三人合法权益，第三人提供证据的除外"。行政诉讼中被告负举证责任具有下列几个层次的内涵：

第一，被告应当从行政行为的事实依据和规范性文件依据两个方面举证证明被诉行政行为合法，举证不能则视被诉行政行为违法。例如，在"陈某诉徐州市泉山区城市管理局行政处罚案"中，法院认为，"被告城市管理局在收到原告起诉状副本后的法定期限内，未向法庭提交暂扣原告陈某物品的证据和依据，应认定该暂扣行为无证据和依据，属于违法行政行为，应予撤销"。[1]

第二，原告可以提供证明行政行为违法的证据，原告提供的证据不成立的，并不因此承担败诉风险，此时被告仍有证明被诉行政行为合法的举证责任。这是因为，行政诉讼的审查对象是被诉行政行为的合法性，行政诉讼被告更接近行政行为的作出过程，故而《行政诉讼法》基于举证便利性和保护

---

[1] 参见《陈某诉徐州市泉山区城市管理局行政处罚案》，载《中华人民共和国最高人民法院公报》2003 年第 6 期。

相对人合法权益的双重考量，将行政诉讼的实体说服责任配置给了行政诉讼被告。这意味着被告不能证明被诉行政行为合法时，要承担败诉风险。

第三，并非在被告不提供或者无正当理由逾期提供证据的所有情形下，都要将被诉行政行为视为没有相应证据。例如，在"王某春诉郑州市中原区人民政府等撤销行政决定案"中，法院指出，"被告不提供或者无正当理由逾期提供证据，视为没有相应证据"，主要适用于行政机关针对行政相对人作出的损益性行政行为，因为按照先取证后裁决的原则，行政机关在作出一个损益性行政行为时，必须已经搜集到充足确凿的证据，行政机关在诉讼中不提供或者无正当理由逾期提供证据，则人民法院对该不利行政行为难以支持。但在行政行为涉及第三人合法权益的情况下，简单适用这一规则，则是将不利后果转嫁到第三人的头上。正因如此，《行政诉讼法》第34条第2款第二句特别规定："但是，被诉行政行为涉及第三人合法权益，第三人提供证据的除外。"这一特别规定还表明，行政诉讼的证据并非只应由行政机关提供，凡是能够证明案件事实的合法证据，都能成为行政诉讼的定案依据。[1]

第四，行政诉讼中被告负举证责任并不等于原告不承担任何举证责任。一方面，原告为了获得法院支持，可以举证证明被诉行政行为违法；另一方面，原告在特定情形下还应承担举证不能的不利后果，这主要是指以下情形：①在起诉被告不履行法定职责的案件中，原告应当提供其向被告提出申请的证据，但被告应当依职权主动履行法定职责或者原告因正当理由不能提供证据的除外；②在行政赔偿、补偿案件中，原告应当对行政行为造成的损害提供证据，但是因被告的原因导致原告无法举证的，由被告承担举证责任。

二、证据调取、补充与保全

在诉讼过程中，被告及其诉讼代理人不得自行向原告、第三人和证人收集证据。被告在作出行政行为时已经收集了证据，但因不可抗力等正当事由不能提供的，经人民法院准许，可以延期提供。原告或者第三人提出了其在行政处理程序中没有提出的理由或者证据的，经人民法院准许，被告可以补充证据。

---

〔1〕　参见最高人民法院〔2017〕最高法行申5835号行政裁定书。

人民法院有权要求当事人提供或者补充证据。人民法院有权向有关行政机关以及其他组织、公民调取证据。但是，不得为证明行政行为的合法性调取被告作出行政行为时未收集的证据。与本案有关的下列证据，原告或者第三人不能自行收集的，可以申请人民法院调取：①由国家机关保存而须由人民法院调取的证据；②涉及国家秘密、商业秘密和个人隐私的证据；③确因客观原因不能自行收集的其他证据。

在证据可能灭失或者以后难以取得的情况下，诉讼参加人可以向人民法院申请保全证据，人民法院也可以主动采取保全措施。当事人向人民法院申请保全证据的，应当在举证期限届满前以书面形式提出，并说明证据的名称和地点、保全的内容和范围、申请保全的理由等事项。当事人申请保全证据的，人民法院可以要求其提供相应的担保。法律、司法解释规定诉前保全证据的，依照其规定办理。人民法院可以根据具体情况，采取查封、扣押、拍照、录音、录像、复制、鉴定、勘验、制作询问笔录等保全措施。人民法院保全证据时，可以要求当事人或者其诉讼代理人到场。

证据应当在法庭上出示，并由当事人互相质证。对涉及国家秘密、商业秘密和个人隐私的证据，不得在公开开庭时出示。人民法院应当按照法定程序，全面、客观地审查核实证据。对未采纳的证据应当在裁判文书中说明理由。以非法手段取得的证据，不得作为认定案件事实的根据。

第三节　行政诉讼的程序制度

行政诉讼的程序制度包括一般程序制度和特殊程序制度，一般程序制度是行政诉讼和民事诉讼、刑事诉讼都要共同遵循的程序制度，特殊程序制度是行政诉讼所独有的程序制度。

一、一般程序制度

行政诉讼的一般程序制度包括审判公开、回避、延期审理、合并审理、财产保全、撤诉、财产保全、诉讼中止和诉讼终结，以及法院可以采取的对妨害行政诉讼的强制措施等。

（一）公开审理

人民法院公开审理行政案件，但涉及国家秘密、个人隐私和法律另有规定的除外。涉及商业秘密的案件，当事人申请不公开审理的，可以不公开审理。

（二）回避制度

当事人认为审判人员与本案有利害关系或者有其他关系可能影响公正审判，有权申请审判人员回避。审判人员认为自己与本案有利害关系或者有其他关系，应当申请回避。回避规则，适用于书记员、翻译人员、鉴定人、勘验人。

院长担任审判长时的回避，由审判委员会决定；审判人员的回避，由院长决定；其他人员的回避，由审判长决定。当事人对决定不服的，可以申请复议一次。

（三）延期审理和合并审理

有下列情形之一的，可以延期开庭审理：①应当到庭的当事人和其他诉讼参与人有正当理由没有到庭的；②当事人临时提出回避申请且无法及时作出决定的；③需要通知新的证人到庭，调取新的证据，重新鉴定、勘验，或者需要补充调查的；④其他应当延期的情形。

有下列情形之一的，人民法院可以决定合并审理：①两个以上行政机关分别对同一事实作出行政行为，公民、法人或者其他组织不服向同一人民法院起诉的；②行政机关就同一事实对若干公民、法人或者其他组织分别作出行政行为，公民、法人或者其他组织不服分别向同一人民法院起诉的；③在诉讼过程中，被告对原告作出新的行政行为，原告不服向同一人民法院起诉的；④人民法院认为可以合并审理的其他情形。

（四）财产保全

人民法院对于因一方当事人的行为或者其他原因，可能使行政行为或者人民法院生效裁判不能或者难以执行的案件，根据对方当事人的申请，可以裁定对其财产进行保全、责令其作出一定行为或者禁止其作出一定行为；当事人没有提出申请的，人民法院在必要时也可以裁定采取上述保全措施。人民法院采取保全措施，可以责令申请人提供担保；申请人不提供担保的，裁定驳回申请。人民法院接受申请后，对情况紧急的，必须在48小时内作出裁定；裁定采取保全措施的，应当立即开始执行。当事人对保全的裁定不服的，可以申请复议；复议期间不停止裁定的执行。

利害关系人因情况紧急，不立即申请保全将会使其合法权益受到难以弥补的损害的，可以在提起诉讼前向被保全财产所在地、被申请人住所地或者对案件有管辖权的人民法院申请采取保全措施。申请人应当提供担保，不提供担保的，裁定驳回申请。人民法院接受申请后，必须在 48 小时内作出裁定；裁定采取保全措施的，应当立即开始执行。

申请人在人民法院采取保全措施后 30 日内不依法提起诉讼的，人民法院应当解除保全。当事人对解除保全的裁定不服的，可以申请复议；复议期间不停止裁定的执行。

财产保全应仅限于申请人请求的范围，或者与本案有关的财物。财产保全采取查封、扣押、冻结或者法律规定的其他方法。人民法院保全财产后，应当立即通知被保全人。财产已被查封、冻结的，不得重复查封、冻结。涉及财产的案件，被申请人提供担保的，人民法院应当裁定解除保全。申请有错误的，申请人应当赔偿被申请人因保全所遭受的损失。

（五）撤诉

经人民法院传票传唤，原告无正当理由拒不到庭，或者未经法庭许可中途退庭的，可以按照撤诉处理；被告无正当理由拒不到庭，或者未经法庭许可中途退庭的，可以缺席判决。

人民法院对行政案件宣告判决或者裁定前，原告申请撤诉的，或者被告改变其所作的行政行为，原告同意并申请撤诉的，是否准许，由人民法院裁定。

人民法院裁定准许原告撤诉后，原告以同一事实和理由重新起诉的，人民法院不予立案。准予撤诉的裁定确有错误，原告申请再审的，人民法院应当通过审判监督程序撤销原准予撤诉的裁定，重新对案件进行审理。

原告或者上诉人未按规定的期限预交案件受理费，又不提出缓交、减交、免交申请，或者提出申请未获批准的，按自动撤诉处理。在按撤诉处理后，原告或者上诉人在法定期限内再次起诉或者上诉，并依法解决诉讼费预交问题的，人民法院应予立案。

（六）缺席判决

被告无正当理由拒不到庭，或者未经法庭许可中途退庭的，法院可以缺席判决。人民法院对被告经传票传唤无正当理由拒不到庭，或者未经法庭许可中途退庭的，可以将被告拒不到庭或者中途退庭的情况予以公告，并可以向监察机关或者被告的上一级行政机关提出依法给予其主要负责人或者直接责任人员处分的司法建议。

原告或者上诉人经合法传唤无正当理由拒不到庭，或者未经法庭许可而中途退庭的，原则上按撤诉处理，但法院认为仍需继续审理的，可以缺席判决。

原告或者上诉人申请撤诉，人民法院裁定不予准许的，原告或者上诉人经合法传唤无正当理由拒不到庭，或者未经法庭许可而中途退庭的，可以缺席判决。

（七）对妨害行政诉讼的强制措施

人民法院为保证行政诉讼程序的顺利进行，对实施妨害行政诉讼行为的主体依法采取的强制手段，称为对妨害行政诉讼的强制措施。

诉讼参与人或者其他人有下列行为之一的，人民法院可以根据情节轻重，予以训诫、责令具结悔过或者处1万元以下的罚款、15日以下的拘留；构成犯罪的，依法追究刑事责任：①有义务协助调查、执行的人，对人民法院的协助调查决定、协助执行通知书，无故推拖、拒绝或者妨碍调查、执行的；②伪造、隐藏、毁灭证据或者提供虚假证明材料，妨碍人民法院审理案件的；③指使、贿买、胁迫他人作伪证或者威胁、阻止证人作证的；④隐藏、转移、变卖、毁损已被查封、扣押、冻结的财产的；⑤以欺骗、胁迫等非法手段使原告撤诉的；⑥以暴力、威胁或者其他方法阻碍人民法院工作人员执行职务，或者以哄闹、冲击法庭等方法扰乱人民法院工作秩序的；⑦对人民法院审判人员或者其他工作人员、诉讼参与人、协助调查和执行的人员恐吓、侮辱、诽谤、诬陷、殴打、围攻或者打击报复的。

人民法院对有上述行为之一的单位，可以对其主要负责人或者直接责任人员依照前述规定予以罚款、拘留；构成犯罪的，依法追究刑事责任。

罚款、拘留须经人民法院院长批准。当事人不服的，可以向上一级人民法院申请复议一次。复议期间不停止执行。

罚款、拘留可以单独适用，也可以合并适用。对同一妨害行政诉讼行为的罚款、拘留不得连续适用。发生新的妨害行政诉讼行为的，人民法院可以重新予以罚款、拘留。

（八）诉讼中止和诉讼终结

在诉讼过程中，有下列情形之一的，中止诉讼：①原告死亡，须等待其近亲属表明是否参加诉讼的；②原告丧失诉讼行为能力，尚未确定法定代理人的；③作为一方当事人的行政机关、法人或者其他组织终止，尚未确定权利义务承受人的；④一方当事人因不可抗力的事由不能参加诉讼的；⑤案件涉及法律适用问题，需要送请有权机关作出解释或者确认的；⑥案件的审判须以相关民事、刑事或者其他行政案件的审理结果为依据，而相关案件尚未审结的；⑦其他应当中止诉讼的情形。中止诉讼的原因消除后，恢复诉讼。

在诉讼过程中，有下列情形之一的，终结诉讼：①原告死亡，没有近亲属或近亲属放弃诉讼权利的；②作为原告的法人或者其他组织终止后，其权利义务的承受人放弃诉讼权利的。因下述原因中止诉讼满 90 日仍无人继续诉讼，裁定终结诉讼，但有特殊情况的除外：①原告死亡，须等待其近亲属表明是否参加诉讼的；②原告丧失诉讼行为能力，尚未确定法定代理人的；③作为一方当事人的行政机关、法人或者其他组织终止，尚未确定权利义务承受人的。

二、行政诉讼的特殊程序制度

行政诉讼的特殊程序制度是由行政诉讼的审理对象和制度定位所决定的。行政诉讼以行政行为的合法性为审查对象，在保障权益和监督行政的同时，也要对行政保持必要的尊让以免对行政效率造成不必要的延误。为此，行政诉讼中设置了诉讼不停止执行制度、针对特定案件的先予执行制度、有限调解制度以及一并解决民事争议制度。

（一）诉讼不停止执行

基于行政行为公定力以及行政效率的考虑，行政诉讼期间不停止被诉行政行为的执行，但是如果不停止执行会给公共利益造成重大损害或者个人利益造成难以弥补的损失的，应当停止执行。具体情形包括：①被告认为需要停止执行的；②原告或者利害关系人申请停止执行，人民法院认为该行政行为的执行会造成难以弥补的损失，并且停止执行不损害国家利益、社会公共利益的；③法院认为该行政行为的执行会给国家利益、社会公共利益造成重大损害的；④法律、法规规定停止执行的。当事人对停止执行或者不停止执行的裁定不服的，可以申请复议一次。

（二）先予执行

人民法院对起诉行政机关没有依法支付抚恤金、最低生活保障金和工伤、医疗社会保险金的案件，权利义务关系明确、不先予执行将严重影响原告生活的，可以根据原告的申请，裁定先予执行。当事人对先予执行裁定不服的，可以申请复议一次。复议期间不停止裁定的执行。据此，先予执行应当满足以下条件：①先予执行仅适用于行政机关没有依法支付抚恤金、最低生活保障金和工伤、医疗社会保险金的案件；②原告提出先予执行申请；③法院经初步审查，认为案涉权利义务关系明确、不先予执行将严重影响原告生活。

当事人对先予执行裁定不服的，可以申请复议一次。复议期间不停止裁定的执行。

（三）行政诉讼有限调解

人民法院审理行政案件，不适用调解。但是，行政赔偿、补偿以及行政机关行使法律、法规规定的自由裁量权的案件可以调解。调解应当遵循自愿、合法原则，不得损害国家利益、社会公共利益和他人合法权益。

调解达成协议，人民法院应当制作调解书。调解书应当写明诉讼请求、案件的事实和调解结果。调解书由审判人员、书记员署名，加盖人民法院印章，送达双方当事人。调解书经双方当事人签收后，即具有法律效力。调解书生效日期根据最后收到调解书的当事人签收的日期确定。

人民法院审理行政案件，调解过程不公开，但当事人同意公开的除外。调解协议内容不公开，但为保护国家利益、社会公共利益、他人合法权益，人民法院认为确有必要公开的除外。

经人民法院准许，第三人可以参加调解。人民法院认为有必要的，可以通知第三人参加调解。

当事人一方或者双方不愿调解、调解未达成协议的，人民法院应当及时判决。当事人自行和解或者调解达成协议后，请求人民法院按照和解协议或者调解协议的内容制作判决书的，人民法院不予准许。

（四）一并审理民事争议

在行政诉讼中，人民法院认为行政案件的审理需以民事诉讼的裁判为依据的，可以裁定中止行政诉讼。在涉及行政许可、登记、征收、征用和行政机关对民事争议所作的裁决的行政诉讼中，当事人申请一并解决相关民事争议的，人民法院可以一并审理。有下列情形之一的，人民法院应当作出不予准许一并审理民事争议的决定，并告知当事人可以依法通过其他渠道主张权利：①法律规定应当由行政机关先行处理的；②违反《民事诉讼法》专属管辖规定或者协议管辖约定的；③约定仲裁或者已经提起民事诉讼的；④其他不宜一并审理民事争议的情形。对不予准许的决定可以申请复议一次。

公民、法人或者其他组织请求一并审理相关民事争议，应当在第一审开庭审理前提出；有正当理由的，也可以在法庭调查中提出。人民法院决定在行政诉讼中一并审理相关民事争议，或者案件当事人一致同意相关民事争议在行政诉讼中一并解决，人民法院准许的，由受理行政案件的人民法院管辖。公民、法人或者其他组织请求一并审理相关民事争议，人民法院经审查发现行政案件已经超过起诉期限，民事案件尚未立案的，告知当事人另行提起民事诉讼；民事案件已经立案的，由原审判组织继续审理。

人民法院在审理行政案件中发现民事争议为解决行政争议的基础，当事人没有请求人民法院一并审理相关民事争议的，人民法院应当告知当事人依法申请一并解决民事争议。当事人就民事争议另行提起民事诉讼并已立案的，人民法院应当中止行政诉讼的审理。民事争议处理期间不计算在行政诉讼审理期限内。

人民法院在行政诉讼中一并审理相关民事争议的，民事争议应当单独立案，由同一审判组织审理。人民法院审理行政机关对民事争议所作裁决的案件，一并审理民事争议的，不另行立案。人民法院一并审理相关民事争议，适用民事法律规范的相关规定，法律另有规定的除外。当事人在调解中对民事权益的处分，不能作为审查被诉行政行为合法性的根据。

对行政争议和民事争议应当分别裁判。当事人仅对行政裁判或者民事裁判提出上诉的，未上诉的裁判在上诉期满后即发生法律效力。第一审人民法院应当将全部案卷一并移送第二审人民法院，由行政审判庭审理。第二审人民法院发现未上诉的生效裁判确有错误的，应当按照审判监督程序再审。

行政诉讼原告在宣判前申请撤诉的，是否准许由人民法院裁定。人民法院裁定准许行政诉讼原告撤诉，但其对已经提起的一并审理相关民事争议不撤诉的，人民法院应当继续审理。

人民法院一并审理相关民事争议，应当按行政案件、民事案件的标准分别收取诉讼费用。行政争议与民事争议适用不同法律审理。

第四节　行政诉讼的审理程序

行政诉讼实行两审终审制，当事人对第一审裁判不服的，可以上诉，第二审裁判为终审裁判，一经作出，立即生效。当事人对第二审裁判不服的，只能通过审判监督程序申请再审。由此，行政诉讼的审理程序规则包括行政诉讼第一审普通程序规则、第一审简易程序规则、第二审程序规则和审判监督程序规则。

一、第一审程序

行政诉讼的第一审程序包括第一审普通程序和第一审简易程序。

（一）第一审普通程序

1. 立案后的庭前准备

人民法院应当在立案之日起 5 日内，将起诉状副本发送被告。被告应当在收到起诉状副本之日起 15 日内向人民法院提交作出行政行为的证据和所依据的规范性文件，并提出答辩状。人民法院应当在收到答辩状之日起 5 日内，将答辩状副本发送原告。被告不提出答辩状的，不影响人民法院审理。

人民法院经过阅卷、调查或者询问当事人，认为不需要开庭审理的，可以迳行裁定驳回起诉。

2. 组成合议庭

人民法院审理行政案件，由审判员组成合议庭，或者由审判员、陪审员组成合议庭。合议庭的成员，应当是 3 人以上的单数。

3. 公开宣判

人民法院对公开审理和不公开审理的案件，一律公开宣告判决。当庭宣判的，应当在 10 日内发送判决书；定期宣判的，宣判后立即发给判决书。宣告判决时，必须告知当事人上诉权利、上诉期限和上诉的人民法院。

4. 审理期限

人民法院应当在立案之日起 6 个月内作出第一审判决。有特殊情况需要延长的，由高级人民法院批准，高级人民法院审理第一审案件需要延长的，由最高人民法院批准。

（二）第一审简易程序

1. 适用范围

人民法院审理下列第一审行政案件，认为事实清楚、权利义务关系明确、争议不大的，可以适用简易程序：①被诉行政行为是依法当场作出的；②案件涉及款额 2000 元以下的；③属于政府信息公开案件的。"事实清楚"，是指当事人对争议的事实陈述基本一致，并能提供相应的证据，无须人民法院调查收集证据即可查明事实；"权利义务关系明确"，是指行政法律关系中权利和义务能够明确区分；"争议不大"，是指当事人对行政行为的合法性、责任承担等没有实质分歧。

当事人各方同意适用简易程序的，可以适用简易程序。

发回重审、按照审判监督程序再审的案件不适用简易程序。

2. 简化审判流程

适用简易程序审理的行政案件，在审判流程上具有如下特征：①由审判员一人独任审理，并应当在立案之日起45日内审结；②人民法院可以用口头通知、电话、短信、传真、电子邮件等简便方式传唤当事人、通知证人、送达裁判文书以外的诉讼文书；③以简便方式送达的开庭通知，未经当事人确认或者没有其他证据证明当事人已经收到的，人民法院不得缺席判决；④举证期限不得超过15日，可以由人民法院确定，也可以由当事人协商一致并经人民法院准许，人民法院可以根据被告的书面答辩要求，确定合理的答辩期间；⑤人民法院应当将举证期限和开庭日期告知双方当事人，并向当事人说明逾期举证以及拒不到庭的法律后果，由双方当事人在笔录和开庭传票的送达回证上签名或者捺印；⑥当事人双方均表示同意立即开庭或者缩短举证期限、答辩期间的，人民法院可以立即开庭审理或者确定近期开庭。

3. 程序转化

人民法院在审理过程中，发现案件不宜适用简易程序的，裁定转为普通程序；人民法院发现案情复杂，需要转为普通程序审理的，应当在审理期限届满前作出裁定并将合议庭组成人员及相关事项书面通知双方当事人。案件转为普通程序审理的，审理期限自人民法院立案之日起计算。

二、第二审程序

（一）上诉

当事人不服人民法院第一审判决的，有权在判决书送达之日起15日内向上一级人民法院提起上诉。当事人不服人民法院第一审裁定的，有权在裁定书送达之日起10日内向上一级人民法院提起上诉。逾期不提起上诉的，人民法院的第一审判决或者裁定发生法律效力。

第一审人民法院作出判决和裁定后，当事人均提起上诉的，上诉各方均为上诉人。诉讼当事人中的一部分人提出上诉，没有提出上诉的对方当事人为被上诉人，其他当事人依原审诉讼地位列明。

当事人提出上诉，应当按照其他当事人或者诉讼代表人的人数提出上诉状副本。原审人民法院收到上诉状，应当在5日内将上诉状副本发送其他当事人，对方当事人应当在收到上诉状副本之日起15日内提出答辩状。原审人民法院应当在收到答辩状之日起5日内将副本发送上诉人。对方当事人不提出答辩状的，不影响人民法院审理。

原审人民法院收到上诉状、答辩状，应当在5日内连同全部案卷和证据，报送第二审人民法院；已经预收的诉讼费用，一并报送。

（二）审理程序和方式

人民法院对上诉案件，应当组成合议庭，开庭审理。经过阅卷、调查和询问当事人，对没有提出新的事实、证据或者理由，合议庭认为不需要开庭审理的，也可以不开庭审理。

（三）全面审查

人民法院审理上诉案件，应当对原审人民法院的判决、裁定和被诉行政行为进行全面审查，并按照下列情形分别处理：①原审人民法院不予立案或者驳回起诉的裁定确有错误且当事人的起诉符合起诉条件的，应当裁定撤销原审人民法院的裁定，指令原审人民法院依法立案或者继续审理；②不符合立案条件但原审人民法院已经作出实体判决的，在撤销原审人民法院判决的同时，可以迳行驳回起诉；③原判决、裁定认定事实清楚，适用法律、法规正确的，判决或者裁定驳回上诉，维持原判决、裁定；④原判决、裁定认定事实错误或者适用法律、法规错误的，依法改判、撤销或者变更；⑤原判决认定基本事实不清、证据不足的，发回原审人民法院重审，或者查清事实后改判；⑥原判决遗漏必须参加诉讼的当事人或者违法缺席判决等严重违反法定程序的，或者遗漏了诉讼请求的，裁定撤销原判决，发回原审人民法院重审。

原审判决遗漏行政赔偿请求，第二审人民法院经审查认为依法不应当予以赔偿的，应当判决驳回行政赔偿请求；原审判决遗漏行政赔偿请求，第二审人民法院经审理认为依法应当予以赔偿的，在确认被诉行政行为违法的同时，可以就行政赔偿问题进行调解；调解不成的，应当就行政赔偿部分发回重审；当事人在第二审期间提出行政赔偿请求的，第二审人民法院可以进行调解；调解不成的，应当告知当事人另行起诉。

第二审人民法院裁定发回原审人民法院重新审理的行政案件，原审人民法院应当另行组成合议庭进行审理。原审人民法院对发回重审的案件作出判决后，当事人提起上诉的，第二审人民法院不得再次发回重审。

人民法院审理上诉案件，需要改变原审判决的，应当同时对被诉行政行为作出判决。

（四）审理期限

人民法院审理上诉案件，应当在收到上诉状之日起 3 个月内作出终审判决。有特殊情况需要延长的，由高级人民法院批准，高级人民法院审理上诉案件需要延长的，由最高人民法院批准。

三、审判监督程序

行政诉讼审判监督程序之启动有三种不同方式，即依当事人申诉启动、法院依职权启动以及依检察机关抗诉启动。行政诉讼审判监督程序并不因启动方式不同而存在较大差异，而是遵循相同的程序规则。

（一）启动审判监督程序

1. 当事人申诉

当事人对已经发生法律效力的判决、裁定，认为确有错误的，可以向上一级人民法院申请再审，但判决、裁定不停止执行。当事人向上一级人民法院申请再审，应当在判决、裁定或者调解书发生法律效力后 6 个月内提出。有下列情形之一的，自知道或者应当知道之日起 6 个月内提出：①有新的证据，足以推翻原判决、裁定的；②原判决、裁定认定事实的主要证据是伪造的；③据以作出原判决、裁定的法律文书被撤销或者变更的；④审判人员审理该案件时有贪污受贿、徇私舞弊、枉法裁判行为的。

当事人申请再审的，应当提交再审申请书等材料。人民法院认为有必要的，可以自收到再审申请书之日起 5 日内将再审申请书副本发送对方当事人。对方当事人应当自收到再审申请书副本之日起 15 日内提交书面意见。人民法院可以要求申请人和对方当事人补充有关材料，询问有关事项。

人民法院应当自再审申请案件立案之日起 6 个月内审查，有特殊情况需要延长的，由本院院长批准。人民法院根据审查再审申请案件的需要决定是否询问当事人；新的证据可能推翻原判决、裁定的，人民法院应当询问当事人。

审查再审申请期间，被申请人及原审其他当事人依法提出再审申请的，人民法院应当将其列为再审申请人，对其再审事由一并审查，审查期限重新计算。经审查，其中一方再审申请人主张的再审事由成立的，应当裁定再审。各方再审申请人主张的再审事由均不成立的，一并裁定驳回再审申请。

审查再审申请期间，再审申请人申请人民法院委托鉴定、勘验的，人民法院不予准许；再审申请人撤回再审申请的，是否准许，由人民法院裁定；再审申请人经传票传唤，无正当理由拒不接受询问的，按撤回再审申请处理。

人民法院准许撤回再审申请或者按撤回再审申请处理后，再审申请人再次申请再审的，不予立案，但有《行政诉讼法》第91条第2项、第3项、第7项、第8项规定情形，自知道或者应当知道之日起6个月内提出的除外。

当事人主张的再审事由成立，且符合申请再审条件的，人民法院应当裁定再审。当事人主张的再审事由不成立，或者当事人申请再审超过法定申请再审期限、超出法定再审事由范围等不符合《行政诉讼法》及其司法解释规定的申请再审条件的，人民法院应当裁定驳回再审申请。当事人的申请符合下列情形之一的，人民法院应当再审：①不予立案或者驳回起诉确有错误的；②有新的证据，足以推翻原判决、裁定的；③原判决、裁定认定事实的主要证据不足、未经质证或者系伪造的；④原判决、裁定适用法律、法规确有错误的；⑤违反法律规定的诉讼程序，可能影响公正审判的；⑥原判决、裁定遗漏诉讼请求的；⑦据以作出原判决、裁定的法律文书被撤销或者变更的；⑧审判人员在审理该案件时有贪污受贿、徇私舞弊、枉法裁判行为的。

2. 法院依职权启动审判监督程序

各级人民法院院长对本院已经发生法律效力的判决、裁定，发现有《行政诉讼法》第91条规定情形之一，或者发现调解违反自愿原则或者调解书内容违法，认为需要再审的，应当提交审判委员会讨论决定。

最高人民法院对地方各级人民法院已经发生法律效力的判决、裁定，上级人民法院对下级人民法院已经发生法律效力的判决、裁定，发现有《行政诉讼法》第91条规定情形之一，或者发现调解违反自愿原则或者调解书内容违法的，有权提审或者指令下级人民法院再审。

3. 检察机关抗诉

有下列情形之一的，当事人可以向人民检察院申请抗诉或者检察建议：①人民法院驳回再审申请的；②人民法院逾期未对再审申请作出裁定的；

③再审判决、裁定有明显错误的。人民法院基于抗诉或者检察建议作出再审判决、裁定后，当事人申请再审的，人民法院不予立案。

最高人民检察院对各级人民法院已经发生法律效力的判决、裁定，上级人民检察院对下级人民法院已经发生法律效力的判决、裁定，发现有《行政诉讼法》第91条规定情形之一，或者发现调解书损害国家利益、社会公共利益的，应当提出抗诉。

地方各级人民检察院对同级人民法院已经发生法律效力的判决、裁定，发现有《行政诉讼法》第91条规定情形之一，或者发现调解书损害国家利益、社会公共利益的，可以向同级人民法院提出检察建议，并报上级人民检察院备案；也可以提请上级人民检察院向同级人民法院提出抗诉。

各级人民检察院对审判监督程序以外的其他审判程序中审判人员的违法行为，有权向同级人民法院提出检察建议。

人民检察院提出抗诉的案件，接受抗诉的人民法院应当自收到抗诉书之日起30日内作出再审的裁定；有《行政诉讼法》第91条第2、3项规定情形之一的，可以指令下一级人民法院再审，但经该下一级人民法院再审过的除外。人民法院在审查抗诉材料期间，当事人之间已经达成和解协议的，人民法院可以建议人民检察院撤回抗诉。

人民检察院提出抗诉的案件，人民法院再审开庭时，应当在开庭3日前通知人民检察院派员出庭。人民法院收到再审检察建议后，应当组成合议庭，在3个月内进行审查，发现原判决、裁定、调解书确有错误，需要再审的，依照《行政诉讼法》第92条规定裁定再审，并通知当事人；经审查，决定不予再审的，应当书面回复人民检察院。

人民法院审理因人民检察院抗诉或者检察建议裁定再审的案件，不受此前已经作出的驳回当事人再审申请裁定的限制。

（二）再审基本流程和处理方式

1. 裁定中止原判决、裁定、调解书的执行

按照审判监督程序决定再审的案件，裁定中止原判决、裁定、调解书的执行，但支付抚恤金、最低生活保障费或者社会保险待遇的案件，可以不中止执行。

上级人民法院决定提审或者指令下级人民法院再审的，应当作出裁定，裁定应当写明中止原判决的执行；情况紧急的，可以将中止执行的裁定口头

通知负责执行的人民法院或者作出生效判决、裁定的人民法院，但应当在口头通知后 10 日内发出裁定书。

2. 按原审程序再审

人民法院按照审判监督程序再审的案件，发生法律效力的判决、裁定是由第一审法院作出的，按照第一审程序审理，所作的判决、裁定，当事人可以上诉；发生法律效力的判决、裁定是由第二审法院作出的，按照第二审程序审理，所作的判决、裁定，是发生法律效力的判决、裁定；上级人民法院按照审判监督程序提审的，按照第二审程序审理，所作的判决、裁定是发生法律效力的判决、裁定。

人民法院审理再审案件，应当另行组成合议庭。

（三）审查范围

人民法院审理再审案件应当围绕再审请求和被诉行政行为合法性进行。当事人的再审请求超出原审诉讼请求，符合另案诉讼条件的，告知当事人可以另行起诉。

被申请人及原审其他当事人在庭审辩论结束前提出的再审请求，符合《最高人民法院关于适用〈中华人民共和国行政诉讼法〉的解释》（法释〔2018〕1号）规定的申请期限的，人民法院应当一并审理。

人民法院经再审，发现已经发生法律效力的判决、裁定损害国家利益、社会公共利益、他人合法权益的，应当一并审理。

（四）裁定终结再审程序

再审审理期间，有下列情形之一的，裁定终结再审程序：再审申请人在再审期间撤回再审请求，人民法院准许的；再审申请人经传票传唤，无正当理由拒不到庭的，或者未经法庭许可中途退庭，按撤回再审请求处理的；人民检察院撤回抗诉的；其他应当终结再审程序的情形。

因人民检察院提出抗诉裁定再审的案件，申请抗诉的当事人有前款规定的情形，且不损害国家利益、社会公共利益或者他人合法权益的，人民法院裁定终结再审程序。

再审程序终结后，人民法院裁定中止执行的原生效判决自动恢复执行。

（五）处理方式

人民法院审理再审案件，认为原生效判决、裁定确有错误，在撤销原生效判决或者裁定的同时，可以对生效判决、裁定的内容作出相应裁判，也可以裁定撤销生效判决或者裁定，发回作出生效判决、裁定的人民法院重新审理。人民法院审理二审案件和再审案件，对原审法院立案、不予立案或者驳回起诉错误的，应当分别情况作如下处理：①第二审人民法院认为不应当立案的，但第一审人民法院已作出实体判决，在撤销第一审人民法院判决的同时，可以迳行驳回起诉；②第二审人民法院维持第一审人民法院不予立案裁定错误的，再审法院应当撤销第一审、第二审人民法院裁定，指令第一审人民法院受理；③第二审人民法院维持第一审人民法院驳回起诉裁定错误的，再审法院应当撤销第一审、第二审人民法院裁定，指令第一审人民法院审理。

第五节　行政诉讼的法律适用

人民法院审理行政案件，以法律和行政法规、地方性法规为依据，参照规章。地方性法规适用于本行政区域内发生的行政案件。人民法院审理民族自治地方的行政案件，并以该民族自治地方的自治条例和单行条例为依据。根据《行政诉讼法》和《最高人民法院关于适用〈中华人民共和国行政诉讼法〉的解释》（法释〔2018〕1号）的相关规定，以及《最高人民法院关于审理行政案件适用法律规范问题的座谈会纪要》（法〔2004〕96号），对行政诉讼的法律适用作如下说明：

第一，现行有效的行政法规有以下三种类型：一是国务院制定并公布的行政法规；二是《立法法》施行以前，按照当时有效的行政法规制定程序，经国务院批准、由国务院部门公布的行政法规。但在《立法法》施行以后，经国务院批准、由国务院部门公布的规范性文件，不再属于行政法规；三是在清理行政法规时由国务院确认的其他行政法规。

第二，在参照规章时，应当对规章的规定是否合法有效进行判断，对于合法有效的规章应当适用。根据《立法法》《行政法规制定程序条例》和《规章制定程序条例》关于法律、行政法规和规章的解释的规定，全国人民代表大会常务委员会的法律解释，国务院或者国务院授权的部门公布的行政法规解释，人民法院作为审理行政案件的法律依据；规章制定机关作出的与规章具有同等效力的规章解释，人民法院审理行政案件时参照适用。

第三，行政审判实践中，经常涉及有关部门为指导法律执行或者实施行政措施而作出的具体应用解释和制定的其他规范性文件，主要是：国务院部门以及省、自治区、直辖市和较大的市的人民政府或其主管部门对于具体应用法律、法规或规章作出的解释；县级以上人民政府及其主管部门制定发布的具有普遍约束力的决定、命令或其他规范性文件。行政机关往往将这些具体应用解释和其他规范性文件作为具体行政行为的直接依据。这些具体应用解释和规范性文件不是正式的法律渊源，对人民法院不具有法律规范意义上的约束力。但是，人民法院经审查认为被诉具体行政行为依据的具体应用解释和其他规范性文件合法、有效并合理、适当的，在认定被诉具体行政行为合法性时应承认其效力；人民法院可以在裁判理由中对具体应用解释和其他规范性文件是否合法、有效、合理或适当进行评述。人民法院在审理行政案件中，经审查认为作为被诉行政行为依据的规范性文件不合法的，不作为认定行政行为合法的依据，并向制定机关提出处理建议。

第四，在裁判案件中解释法律规范，是人民法院适用法律的重要组成部分。人民法院对于所适用的法律规范，一般按照其通常语义进行解释；有专业上的特殊含义的，该含义优先；语义不清楚或者有歧义的，可以根据上下文和立法宗旨、目的和原则等确定其含义。法律规范在列举其适用的典型事项后，又以"等""其他"等词语进行表述的，属于不完全列举的例示性规定。以"等""其他"等概括性用语表示的事项，均为明文列举的事项以外的事项，且其所概括的情形应为与列举事项类似的事项。人民法院在解释和适用法律时，应当妥善处理法律效果与社会效果的关系，既要严格适用法律规定和维护法律规定的严肃性，确保法律适用的确定性、统一性和连续性，又要注意与时俱进，注意办案的社会效果，避免刻板僵化地理解和适用法律条文，在法律适用中维护国家利益和社会公共利益。

此外，人民法院审理行政案件，适用最高人民法院司法解释的，应当在裁判文书中援引。

典型案例： 王某春诉郑州市中原区人民政府等撤销行政决定案

案例来源： 最高人民法院［2017］最高法行申 5835 号行政裁定书

案情简介： 王某春与王某来、王俊 1、王俊 2 系兄弟关系。2014 年 4 月 22 日，王某春与中原区桐柏路街道城中村改造指挥部签订拆迁补偿安置协议（宅基地户）一份，编号纺-30。2015 年 7 月 15 日，中原区人民政府作出

《中原区桐柏路街道城中村改造关于牛砦村城中村改造居民王某春安置协议作废问题的决定》（以下简称《被诉决定》），认为因王某春其他家属持西站路38号院宅基证复印件、38号院房产证提出产权归属异议，决定中原区桐柏路街道城中村改造指挥部与王某春所签协议（纺-30号）作废，等家庭内部达成协议后另行处理。王某春不服，遂提起本案行政诉讼，请求撤销"被诉决定"。

法院裁判：郑州铁路运输中级法院一审认为：中原区人民政府对作出的行政行为负有举证责任，应当提供作出该行政行为的证据和所依据的规范性文件。不提供证据，视为没有相应证据。本案中，中原区人民政府应诉后未在法定期限内向法院履行其举证责任，虽然一审第三人提供了部分证据，但中原区人民政府未答辩、未出庭，而王某春与一审第三人的分歧较大，无法确定一审第三人提交的证据是中原区人民政府作出被诉具体行政行为时所依据的证据，无法确认被诉具体行政行为的合法性。判决撤销"被诉决定"。

河南省高级人民法院二审认为：中原区人民政府未出庭履行举证责任，应视为其作出的被诉作废决定没有相应证据支持，而应承担败诉责任。但是，本案被诉决定涉及王某春的其他家属等第三人的合法权益，王某春的其他家属等第三人提供的证据依法应作为被诉作废决定相应的证据，且王某春的其他家属等第三人已提供证据证明郑州市西站路38号院可能存在王某春、王某来、王俊1、王俊2对该物权合法权益的争议，故对一审行政判决予以撤销。王某来、王某春、王俊1、王俊2兄弟之间的纠纷，可通过其他途径寻求救济。判决撤销郑州铁路运输中级法院［2015］郑铁中行初字第193号行政判决，驳回王某春的诉讼请求。

最高人民法院认为，《行政诉讼法》第34条第2款第1句规定的"被告不提供或者无正当理由逾期提供证据，视为没有相应证据"，主要适用于行政机关针对行政相对人作出的损益性行政行为，因为按照先取证后裁决的原则，行政机关在作出一个损益性行政行为时，必须已经搜集到充足确凿的证据，行政机关在诉讼中不提供或者无正当理由逾期提供证据，则人民法院对该不利行政行为难以支持。但在行政行为涉及第三人合法权益的情况下，简单适用这一规则，则是将不利后果转嫁到第三人的头上。正因如此，《行政诉讼法》第34条第2款第2句特别规定："但是，被诉行政行为涉及第三人合法权益，第三人提供证据的除外。"这一特别规定还表明，行政诉讼的证据并非只应由行政机关提供，凡是能够证明案件事实的合法证据，都能成为行政诉讼的定案依据。

复习与思考题：

1. 行政诉讼举证责任的配置规则。

2. 诉讼不停止执行的例外。

3. 第一审简易程序适用的案件范围。

4. 行政诉讼参照规章的具体理解。

第十七章
行政诉讼判决与执行

本章知识要点：

1. 行政诉讼的基本判决方式其适用条件
2. 行政诉讼的替代判决方式其适用条件
3. 行政诉讼判决的执行程序及方式

第一节　行政诉讼的基本判决方式

驳回诉讼请求判决、撤销（含重作）判决、履行判决（含给付判决）是行政诉讼基本的判决方式。无论原告是针对行政行为提起诉讼还是针对不履行法定职责提起诉讼，法院经审查后若认为行政行为不违法或者行政不作为理由不成立，则作出驳回诉讼请求判决。相反，如果法院经审查认为行政行为违法，则应当作出撤销判决；认为不履行法定职责理由成立的，则应当作出履行判决。

一、驳回诉讼请求判决

驳回诉讼请求判决主要适用于两种情形：

第一，当原告针对行政行为提起诉讼，法院经审查认为，被诉行政行为证据确凿，适用法律、法规正确，符合法定程序的，判决驳回原告的诉讼请求。

第二，当原告针对行政机关不履行法定职责提起诉讼，法院经审查认为，申请被告履行法定职责或者给付义务理由不成立的，判决驳回原告的诉讼请求。

在原告针对行政行为提起的诉讼中，被诉行政行为所依据的法律、法规、规章或者政策在诉讼时发生了有利于当事人的变化的，根据允许有利追溯原则，法院判决驳回原告诉讼请求后，原行政行为可不再执行。

实践中，行政决定作出过程中存在误写、误算导致对事实的认定存在轻微偏差，但并没有影响到原告的实体权益的，法院也会基于行政效率和避免行政诉累之考量驳回原告的诉讼请求。例如，在"某出租汽车公司诉北京市东城区社保基金管理中心社保稽核行为及北京市东城区人力资源和社会保障局行政复议案"中，2017年10月26日，北京市东城区社保基金管理中心作出被诉责缴通知书并于当日直接送达原告，要求原告在收到通知之日起5个工作日内将欠缴的2006年5月至2007年2月及2011年7月至2011年9月的各项社会保险费9233.3元及滞纳金交至某区社保基金管理中心。2017年12月25日，某出租汽车公司向北京市东城区人力资源和社会保障局提起复议，要求撤销被诉责缴通知书。2018年2月14日，北京市东城区人力资源和社会保障局作出被诉复议决定，将基本医疗保险的欠缴时间修正为2006年6月至2007年3月和2011年7月至2011年9月，同时明确计算滞纳金的时间应在2011年7月1日后开始，但是认为上述两个问题均系文书撰写瑕疵，并不影响北京市东城区社保基金管理中心依据《社会保险法》确定滞纳金，也不影响所确定的缴费基数及在此基础上核算的补缴数额的准确性，故决定维持被诉责缴通知书。原告诉称，北京市东城区人力资源和社会保障局作出的复议决定已确定了北京市东城区社保基金管理中心作出的责缴通知书存在两处错误却以文书撰写瑕疵为由不撤销该责缴通知书，构成违法。法院认为："复议机关可以在复议过程中根据自己调查的事实和对法律适用的理解，对原行政行为进行瑕疵修正。在原行政行为和复议维持决定程序均合法的前提下，应一并判决驳回原告的诉讼请求。"[1]

二、撤销（含重作）判决

行政诉讼以行政行为的合法性为审查对象，决定撤销（含重作）判决是行政诉讼最主要的判决形式，是行政诉讼监督行政机关依法行政和保障行政

---

〔1〕　参见北京市东城区人民法院［2018］京0101行初224号行政判决书，北京市第二中级人民法院［2018］京02行终1081号行政判决书。

相对人合法权益这一制度功能的直接体现。行政诉讼的核心制度也是围绕着撤销判决建构起来的。换言之，法院经审查认为，被诉行政行为不合法的，原则上通过撤销该被诉行政行为的方式实现对行政机关依法行政之监督，并保障相对人的合法权益。该判决由下列核心要素构成：

（一）撤销（含重作）判决的适用条件

撤销（含重作）判决的适用条件是被诉行政行为违法。行政行为有下列情形之一的，构成违法，即①主要证据不足；②适用法律、法规错误；③违反法定程序；④超越职权；⑤滥用职权；⑥明显不当。

根据《行政诉讼法》第70条之规定，行政行为有上述情形之一的，人民法院判决撤销或者部分撤销，并可以判决被告重新作出行政行为。同时，《最高人民法院关于适用〈中华人民共和国行政诉讼法〉的解释》（法释〔2018〕1号）第89条对被诉复议决定改变原行政行为错误的处理方式作出了补充规定，即"人民法院判决撤销复议决定时，可以一并责令复议机关重新作出复议决定或者判决恢复原行政行为的法律效力"。

需要指出的是，尽管《行政诉讼法》第70条要求只要行政行为存在任一种违法情形，法院就可以作出撤销判决，但是法院仍然要对行政行为的合法性进行全面审查。这是因为，全面审查可以为被诉行政机关指出被诉行政行为存在的所有不足，以免其重新作出行政行为时再犯同样的错误，引发诉累，浪费司法资源。

（二）全面审查的例外

第一，全面审查不等于违法情形的逐一审查，一般而言，法院应当优先审查被诉行政行为是否属于被告的职权，如果被诉行政行为系被告超越职权作出的，此时法院可以不审查其他违法情形而径行作出撤销判决，因为行政机关只能在其职权范围内处理相应事项，一旦法院判定行政机关超越职权，就在根本上杜绝了其重新处理的可能性；若被诉行政行为并未超越职权，法院就需要对其他违法情形逐一进行审查。〔1〕

第二，全面审查不等于法院对任何类型的案件都有能力进行全面审查。根据判断余地理论，对于行政机关的职权划分问题以及特定案件的事实问题，

---

〔1〕 何海波：《走出行政诉讼的"卡夫丁峡谷"——行政争议实质性解决纵论》，载《中国法律评论》2024年第3期。

法院应当尊重行政机关，即不作审查。例如，在"广州德发房产建设有限公司与广东省广州市地方税务局第一稽查局税务处理决定纠纷案"中，针对被告有无超越职权的问题，法院指出，"在国家税务总局对税务局和稽查局职权范围未另行作出划分前，各地税务机关根据通知确立的职权划分原则，以及在执法实践中形成的符合税务执法规律的惯例，人民法院应予尊重"；针对被告能否以计税依据价格明显偏低且无正当理由为由重新核定应纳税额，法院指出，"'计税依据明显偏低，又无正当理由'的判断，具有较强的裁量性，人民法院一般应尊重税务机关基于法定调查程序作出的专业认定，除非这种认定明显不合理或者滥用职权"。[1]

（三）重作判决

法院判决撤销被诉的行政决定时，可以一并判决被告重新作出行政行为。这不等于所有的案件中，法院作撤销判决都要同时判决重新作出行政行为。

1. 判决重作的条件

法院是否判决被告重新作出行政行为，应综合考量下列因素：

（1）被告是否具有重新作出行政行为的法定职权，即如果被诉行政行为系因超越职权被撤销，则被告在法律上不被允许重新作出行政行为。

（2）被告是否有重新作出行政行为的可能性，例如，在被诉物权登记因事实不清而被撤销的情形下，被告理应重新作出行政行为，但是如果标的物在诉讼期间灭失的，则被告已不具备重新作出行政行为的可能性。

（3）被告是否有重新作出行政行为的必要性，这主要是指被告如果不及时重新作出行政行为会给公共利益或者个人利益造成损害，法院可以要求被告限期重新作出行政行为，例如，《最高人民法院关于审理行政许可案件若干问题的规定》（法释〔2009〕20号）第11条规定："人民法院审理不予行政许可决定案件，认为原告请求准予许可的理由成立，且被告没有裁量余地的，可以在判决理由中写明，并判决撤销不予许可决定，责令被告重新作出决定。"

（4）判决被告重新作出行政行为是否有利于实质性化解纠纷与减少诉累，这主要是指在特定案件中，法院可以行使司法变更权代替行政机关作出决定，

---

〔1〕　参见广州市天河区人民法院〔2010〕天法行初字第26号行政判决书、广州市中级人民法院〔2010〕穗中法行终字第564号行政判决书和最高人民法院〔2015〕行提字第13号行政判决书。

从而避免相对人对被告重新作出的行政行为仍不服再次提起行政诉讼。

2. 被告重新作出行政行为的限制

人民法院判决被告重新作出行政行为的，被告不得以同一事实和理由作出与原行政行为基本相同的行政行为。有两点例外：①人民法院以违反法定程序为由，判决撤销被诉行政行为的，行政机关重新作出行政行为；②被告重新作出的行政行为与原行政行为的结果相同，但主要事实或者主要理由有改变的。所谓"同一事实和理由"，是指行政机关重新作出的行政行为依据的主要证据、事实和理由，与被撤销的行政行为所依据的主要证据、事实和理由基本相同，从而造成重新作出的行政行为直接与人民法院的生效判决认定的事实和理由相抵触的情形。如果生效判决仅仅是以事实不清、主要证据不足为由撤销原行政行为，行政机关重新作出行政行为时，依据新的证据，补充认定相关事实，完善决定理由，重新作出与原行政行为处理结果相同的行政行为，不属于以"同一事实和理由"作出与原行政行为基本相同的行政行为的情形。[1]

行政机关以同一事实和理由重新作出与原行政行为基本相同的行政行为，系滥用职权。[2]人民法院应当判决撤销或者部分撤销，并根据《行政诉讼法》第96条的规定处理，如采取对行政机关负责人罚款、将行政机关拒绝履行的情况予以公告、向监察机关或者该行政机关的上一级行政机关提出司法建议、对该行政机关直接负责的主管人员和其他直接责任人员予以拘留或者依法追究刑事责任。

三、履行判决（含给付判决）

人民法院经过审理，查明被告不履行法定职责的，判决被告限期履行。原告申请被告依法履行支付抚恤金、最低生活保障待遇或者社会保险待遇等给付义务的理由成立，人民法院经过审理，查明被告依法负有给付义务而拒绝或者拖延履行义务的，人民法院可以判决被告在一定期限内履行相应的给付义务。履行给付义务是履行判决的特殊形式。

---

〔1〕 杨某登诉湖南省新晃侗族自治县中寨镇省溪村岩咀村民小组等林业行政裁决及行政复议案，最高人民法院〔2019〕最高法行再115号行政判决书。

〔2〕 参见《余姚市甬兴气体分滤厂与余姚市住房和城乡建设局燃气经营许可纠纷案》，载《中华人民共和国最高人民法院公报》2022年第2期。

人民法院经审理认为原告所请求履行的法定职责或者给付义务明显不属于行政机关权限范围的，可以裁定驳回起诉。

（一）被告负有法定职责的判定

第一，行政机关的法定职责包括明定性职责和派生性职责，前者是由法律法规规章规定的行政机关的具有外部职责特征的职权，如1986年《土地管理法》规定，县级以上人民政府有核发土地使用证的职权；后是指行政机关行使明定性职责而间接产生的义务性职责，如《内河交通安全管理条例》第77条规定"海事管理机构有权暂扣交通事故责任者的证书、证件"就内含了行政机关扣留交通事故责任者的证书、证件后的发还义务。

第二，无论是明定性职责还是派生性职责，都应当是行政机关的外部管理职责而非内部管理职责。行政机关的内部管理职责表现为上级机关对下级机关的监管职责，行政机关对其内部工作人员的管理职责以及行政监察职责。行政机关履行或者不履行内部管理职责，都不会直接对行政相对人产生权利义务上的影响，不属于行政诉讼的监督对象。相反，行政机关的外部管理职责对行政相对人的权利义务有着密切影响，行政机关不履行外部管理职责才有可能直接导致行政相对人的合法权益受到损害，因此属于行政诉讼的监督对象。

第三，法定职责必须是行政机关必须履行的职责，应该是具体职责而非宏观管理职责。如"叶某等3人诉武昌区人民政府不履行法定职责案"中，法院指出："《中华人民共和国地方各级人民代表大会和地方各级人民政府组织法》第五十九条第六项规定县级以上的地方各级人民政府行使'保护社会主义的全民所有的财产和劳动群众集体所有的财产，保护公民私人所有的合法财产，维护社会秩序，保障公民的人身权利、民主权利和其他权利'之职权，是宏观意义上的管理职权，不针对具体的行政领域，由哪一级政府履行、如何履行相应职责，亦需要法律法规或规章的具体规定。而属于行政诉讼受案范围的不履行法定职责行为，是指行政主体在行政管理活动中，基于特定的事实和条件应为一定行为的具体法律义务，行政主体不履行相应义务的，将直接导致特定相对人合法权益受到损害。针对此类具体职责，法律、法规或规章一般均明确规定了具体履行职责的内容及方式，在没有相关具体规定的情况下，笼统地根据《中华人民共和国地方各级人民代表大会和地方各级人民政府组织法》第五十九条第六项的规定要求人民政府履行特定职责，不

符合行政诉讼起诉条件。"〔1〕

（二）提起履职之诉的条件

在"李某秀诉山东省人民政府不履行法定职责案"中，最高人民法院指出，履行职责之诉并不意味着公民、法人或者其他组织随便向任何一个行政机关提出任何一项请求，该行政机关就有履行该项请求的义务；也不意味着只要行政机关"不作为"就可以提起"不作为之诉"。〔2〕一般来讲，公民、法人或者其他组织提起履行职责之诉至少应当具备以下几个条件：

第一，其向行政机关提出过申请，并且行政机关明确予以拒绝或者逾期不予答复。

第二，其所申请的事项具有实体法上的请求权基础。这种请求权基础可以产生于或者基于某一法律、某一行政机关的保证以及某一行政合同。总之，要求行政机关依照其申请作出一个特定行政行为，必须具有法定的权利依据。

第三，其是向一个有管辖权的行政机关提出。管辖权是行政机关活动的基础和范围，行政机关应当在执行法定任务的同时遵守管辖权的界限。这种管辖权既包括该行政机关是否主管申请人所申请的专业事务，也包括同一专业事务中不同地域、不同级别的行政机关之间对于管辖权的具体分工。向一个无管辖权的行政机关随意提出一个申请，即使该行政机关予以拒绝，也不会使申请人当然地获取了诉权。

第四，其申请行政机关作出的行为应当是一个具体的、特定的行政行为。要求行政机关实施没有外部效力的内部调整或者不是针对其个人的一般性调整，必须基于法律的明确规定。

第五，行政机关对于原告申请的拒绝，可能侵害的必须是属于原告自己的主观权利。在原告不具备主观权利的情况下，即使行政机关的不作为有可能侵害公共利益，个体也未必具有提起行政诉讼的权利。

（三）被告不依职权主动履行法定职责

原告请求被告履行法定职责或者依法履行支付抚恤金、最低生活保障待遇或者社会保险待遇等给付义务，原告未先向行政机关提出申请的，人民法

〔1〕 参见最高人民法院〔2020〕最高法行申9586号行政裁定书。
〔2〕 参见最高人民法院〔2016〕最高法行申2864号行政裁定书。

— 304 —

院裁定驳回起诉。

　　并非所有的履职之诉都以行政机关不依相对人的申请履行职责引发。在行政机关依法应当主动行使职权的情形，行政机关不依法主动履行职权，是滥用职权的表现。[1]

　　实践中，行政机关对其依职权应履行的法定职责，亦不因行政相对人的履行申请而转变为依申请应履行的法定职责，起诉期限的计算亦不受此影响。例如，在"余某诉武汉东湖新技术开发区管理委员会行政补偿案"中，法院指出："根据《中华人民共和国土地管理法》第四十七条的规定，征收土地的，按照被征收土地的原用途给予补偿，故给予被征收人予以安置补偿系征收人应当依职权履行的法定职责。一般情况下，只要行政机关存在依职权应履行的法定职责，行政机关即持续负担作为义务，该作为义务不因行政机关怠于履行而消灭。特别是在行政相对人已向行政机关提出履行申请时，行政机关更应及时有效履行。此外，行政机关对其依职权应履行的法定职责，亦不因行政相对人的履行申请而转变为依申请应履行的法定职责，即此种情形并不适用《中华人民共和国行政诉讼法》第四十七条所规定的起诉期限。"[2]

　　（四）履责之诉的裁判时机

　　履行法定职责之诉的诉讼目的，就是要求人民法院判令行政机关作出特定行政行为。因此，在裁判时机成熟的情况下，人民法院应当直接判决行政机关作出原告所申请的特定的行政行为，例如，判决行政机关向原告提供其所申请的某一个政府信息，而不是仅仅将行政机关的拒绝决定一撤了之，或者仅仅原则性地判决行政机关作出答复。所谓裁判时机成熟，意味着作出这样一个具体的、全面满足原告诉讼请求的判决所依赖的所有事实和法律上的前提都已具备。如果"案件事证尚未臻明确"，或者"尚需被告调查或者裁量"，就属于裁判时机不成熟，"应当判决被告针对原告的请求重新作出处理"。[3]

---

〔1〕　刘某务诉山西省太原市公安局交警支队晋源一大队道路交通管理行政强制案，最高人民法院［2016］最高法行再5号行政判决书。

〔2〕　参见最高人民法院［2018］最高法行申9030号行政裁定书。

〔3〕　晏某林诉安阳市文峰区人民政府信息公开案，最高人民法院［2018］最高法行申543号行政裁定书。

第一，原告请求被告履行法定职责的理由成立，被告违法拒绝履行或者无正当理由逾期不予答复的，人民法院可以判决被告在一定期限内依法履行原告请求的法定职责；尚需被告调查或者裁量的，应当判决被告针对原告的请求重新作出处理。

第二，原告申请被告依法履行支付抚恤金、最低生活保障待遇或者社会保险待遇等给付义务的理由成立，被告依法负有给付义务而拒绝或者拖延履行义务的，人民法院可以判决被告在一定期限内履行相应的给付义务。

第三，原告请求被告履行行政许可、确认等法定职责，被告作出否定性答复的，人民法院经审查认为否定性答复错误，行政机关应当颁发许可或者予以确认的，判决被告在一定期限内依法予以许可或者确认；尚需被告调查或者裁量的，应当判决被告针对原告的请求重新作出处理。

第二节　行政诉讼的替代判决形式

行政审判实践表明，公共利益、行政效率、行政管理的实际情况以及实质性化解行政纠纷之需要等多种因素导致了在有些案件中，法院经审查认为行政行为违法或者行政机关不履行法定职责的，不宜作出撤销判决或者履行判决，需要其他更为恰当的处理方式。为此，《行政诉讼法》《最高人民法院关于适用〈中华人民共和国行政诉讼法〉的解释》（法释〔2018〕1号）规定了法院可以在不同情形下分别适用确认违法判决、确认无效判决、责令采取补救措施及赔偿判决、变更判决等作为撤销判决或者履行判决的替代判决方式。

一、确认违法判决

确认违法判决，又称情况判决，主要适用于两种情形：其一，行政行为违法，但因公共利益或者行政效率而不撤销，仅确认违法，以此保留违法行政行为之效力；其二，行政行为违法或者行政机关不履行法定职责，但不需要撤销或者判决履行。

（一）保留违法行政行为效力

行政行为有下列情形之一的，人民法院判决确认违法，但不撤销行政行为：

第一，行政行为依法应当撤销，但撤销会给国家利益、社会公共利益造成重大损害的，常见于不动产登记案件、城市规划许可案件、国有土地上房屋征收案件以及重大工程建设类案件。

第二，行政行为程序轻微违法，但对原告权利不产生实际影响的。这主要是基于节约行政资源和确保行政效率作出的特别考量。有下列情形之一，且对原告依法享有的听证、陈述、申辩等重要程序性权利不产生实质损害的，属于"程序轻微违法"：①处理期限轻微违法；②通知、送达等程序轻微违法；③其他程序轻微违法的情形。

与撤销判决一经生效，即导致被诉行政行为自始无效不同，法院基于上述两种情形判决确认被诉行政行为违法的，并不影响行政行为之效力，即行政行为违法但有效，其公定力、确定力、拘束力和执行力均不受影响。因此，对于原告来说，此种情形的确认违法并没有实质性地支持原告诉求，仅仅是一种"形式上的胜诉"。为了确保原告获得实质性救济，法院应当在判决确认被诉行政行为违法的同时，判决责令被告采取补救措施或者依法判决被告赔偿被诉行政行为给原告造成的损失。

（二）情势变更导致的不需要撤销或者判决履行

这主要包括下列情形：

第一，被诉行为违法，但不具有可撤销内容。常见情形有：

（1）被诉行为是查封、扣押后的保管行为等事实行为；

（2）行政登记违法，但判决时标的已灭失或法律关系已发生改变；

（3）被告被诉期间已改变原行政行为，但原告坚持对原行政行为的诉讼，原行政行为确实违法；

（4）其他不需要撤销被诉违法行政行为的情形。

在第三种情形下，被告在一审期间改变被诉行政行为的，应当书面告知人民法院；原告或者第三人对改变后的行政行为不服提起诉讼的，人民法院应当就改变后的行政行为进行审理；被告改变原行政行为，原告仍要求确认原行政行为违法的，人民法院应当依法作出确认判决。

第二，被告不履行或者拖延履行法定职责，判决履行没有意义的。常见情形有：

（1）原告起诉被告不作为，在诉讼中被告作出行政行为，原告不撤诉的；

（2）行政相对人向被告申请即时性保护人身权和财产权，行政机关不作为；

（3）行政机关不依申请裁决民事争议，原告起诉，判决时民事争议已经通过其他途径得到实际解决；

（4）其他判决履行没有意义的情形。

二、确认无效判决

行政行为有实施主体不具有行政主体资格或者没有依据等重大且明显违法情形，原告申请确认行政行为无效的，人民法院判决确认无效。确认无效判决的适用应当同时具备两个条件：其一，行政行为重大且明显违法；其二，原告申请确认行政行为无效。重大且明显违法情形包括：①行政行为实施主体不具有行政主体资格；②减损权利或者增加义务的行政行为没有法律规范依据；③行政行为的内容客观上不可能实施；④其他重大且明显违法的情形。

就对行政行为效力的影响而言，确认无效判决与撤销判决并无本质不同，都将导致被诉行政行为自始无效，被诉行政行为所改变的法律关系和法律状态都要恢复原状。正因如此，公民、法人或者其他组织起诉请求撤销行政行为，人民法院经审查认为行政行为无效的，应作出确认无效的判决。这意味着，在原告诉请撤销行政行为时，法院可以不受原告诉讼请求之限制，直接作出确认无效之判决。

相反，在原告诉请确认行政行为无效时，法院经审查认为行政行为不属于无效情形时，则不能直接行使诉讼请求的转换权。这是因为，原告诉请撤销行政行为和诉请确认行政行为无效的差别在于，诉请撤销行政行为必须符合法定的起诉期限，而在原告诉请确认行政行为无效时，当其他立案条件都满足的前提下，法院可以在立案审查阶段不受起诉期限的严格限制即先受理原告起诉，以尽可能发挥行政诉讼的监督和救济功能。因此，进入案件审理阶段，人民法院审查认为行政行为不属于无效情形的，应当向原告释明，并视情形予以相应处理：

第一，公民、法人或者其他组织起诉请求确认行政行为无效，人民法院审查认为行政行为不属于无效情形，经释明，原告请求撤销行政行为且未超过法定起诉期限的，应当继续审理并依法作出相应判决。

第二，公民、法人或者其他组织起诉请求确认行政行为无效，人民法院审查认为行政行为不属于无效情形，经释明，原告请求撤销行政行为但超过法定起诉期限的，裁定驳回起诉。

第三，公民、法人或者其他组织起诉请求确认行政行为无效，人民法院审查认为行政行为不属于无效情形，经释明，原告拒绝变更诉讼请求的，判决驳回其诉讼请求。

三、责令采取补救措施、赔偿判决

人民法院判决确认违法或者无效的，可以同时判决责令被告采取补救措施；给原告造成损失的，依法判决被告承担赔偿责任。

（一）责令被告采取补救措施

责令被告采取补救措施是确认违法或者无效的附随判决。实践中，法院经常笼统地判决"责令被告采取补救措施"或者"责令被告采取相应补救措施"，而并不在判决书中明确说明被告应采取何种补救措施。由此导致"责令被告采取补救措施"这一判决陷入一种较为尴尬的状态。

从法院的角度讲，司法权和行政权的分工决定了行政诉讼作为法院对行政机关依法行政的监督只能是一种有限监督。具体而言，法院可以指出行政机关的错误并为行政机关改正错误指明方向，但是不能代替行政机关决定改正错误的具体方式、方法或者手段，以免造成司法僭越。

从被告的角度讲，笼统地判决责令采取补救措施或者相应补救措施无疑是肯定了被告的裁量权。实践中，有的被告并不喜欢这一裁量权，反而期待被法院告知该如何做，以免原告不满其裁量的后果，再次将其告上法庭；有的被告则完全怠于行使这一裁量权，而不采取任何补救措施，从而导致公共利益或者原告、利害关系人的个人利益无法得到补救。

（二）赔偿判决

赔偿判决属于独立判决类型，但通常和撤销判决、确认违法或者无效判决一起使用，难点在于赔偿责任的认定和责任分配。

第一，人民法院经审理认为被诉行政行为违法或者无效，可能给原告造成损失，经释明，原告请求一并解决行政赔偿争议的，人民法院可以就赔偿事项进行调解；调解不成的，应当一并判决。人民法院也可以告知其就赔偿事项另行提起诉讼。

第二，原告或者第三人的损失系由其自身过错和行政机关的违法行政行为共同造成的，人民法院应当依据各方行为与损害结果之间有无因果关系以及在损害发生和结果中作用力的大小，确定行政机关相应的赔偿责任。

第三，因行政机关不履行、拖延履行法定职责，致使公民、法人或者其他组织的合法权益遭受损害的，人民法院应当判决行政机关承担行政赔偿责任。在确定赔偿数额时，应当考虑该不履行、拖延履行法定职责的行为在损害发生过程和结果中所起的作用等因素。

四、变更判决

变更判决是指《行政诉讼法》及相关司法解释基于实质性化解纠纷、节约行政和司法资源，以及避免诉累之考量赋予法院对行政行为的司法变更权。法院适用变更判决受到严格的条件限制。

一方面，变更判决适用的案件范围有限。行政处罚明显不当，或者其他行政行为涉及对款额的确定、认定确有错误的，人民法院可以判决变更。

另一方面，变更的方式受到严格限制。人民法院判决变更，不得加重原告的义务或者减损原告的权益。但利害关系人同为原告，且诉讼请求相反的除外。以行政处罚为例，加重原告的义务或者减损原告的权益有两种表现方式：①未改变事实认定，但加重处罚结果；②违法情节明显减轻，但处罚结果未相应减轻，实质上亦属于加重处罚。

五、禁止判决

禁止判决并非《行政诉讼法》《最高人民法院关于适用〈中华人民共和国行政诉讼法〉的解释》（法释〔2018〕1号）所明确规定的判决方式。但是，在人民法院审理政府信息公开类案件中，在必要时会适用这一判决方式。《最高人民法院关于审理政府信息公开行政案件若干问题的规定》（法释〔2011〕17号，已失效）第11条第1款规定："被告公开政府信息涉及原告商业秘密、个人隐私且不存在公共利益等法定事由的，人民法院应当判决确认公开政府信息的行为违法，并可以责令被告采取相应的补救措施；造成损害的，根据原告请求依法判决被告承担赔偿责任。政府信息尚未公开的，应当判决行政机关不得公开。"

根据这一规定，禁止判决的适用条件为：①行政机关拟实施或可能实施一定行为；②该行为一旦实施，将会给个人利益造成损害，而不实施该行为不会对公共利益造成损害；③禁止行政机关实施该行为是挽救个人利益损失的最有利方式。

第三节　行政诉讼的执行

行政诉讼执行分为对人民法院发生法律效力的判决、裁定、调解书的执行和对未经过诉讼但生效的行政行为的执行，后者称之为非诉执行。

一、对生效判决、裁定、调解书的执行

当事人必须履行人民法院发生法律效力的判决、裁定、调解书。当事人拒绝履行判决、裁定、调解书的，可以被依法强制执行。

（一）强制执行的对象

对发生法律效力的行政判决书、行政裁定书、行政赔偿判决书和行政调解书，负有义务的一方当事人拒绝履行的，对方当事人可以依法申请人民法院强制执行。

人民法院判决行政机关履行行政赔偿、行政补偿或者其他行政给付义务，行政机关拒不履行的，对方当事人可以依法向法院申请强制执行。

法院作出驳回原告诉讼请求判决的，公民、法人或者其他组织拒绝执行原行政行为的，依法享有强制执行权的行政机关可以依法强制执行；法律没有授权其享有强制执行权的行政机关依法申请法院予以强制执行。

（二）申请期限

申请执行的期限为 2 年。申请执行时效的中止、中断，适用法律有关规定。

申请执行的期限从法律文书规定的履行期间最后一日起计算；法律文书规定分期履行的，从规定的每次履行期间的最后一日起计算；法律文书中没有规定履行期限的，从该法律文书送达当事人之日起计算。

逾期申请的，除有正当理由外，人民法院不予受理。

（三）受理法院

发生法律效力的行政判决书、行政裁定书、行政赔偿判决书和行政调解书，由第一审人民法院执行。

第一审人民法院认为情况特殊，需要由第二审人民法院执行的，可以报请第二审人民法院执行；第二审人民法院可以决定由其执行，也可以决定由

第一审人民法院执行。

（四）行政机关拒绝履行判决、裁定、调解书的强制执行措施

行政机关拒绝履行判决、裁定、调解书的，第一审人民法院可以采取下列措施：

（1）对应当归还的罚款或者应当给付的款额，通知银行从该行政机关的账户内划拨；

（2）在规定期限内不履行的，从期满之日起，对该行政机关负责人按日处 50 元至 100 元的罚款；

（3）将行政机关拒绝履行的情况予以公告；

（4）向监察机关或者该行政机关的上一级行政机关提出司法建议。接受司法建议的机关，根据有关规定进行处理，并将处理情况告知人民法院；

（5）拒不履行判决、裁定、调解书，社会影响恶劣的，可以对该行政机关直接负责的主管人员和其他直接责任人员予以拘留；情节严重，构成犯罪的，依法追究刑事责任。

二、非诉执行

公民、法人或者其他组织对行政行为在法定期限内不提起诉讼又不履行的，行政机关可以申请人民法院强制执行，或者依法强制执行。

（一）申请非诉执行的条件

行政机关根据《行政诉讼法》第 97 条的规定申请执行其行政行为，应当具备以下条件：①行政行为依法可以由人民法院执行；②行政行为已经生效并具有可执行内容；③申请人是作出该行政行为的行政机关或者法律、法规、规章授权的组织；④被申请人是该行政行为所确定的义务人；⑤被申请人在行政行为确定的期限内或者行政机关催告期限内未履行义务；⑥申请人在法定期限内提出申请；⑦被申请执行的行政案件属于受理执行申请的人民法院管辖。

行政机关向人民法院申请强制执行，应当提供下列材料：①强制执行申请书；②行政决定书及作出决定的事实、理由和依据；③当事人的意见及行政机关催告情况；④申请强制执行标的情况；⑤法律、行政法规规定的其他材料。强制执行申请书应当由行政机关负责人签名，加盖行政机关的印章，并注明日期。

（二）申请和受理程序

没有强制执行权的行政机关申请人民法院强制执行其行政行为，应当自被执行人的法定起诉期限届满之日起 3 个月内提出。逾期申请的，除有正当理由外，人民法院不予受理。

行政机关申请人民法院强制执行其行政行为的，由申请人所在地的基层人民法院受理；执行对象为不动产的，由不动产所在地的基层人民法院受理，基层人民法院认为执行确有困难的，可以报请上级人民法院执行；上级人民法院可以决定由其执行，也可以决定由下级人民法院执行。

人民法院对符合条件的申请，应当在 5 日内立案受理，并通知申请人；对不符合条件的申请，应当裁定不予受理。行政机关对不予受理裁定有异议，在 15 日内向上一级人民法院申请复议的，上一级人民法院应当在收到复议申请之日起 15 日内作出裁定。

（三）审查与裁定

人民法院受理行政机关申请执行其行政行为的案件后，应当在 7 日内由行政审判庭对行政行为的合法性进行审查，并作出是否准予执行的裁定。人民法院在作出裁定前发现行政行为明显违法并损害被执行人合法权益的，应当听取被执行人和行政机关的意见，并自受理之日起 30 日内作出是否准予执行的裁定。需要采取强制执行措施的，由本院负责强制执行非诉行政行为的机构执行。

行政机关申请人民法院强制执行前，有充分理由认为被执行人可能逃避执行的，可以申请人民法院采取财产保全措施。

被申请执行的行政行为有下列情形之一的，人民法院应当裁定不准予执行：（1）实施主体不具有行政主体资格的；（2）明显缺乏事实根据的；（3）明显缺乏法律、法规依据的；（4）其他明显违法并损害被执行人合法权益的情形。

行政机关对不准予执行的裁定有异议，在 15 日内向上一级人民法院申请复议的，上一级人民法院应当在收到复议申请之日起 30 日内作出裁定。

（四）行政行为确定的权利人申请法院非诉执行

行政机关根据法律授权对平等主体之间民事争议作出裁决后，当事人在法定期限内不起诉又不履行，作出裁决的行政机关在申请执行的期限内未申请人民法院强制执行的，生效行政裁决确定的权利人或者其继承人、权利承受人在6个月内可以申请人民法院强制执行。享有权利的公民、法人或者其他组织申请人民法院强制执行生效行政裁决，参照行政机关申请人民法院强制执行行政行为的规定。

享有权利的公民、法人或者其他组织申请人民法院强制执行前，有充分理由认为被执行人可能逃避执行的，可以申请人民法院采取财产保全措施，但应当依法提供相应的财产担保。

典型案例：周口市益民燃气有限公司诉河南省周口市人民政府等行政行为违法案

案例来源：最高人民法院［2004］行终字第6号行政判决书

案情简介：周口市益民燃气有限公司（以下简称"益民公司"）是一家管道燃气经营公司，2000年7月7日，原周口地区建设局作出《关于对周口市益民燃气有限责任公司为"周口市管道燃气专营单位"的批复》，批准益民公司为本市燃气唯一经营单位。益民公司获得授权后，开始着手管道铺设。2003年5月2日，周口市发展计划委员会（以下简称"市计委"）作出《招标方案》。6月19日，市计委依据评标结果和考察情况向河南亿星实业集团有限公司（以下简称"亿星公司"）下发了《中标通知书》，确定亿星公司中标。6月20日，周口市人民政府（以下简称"市政府"）作出54号文，确定由亿星公司独家经营周口市规划区域内城市天然气管网工程。益民公司认为，市计委、市政府作出的上述《招标方案》《中标通知》和54号文违反了法律规定，侵犯了其依法享有的管道燃气经营权，向法院提起行政诉讼，请求法院撤销市政府授予亿星公司燃气特许经营权的行为。

法院裁判：虽然市计委作出《招标方案》、发出《中标通知书》及市政府作出54号文的行为存在适用法律错误、违反法定程序之情形，且影响了益民公司的信赖利益，但是如果判决撤销上述行政行为，将使公共利益受到以下损害：一是招标活动须重新开始，如此则周口市"西气东输"利用工作的进程必然受到延误。二是由于具有经营能力的投标人可能不止亿星公司一家，因此重新招标的结果具有不确定性，如果亿星公司不能中标，则其基于对被诉行政行为的信赖而进行的合法投入将转化为损失，该损失虽然可由政府予以弥补，但最终亦必将转化为公共利益的损失。三是亿星公司如果不能中标，其与中石油公司签订的"照付不议"合同亦将随之作废，周口市利用天然气必须由新的中标人重新与中石油公司谈判，而谈判能否成功是不确定的，在此情况下，周口市民及企业不仅无法及时使用天然气，甚至可能失去"西气东输"工程在周口市接口的机会，从而对周口市的经济发展和社会生活造成不利影响。根据《最高人民法院关于执行〈中华人民共和国行政诉讼法〉若干问题的解释》（法释［2000］8号）第58条关于"被诉具体行政行为违法，但撤销该具体行政行为将会给国家利益或者公共利益造成重大损失的，人民法院应当作出确认被诉具体行政行为违法的判决，并责令被诉行政机关采取相应的补救措施"之规定，应当判决确认被诉具体行政行为违法，同时责令被上诉人市政府和市计委采取相应的补救措施。

复习与思考题：

1. 行政诉讼撤销判决的适用条件。
2. 重作判决的限制条件。
3. 如何理解履职判决的裁判时机成熟。
4. 确认违法判决的适用条件。
5. 行政机关拒不履行行政判决、裁定的强制执行措施。

第十八章
行政赔偿

本章知识要点:

1. 行政赔偿的归责原则
2. 行政赔偿的范围
3. 行政赔偿的方式和标准
4. 行政赔偿的程序

第一节　行政赔偿概述

所谓行政赔偿,是指对于行政机关、被授权组织及其工作人员在行使行政职权过程中给公民、法人和其他组织合法权益造成的损害,由国家承担赔偿责任的制度。

一、行政赔偿的特征

行政赔偿和民事侵权赔偿、刑事司法赔偿的最根本区别在于,其赔偿对象是因国家行政职权的行使导致的损害,并通过以下四个方面的特点得以具体呈现:

第一,行政赔偿中的侵权行为主体是国家行政机关、被授权组织及其工作人员,既不针对平等民商事主体的侵权行为,也非针对国家司法机关在行使司法权力的过程中给公民、法人或者其他组织造成的损害。

第二,对公民、法人和其他组织合法权益造成损害的职务侵权行为形式多样,既可以是违法处罚、违法强制等法律行为,也可以是事实行为如扣押后的保管行为等;既可以是单方行为,也可以是协议行为。

第三，赔偿请求人是其合法权益受到侵权行为损害的公民、法人或者其他组织。受害的公民死亡，其继承人和其他有扶养关系的亲属有权要求赔偿。受害的法人或者其他组织终止的，其权利承受人有权要求赔偿。

第四，行政赔偿的责任主体为国家，作出致害职务行为的行政机关为赔偿义务机关。赔偿费用列入各级财政预算，由国库支出。赔偿义务机关负责办理与赔偿相关的具体事务，包括赔偿申请的受理与决定，确定是否赔偿以及赔偿数额、方式、范围，参加行政赔偿复议或者诉讼，以及实际支付赔偿金。具体而言，赔偿请求人凭生效的判决书、复议决定书、赔偿决定书或者调解书，向赔偿义务机关申请支付赔偿金。赔偿义务机关应当自收到支付赔偿金申请之日起的法定期限内，依照预算管理权限向有关的财政部门提出支付申请。赔偿费用预算与支付管理的具体办法由国务院规定。

二、行政赔偿责任的性质

行政赔偿责任是国家赔偿责任的体现，行政赔偿责任的性质问题是国家赔偿责任的性质问题。国家赔偿责任性质的争论焦点在于代位责任和自己责任之争。

代位责任说认为，国家赔偿并非国家就自己的侵权行为承担赔偿责任，而是公务员的侵权行为造成损害后，由国家代公务员承担责任。理由在于，国家作为公共利益的代表，不会实施侵权行为，实施侵权行为的主体只能是公务员。公务员应当就其侵权行为自己承担责任，但是公务员财力有限，为确保受害人得到实际赔偿，故而由国家代替公务员对受害人承担赔偿责任。依据代位责任，国家仅对公务员基于故意或者过失所导致的侵权损害承担赔偿责任，且国家承担赔偿责任之后，可以向公务员进行追偿。

自己责任说认为，公务员代表国家实施行政管理行为，其法律后果应当由国家承担，因此，国家赔偿责任是国家针对自己的侵权行为承担的赔偿责任。依据自己责任理论，无论公务员在履行职责过程中是否存在主观过错，只要给行政相对人造成的损害是由公务员违法行使职权的行为引起的，则国家就应当承担赔偿责任。

我国的行政赔偿责任在性质定位上以自己责任说为主，但吸收了代位责任说的合理部分。易言之，我国行政赔偿原则上承认公务员的职务行为所产生的损害应由国家承担赔偿责任，但同时规定了必要的追偿制度，从而避免国家为公务员的个人行为过分买单。这一制度定位的核心问题仍然在于公务员侵权行为的性质识别，即侵权行为究竟是公务员个人行为还是职务行为，行政赔偿的实质在于国家仅对公务员职务行为导致的损害承担赔偿责任。

三、行政赔偿的归责原则

行政赔偿的归责原则是指法律上确定的国家是否应对行政主体及其工作人员的职务侵权行为承担赔偿责任所依据的某种标准，国家只对符合此种标准的行为承担责任。1994 年颁布的《国家赔偿法》第 2 条第 1 款规定"国家机关和国家机关工作人员违法行使职权侵犯公民、法人和其他组织的合法权益造成损害的，受害人有依照本法取得国家赔偿的权利"，从而确立了行政赔偿的违法归责原则。通说认为，违法归责原则较之于过错归责原则、结果归责原则等具有明显的优势，包括：①与宪法、行政诉讼法和行政复议法的相关规定协调统一，与法治原则、依法行政原则相一致；②简单、明了，避免了对主观过错认定的困难，便于受害人获得相应救济；③有效地区分了行政赔偿和行政补偿两种不同的责任制度，排除了对合法职权行为给相对人造成损害给予赔偿的可能性，减轻了国家财政的负担。

2010 年修正的《国家赔偿法》第 2 条第 1 款删除了"违法"二字，改为"国家机关和国家机关工作人员行使职权，有本法规定的侵犯公民、法人和其他组织合法权益的情形，造成损害的，受害人有依照本法取得国家赔偿的权利"。学者普遍认为，这一修改确立了我国行政赔偿的多元归责原则，既有违法归责原则，也有结果归责原则。但是，从《国家赔偿法》第 3 条和第 4 条规定[1]的国家赔偿的侵权行为范围看，国家仍然只对行政机关及其工作人员在行使行政职权时违法侵犯人身权和财产权的情形承担损害赔偿责任。因此，

---

[1] 《国家赔偿法》第 3 条规定："行政机关及其工作人员在行使行政职权时有下列侵犯人身权情形之一的，受害人有取得赔偿的权利：（一）违法拘留或者违法采取限制公民人身自由的行政强制措施的；（二）非法拘禁或者以其他方法非法剥夺公民人身自由的；（三）以殴打、虐待等行为或者唆使、放纵他人以殴打、虐待等行为造成公民身体伤害或者死亡的；（四）违法使用武器、警械造成公民身体伤害或者死亡的；（五）造成公民身体伤害或者死亡的其他违法行为。"《国家赔偿法》第 4 条规定："行政机关及其工作人员在行使行政职权时有下列侵犯财产权情形之一的，受害人有取得赔偿的权利：（一）违法实施罚款、吊销许可证和执照、责令停产停业、没收财物等行政处罚的；（二）违法对财产采取查封、扣押、冻结等行政强制措施的；（三）违法征收、征用财产的；（四）造成财产损害的其他违法行为。"

我国行政赔偿的归责原则在本质上仍然是违法归责原则。

四、行政赔偿与行政补偿的区别

行政补偿是国家对行政主体的合法行政行为给行政相对人的合法权益造成的损失予以救济的制度。行政补偿在理论基础、补偿范围、补偿方式和补偿程序等方面均与行政赔偿不同。

第一，行政补偿的理论基础是公共负担平等说。公共负担平等说源于法国，该说认为，为了公共利益而实施行政活动的成本应由社会全体以税负的形式来平等分担，因行政活动给特定公民、组织的合法权益造成的损失则是受害人在一般税负之外承担的额外负担，这种负担也应当平等地分配给全体社会成员，而其分配方式则是国家以源于全体税收的国家财政经费给受害人予以补偿。[1]

第二，行政补偿的范围是特定的，仅限于法律规定的因合法行政活动给相对人造成损失的行为。主要包括：①对非国有企业和财产的征收、国有化；②集体土地、城市土地土房屋的征收征用补偿；③在紧急状态或者紧急情况下对相对人财物、劳务的公用征调、公务协助；④因政策调整导致的特定个人利益受到的损失等。

第三，行政补偿的方式具有多样化的特征。与行政赔偿主要表现为金钱性质的赔偿不同，行政补偿还可以采用以下方式：①减、免税费等政策性优惠；②人、财、物调配上的优惠，如授予某种特许权；③给予额外的带薪休假、疗养和旅游等；④在晋级晋职、工资福利、安排就业、子女入学等方面给予特别照顾等。

第四，行政补偿的程序目前尚无统一的法律规定。与《国家赔偿法》明确规定了行政补偿的程序不同，目前尚无立法对行政补偿的程序作出统一规定，实践中只有个别法律、法规作出了一些原则性规定，大致可以分为行政机关主动补偿程序和依当事人申请进行补偿的程序。行政机关与行政相对人

---

〔1〕　特别牺牲理论也为行政补偿提供了理论基础，该理论由奥托·迈耶提出。他认为，对行使所有权的内在的社会限制是所有公民都平等承受的一种负担，不需要赔偿，而当这种负担落到个别公民头上时，则变成了该公民为社会限制所作的特别牺牲，必须进行补偿。换言之，为了公共利益而牺牲某个特定个人的利益时，即该牺牲是个人为了公共利益所作的特别牺牲，对于这种特别牺牲，国家应当从税收中支付一定的补偿费用。特别牺牲理论与公平负担说并无本质不同。

就补偿事项、补偿方式、补偿范围和标准产生纠纷，可以诉诸司法救济。[1]

第二节　行政赔偿实体规则

行政机关仅对符合法定赔偿范围的事项予以赔偿，并以受害人及近亲属的申请为前提。行政赔偿还要遵守法定的赔偿方式和赔偿标准。

一、行政赔偿的范围

行政赔偿的范围是指对于行政活动中的哪些侵权行为造成的损害，国家要承担赔偿责任。对此，《国家赔偿法》既在肯定层面规定了国家对哪些行为予以赔偿，也在否定层面规定了国家对哪些行为不予赔偿。

（一）国家承担赔偿责任的行政侵权行为范围

《国家赔偿法》第3条和第4条在肯定意义上规定了国家应予赔偿的行政侵权行为范围，即侵犯人身权和财产权的行为。

《国家赔偿法》第3条规定，行政机关及其工作人员在行使行政职权时侵犯人身权的，受害人有取得赔偿的权利，主要包括侵害人身自由权和侵害生命健康权两大类型，具体包括：①违法拘留或者违法采取限制公民人身自由的行政强制措施；②非法拘禁或者以其他方法非法剥夺公民人身自由；③以殴打、虐待等行为或者唆使、放纵他人以殴打、虐待等行为造成公民身体伤害或者死亡；④违法使用武器、警械造成公民身体伤害或者死亡的；⑤造成公民身体伤害或者死亡的其他违法行为。

《国家赔偿法》第4条规定，行政机关及其工作人员在行使行政职权时有下列侵犯财产权情形之一的，受害人有取得赔偿的权利：①违法实施罚款、吊销许可证和执照、责令停产停业、没收财物等行政处罚；②违法对财产采取查封、扣押、冻结等行政强制措施；③违法征收、征用财产；④造成财产损害的其他违法行为。

根据《最高人民法院关于审理行政赔偿案件若干问题的规定》（法释

---

〔1〕《行政诉讼法》第12条第1款第5项和第11项规定，人民法院受理公民、法人或者其他组织"对征收、征用决定及其补偿决定不服"以及"认为行政机关不依法履行、未按照约定履行或者违法变更、解除政府特许经营协议、土地房屋征收补偿协议等协议"提起的诉讼。

［2022］10号）第1条、第2条，上述"其他违法行为"包括：①不履行法定职责行为；②行政机关及其工作人员在履行行政职责过程中作出的不产生法律效果，但事实上损害公民、法人或者其他组织人身权、财产权等合法权益的行为。同时，公民、法人或者其他组织认为行政机关及其工作人员违法行使行政职权对其劳动权、相邻权等合法权益造成人身、财产损害的，可以依法提起行政赔偿诉讼。

（二）国家不承担赔偿责任的范围

国家应只对那些符合国家赔偿构成要件的侵权损害承担赔偿责任，这样的侵权损害应当具备一定的条件，包括侵权行为的实施主体是国家机关及其工作人员，侵权行为本身是国家行政机关及其工作人员行使行政职权的行为，存在损害事实以及损害事实与职务行为之间存在因果关系等。因此，如果国家行政机关行使职权的行为没有造成损害，或者虽有损害但其并非由国家行政机关及其工作人员的职务行为造成，国家则无需承担赔偿责任。

关于国家不承担赔偿责任的情形，《国家赔偿法》第5条明确规定了以下三种情形：

1. 行政机关工作人员与行使职权无关的个人行为

行政机关工作人员行使职权的行为在法律后果上归属于国家，其造成的损害应当由国家承担赔偿责任。行政机关工作人员实施的与行使职权无关的行为，是其个人行为，法律后果应由其个人承担。区分行政机关工作人员职务行为和个人行为，并规定国家仅对行政机关工作人员职务行为造成的损害承担赔偿责任，是为了防止国家财政过分为公职人员的个人行为买单。在识别行政机关工作人员的行为是职务行为还是个人行为时，应综合其行为外观、行为目的以及时间、地点等多种因素进行判断。

2. 因公民、法人和其他组织自己的行为致使损害发生的

国家只对那些因行政机关及其工作人员行使行政职权过程中导致的损害承担赔偿责任，即损害的发生需与行政机关及其工作人员的行政职权行为存在因果关系。因公民、法人和其他组织自己的行为导致的损害，与行政机关及其工作人员的行政职权行为之间并无因果关系，该损害应由行为人自行承担。实践中，如果行政机关及其工作人员的职权行为与受害人自己行为共同造成损害发生的，则国家只就职务行为导致的损害部分承担赔偿责任。

3. 法律规定的其他情形

这是对国家不承担赔偿责任的概括性规定，如军事行为、国家行为、不可抗力、第三人过错以及通过其他途径可以获得救济等情形。[1]例如，《最高人民法院关于审理行政赔偿案件若干问题的规定》（法释〔2022〕10号）第5条规定："公民、法人或者其他组织认为国防、外交等国家行为或者行政机关制定发布行政法规、规章或者具有普遍约束力的决定、命令侵犯其合法权益造成损害，向人民法院提起行政赔偿诉讼的，不属于人民法院行政赔偿诉讼的受案范围。"

二、赔偿请求人和赔偿义务机关

赔偿请求人是指因行政机关及其工作人员违法执行职务而遭受损害，有权以自己名义请求国家予以赔偿的人。根据《国家赔偿法》第6条的规定，我国行政赔偿的请求人既可以是公民，也可以是法人或者其他组织。当享有赔偿请求权的公民死亡时，其继承人及其他有扶养关系的亲属可作为行政赔偿请求人；当享有赔偿请求权的法人或非法人组织终止时，承受其权利主体可以作为赔偿请求人，包括法人、其他组织或者个人。

行政赔偿义务机关是指受理行政赔偿请求人的赔偿申请，参加行政赔偿复议或者诉讼，代表国家实际履行具体赔偿义务的行政机关或者法律、法规、规章授权的组织，通常是作出职务侵权行为的主体。根据《国家赔偿法》，赔偿义务机关的具体确定规则如下：

（1）行政机关及其工作人员行使行政职权侵犯公民、法人和其他组织的合法权益造成损害的，该行政机关为赔偿义务机关。

（2）两个以上行政机关共同行使行政职权时侵犯公民、法人和其他组织的合法权益造成损害的，共同行使行政职权的行政机关为共同赔偿义务机关。

（3）法律、法规授权的组织在行使授予的行政权力时侵犯公民、法人和其他组织的合法权益造成损害的，被授权的组织为赔偿义务机关。

（4）受行政机关委托的组织或者个人在行使受委托的行政权力时侵犯公民、法人和其他组织的合法权益造成损害的，委托的行政机关为赔偿义务机关。

---

〔1〕 沈岿：《国家赔偿法：原理与案例》（第3版），北京大学出版社2022年版，第164～172页。

（5）义务机关被撤销的，继续行使其职权的行政机关为赔偿义务机关；没有继续行使其职权的行政机关的，撤销该赔偿义务机关的行政机关为赔偿义务机关。

（6）经复议机关复议的，最初造成侵权行为的行政机关为赔偿义务机关，但复议机关的复议决定加重损害的，复议机关对加重的部分履行赔偿义务。

三、行政赔偿方式

赔偿方式，即国家承担或者履行赔偿责任的具体形式。我国《国家赔偿法》规定了两种类型的损害赔偿，即物质损害赔偿和精神损害赔偿。不同类型的损害的赔偿方式亦有所不同。

物质损害，又称财产损害，是指因侵权行为所导致的具有财产形态的价值减少或利益的丧失。[1]物质损害有直接损害和间接损害之分，直接损害是指因侵权行为所导致的现存财产上权利和利益的数量减少和质量降低；间接损害是指侵权行为阻却了财产上的可得利益，即在正常情况下应当得到的利益如利息、租金、利润、劳动报酬等。[2]根据《国家赔偿法》的规定，我国行政赔偿以赔偿直接损失为主，原则上不赔偿间接损失。就赔偿方式而言，包括支付赔偿金、返还财物和恢复原状。

精神损害，是指侵权行为所导致的致使受害人心理和感情遭受创伤和痛苦，无法正常进行日常活动的非财产上的损害。[3]根据《国家赔偿法》第35条之规定，行政机关及其工作人员在行使行政职权时侵犯人身权致人精神损害的，应当在侵权行为影响的范围内，为受害人消除影响，恢复名誉，赔礼道歉；造成严重后果的，应当支付相应的精神损害抚慰金。其中，精神损害抚慰金也是赔偿金的一种形式。实践中，行政机关行使职权侵害相对人的财物也有可能导致受害人精神损害，但目前《国家赔偿法》没有将这种情形下的精神损害纳入赔偿范围。

综上，我国行政赔偿的主要方式为支付赔偿金、返还财产、恢复原状。《国家赔偿法》第32条规定："国家赔偿以支付赔偿金为主要方式。能够返还

---

〔1〕　马怀德：《国家赔偿法的理论与实务》，中国法制出版社1994年版，第153页。

〔2〕　张俊浩主编：《民法学原理》（修订版），中国政法大学出版社1997年版，第826页。

〔3〕　马怀德：《国家赔偿法的理论与实务》，中国法制出版社1994年版，第154页。

财产或者恢复原状的，予以返还财产或者恢复原状。"之所以将支付赔偿金作为国家赔偿的主要方式，是因为其相较于其他赔偿方式更为简便易行，能够确保行政赔偿的效率，既可以避免国家行政机关因在赔偿事宜上花费过多时间、精力贻误正常公务，也可以保证受害人尽快地得到救济。然而，这并不意味着支付赔偿金在所有赔偿方式中优先适用，相反，在侵犯财产权造成的财产损害可以用返还财产或者恢复原状予以弥补，且较少成本投入的情况下，应当优先适用返还财产或者恢复原状，而不能径直用金钱赔偿。在具体赔偿案件中，适用哪种赔偿方式，应当以国家赔偿方式设定的目的为标尺进行衡量，即哪种方式既能迅速地给受害人以救济，又能减少国家赔偿的负担和成本。[1]

四、行政赔偿标准

行政赔偿标准，即《国家赔偿法》确定的国家对行政侵权的受害人支付赔偿金的具体计算标准。从世界范围内看，行政赔偿标准主要有惩罚性赔偿标准、补偿性赔偿标准和抚慰性赔偿标准。惩罚性赔偿标准要求侵权行为人支付的赔偿数额要超出受害人的实际损失，补偿性赔偿标准要求侵权行为人支付的赔偿数额能够填补受害人的实际损失，而抚慰性赔偿标准则只要求侵权行为人在一定范围内对受害人的损失予以补救。因此，惩罚性赔偿标准属于较高赔偿标准，补偿性赔偿标准则是公平公正的体现，而抚慰性赔偿标准下国家支付的赔偿数额往往少于受害人的实际损失。

通说认为，我国《国家赔偿法》采用的是抚慰性赔偿标准。《关于〈中华人民共和国国家赔偿法〉（草案）的说明》指出，"国家赔偿的标准和方式，是根据以下原则确定的：第一，要使受害人所受到的损失能够得到适当弥补……"，"适当弥补"这一表述是抚慰性赔偿标准的体现。此外，《国家赔偿法》在具体赔偿的计算方式上，也带有明显的抚慰性色彩，如对误工费的赔偿是以固定的"每日的赔偿金按照国家上年度职工日平均工资计算"。随着国家财政负担能力的提升和法治政府建设的进步，行政赔偿的标准在实践中已有明显提高，例如《最高人民法院关于审理行政赔偿案件若干问题的规定》（法释〔2022〕10号）第29条将"（一）存款利息、贷款利息、现金利

---

〔1〕 沈岿：《国家赔偿法：原理与案例》（第3版），北京大学出版社2022年版，第342~343页。

息；（二）机动车停运期间的营运损失；（三）通过行政补偿程序依法应当获得的奖励、补贴等；（四）对财产造成的其他实际损失"纳入"直接损失"的范畴予以赔偿，明显提高了补偿数额。

《国家赔偿法》第33条、第34条和第36条分别确定了侵害人身自由权、侵害生命健康权和侵害财产权的赔偿计算标准，具体如下：

1. 侵害人身自由权的赔偿计算标准

侵犯公民人身自由的，每日赔偿金按照国家上年度职工日平均工资计算。

2. 侵害生命健康权的赔偿计算标准

（1）造成身体伤害的，应当支付医疗费、护理费，以及赔偿因误工减少的收入。减少的收入每日的赔偿金按照国家上年度职工日平均工资计算，最高额为国家上年度职工年平均工资的5倍。

（2）造成部分或者全部丧失劳动能力的，应当支付医疗费、护理费、残疾生活辅助具费、康复费等因残疾而增加的必要支出和继续治疗所必需的费用，以及残疾赔偿金。残疾赔偿金根据丧失劳动能力的程度，按照国家规定的伤残等级确定，最高不超过国家上年度职工年平均工资的20倍。造成全部丧失劳动能力的，对其扶养的无劳动能力的人，还应当支付生活费。

（3）造成死亡的，应当支付死亡赔偿金、丧葬费，总额为国家上年度职工年平均工资的20倍。对死者生前扶养的无劳动能力的人，还应当支付生活费。

生活费的发放标准，参照当地最低生活保障标准执行。被扶养的人是未成年人的，生活费给付至18周岁止；其他无劳动能力的人，生活费给付至死亡时止。

3. 侵害财产权的赔偿计算方式

（1）处罚款、罚金、追缴、没收财产或者违法征收、征用财产的，返还财产；

（2）查封、扣押、冻结财产的，解除对财产的查封、扣押、冻结，造成财产损坏的，能够恢复原状的恢复原状，不能恢复原状的，按照损害程度给付相应的赔偿金；造成财产灭失的，给付相应的赔偿金；

（3）应当返还的财产损坏的，能够恢复原状的恢复原状，不能恢复原状的，按照损害程度给付相应的赔偿金；

（4）应当返还的财产灭失的，给付相应的赔偿金；

（5）财产已经拍卖或者变卖的，给付拍卖或者变卖所得的价款；变卖的价款明显低于财产价值的，应当支付相应的赔偿金；

（6）吊销许可证和执照、责令停产停业的，赔偿停产停业期间必要的经常性费用开支；

（7）返还执行的罚款或者罚金、追缴或者没收的金钱，解除冻结的存款或者汇款的，应当支付银行同期存款利息；

（8）对财产权造成其他损害的，按照直接损失给予赔偿。

"停产停业期间必要的经常性费用开支"包括：①必要留守职工的工资；②必须缴纳的税款、社会保险费；③应当缴纳的水电费、保管费、仓储费、承包费；④合理的房屋场地租金、设备租金、设备折旧费；⑤维系停产停业期间运营所需的其他基本开支。

第三节　行政赔偿程序

行政赔偿程序是指受害人提起赔偿请求，赔偿义务机关履行赔偿义务的步骤、方法、顺序和形式等。《国家赔偿法》第二章第三节规定了两种行政赔偿的程序，即一并求偿程序和单独求偿程序，前者是指赔偿请求人在针对行政行为申请行政复议或者提起行政诉讼时·并提出赔偿请求，后者则是指赔偿请求人单独就赔偿问题向行政机关以及人民法院提出赔偿请求。一并求偿程序适用于行政复议、行政诉讼，毋庸赘言。本节主要介绍单独求偿的若干程序规则。

一、赔偿请求时效

赔偿请求人请求国家赔偿的时效为 2 年，自其知道或者应当知道国家机关及其工作人员行使职权时的行为侵犯其人身权、财产权之日起计算，但被羁押等限制人身自由期间不计算在内。

二、赔偿请求的提出方式

赔偿应当递交申请书，申请书应当载明下列事项：①受害人的姓名、性别、年龄、工作单位和住所，法人或者其他组织的名称、住所和法定代表人或者主要负责人的姓名、职务；②具体的要求、事实根据和理由；③申请的年、月、日。赔偿请求人书写申请书确有困难的，可以委托他人代书；也可以口头申请，由赔偿义务机关记入笔录。赔偿请求人当面递交申请书的，赔偿义务机关应当当场出具加盖本行政机关专用印章并注明收讫日期的书面凭证。申请材料不齐全的，赔偿义务机关应当当场或者在 5 日内一次性告知赔偿请求人需要补正的全部内容。

赔偿请求人不是受害人本人的，应当说明与受害人的关系，并提供相应证明。

三、赔偿义务机关的审查与决定

赔偿义务机关应当自收到申请之日起 2 个月内，作出是否赔偿的决定。赔偿义务机关作出赔偿决定，应当充分听取赔偿请求人的意见，并可以与赔偿请求人就赔偿方式、赔偿项目和赔偿数额依照《国家赔偿法》第四章的规定进行协商。

赔偿义务机关决定赔偿的，应当制作赔偿决定书，并自作出决定之日起 10 日内送达赔偿请求人。

赔偿义务机关决定不予赔偿的，应当自作出决定之日起 10 日内书面通知赔偿请求人，并说明不予赔偿的理由。

四、赔偿诉讼

赔偿义务机关在规定期限内未作出是否赔偿的决定，赔偿请求人可以自期限届满之日起 3 个月内，向人民法院提起诉讼。

赔偿请求人对赔偿的方式、项目、数额有异议的，或者赔偿义务机关作出不予赔偿决定的，赔偿请求人可以自赔偿义务机关作出赔偿或者不予赔偿决定之日起 3 个月内，向人民法院提起诉讼。

人民法院审理行政赔偿案件，赔偿请求人和赔偿义务机关对自己提出的主张，应当提供证据。赔偿义务机关采取行政拘留或者限制人身自由的强制措施期间，被限制人身自由的人死亡或者丧失行为能力的，赔偿义务机关的行为与被限制人身自由的人的死亡或者丧失行为能力是否存在因果关系，赔偿义务机关应当提供证据。

五、行政追偿

行政追偿是指行政赔偿义务机关代表国家向行政赔偿请求人支付赔偿费用以后，依法责令有故意或重大过失的公务员、受委托的组织和个人承担部分或全部赔偿费用的法律制度。对有故意或者重大过失的责任人员，有关机关应依法给予处分；构成犯罪的，应当依法追究刑事责任。

（一）行政追偿的条件

（1）赔偿义务机关已经向赔偿请求人，即受到损害的公民、法人或其他组织支付了赔偿金，返还了财产和恢复了原状。

（2）行政机关工作人员及其委托的组织和个人对加害行为有故意或重大过失。

（二）行政追偿的范围和标准

（1）追偿的范围，以赔偿义务机关支付的损害赔偿金额为限。

（2）赔偿义务机关如果因自己的过错而支付了过多的赔偿金，对于超额部分无权追偿。

（3）追偿数额的大小，要与过错程度相适应，同时考虑被追偿者的薪金收入。

（4）关于追偿数额的确定，追偿者应与被追偿者进行一定的协商，协商不成的，行政机关有权作出处理决定。

典型案例：沙某保等诉马鞍山市花山区人民政府房屋强制拆除行政赔偿案

案例来源：最高人民法院指导案例 91 号

案情简介：2011 年 12 月 5 日，安徽省人民政府作出皖政地〔2011〕769 号《关于马鞍山市 2011 年第 35 批次城市建设用地的批复》，批准征收马鞍山市花山区霍里街道范围内农民集体建设用地 10.04 公顷，用于城市建设。2011 年 12 月 23 日，马鞍山市人民政府作出 2011 年 37 号《马鞍山市人民政府征收土地方案公告》，将安徽省人民政府的批复内容予以公告，并载明征地方案由花山区人民政府实施。苏某华名下的花山区霍里镇丰收村丰收村民组 B11-3 房屋在本次征收范围内。苏某华于 2011 年 9 月 13 日去世，其生前将该房屋处置给四原告所有。原告古某英系苏某华的女儿，原告沙某保、沙某虎、沙某莉系苏某华的外孙。在实施征迁过程中，征地单位分别制作了《马鞍山市国家建设用地征迁费用补偿表》《马鞍山市征迁住房货币化安置（产权调换）备案表》，对苏某华户房屋及地上附着物予以登记补偿，原告古某英的丈夫领取了安置补偿款。2012 年年初，被告组织相关部门将苏某华户房屋及地上附着物拆除。原告沙某保等 4 人认为马鞍山市花山区人民政府非法将上述房屋拆除，侵犯了其合法财产权，故提起诉讼，请求人民法院判令马鞍山市花山区人民政府赔偿房屋损失、装潢损失、房租损失共计 282.7680 万元；房屋内物品损失共计 10 万元，主要包括衣物、家具、家电、手机等 5 万元；实木雕花床 5 万元。马鞍山市中级人民法院判决驳回原告沙某保等 4 人的赔偿请求。沙某保等 4 人不服，遂提起上诉。

法院裁判：关于被拆房屋内物品损失问题，根据《行政诉讼法》第 38 条第 2 款之规定，在行政赔偿、补偿的案件中，原告应当对行政行为造成的损害提供证据。因被告的原因导致原告无法举证的，由被告承担举证责任。马鞍山市花山区人民政府组织拆除上诉人的房屋时，未依法对屋内物品登记保全，未制作物品清单并交上诉人签字确认，致使上诉人无法对物品受损情况举证，故该损失是否存在、具体损失情况等，依法应由马鞍山市花山区人民政府承担举证责任。上诉人主张的屋内物品 5 万元包括衣物、家具、家电、手机等，均系日常生活必需品，符合一般家庭实际情况，且被上诉人亦未提供证据证明这些物品不存在，故对上诉人主张的屋内物品种类、数量及价值应予认定。上诉人主张实木雕花床价值为 5 万元，已超出市场正常价格范围，其又不能确定该床的材质、形成时间、与普通实木雕花床有何不同等，法院不予支持。但出于最大限度保护被侵权人的合法权益考虑，结合目前普通实木雕花床的市场价格，按"就高不就低"的原则，综合酌定该实木雕花床价值为 3 万元。

复习与思考题：

1. 行政赔偿的概念与特征是什么？
2. 行政赔偿的义务主体和责任主体有何区别？
3. 国家赔偿的归责原则是什么？
4. 行政赔偿的范围具体是什么？
5. 如何理解我国行政赔偿的方式和标准？
6. 简述一并求偿程序、单独求偿程序与行政追偿的区别。

参考文献

一、中文著作

1. 姜明安：《行政法与行政诉讼法》（第 8 版），北京大学出版社、高等教育出版社 2024 年版。

2. 章剑生：《现代行政法总论》，法律出版社 2014 年版。

3. 章剑生：《现代行政法专题》，清华大学出版社 2014 年版。

4. 李红雷：《行政法释义学：行政法学理的更新》，中国人民大学出版社 2014 年版。

5. 最高人民法院中国应用法学研究所编：《人民法院案例选》（总第 32 辑），人民法院出版社 2000 年版。

6. 杨建顺主编：《行政法总论》（第 2 版），北京大学出版社 2016 年版。

7. 中华人民共和国最高人民法院行政审判庭编：《中国行政审判指导案例》（第 4 卷），中国法制出版社 2012 年版。

8. 余凌云：《行政法讲义》（第 3 版），清华大学出版社 2020 年版。

9. 王名扬：《法国行政法》，北京大学出版社 2007 年版。

10. 中华人民共和国最高人民法院行政审判庭编：《中国行政审判指导案例》（第 3 卷），中国法制出版社 2013 年版。

11. 杨建顺：《行政法总论》，北京大学出版社 2016 年版。

12. 肖泽晟：《公物法研究》，法律出版社 2009 年版。

13. 涂怀莹：《行政法原理》，五南图书出版公司 1983 年版。

14. 管欧：《中国行政法总论》，蓝星打字排版有限公司 1981 年版。

15. 吴庚：《行政法理论与实用》，中国人民大学出版社 2005 年版。

16. 马怀德主编：《国家赔偿问题研究》，法律出版社 2006 年版。

17. 吴东镐：《中韩国家赔偿制度比较研究——借鉴的视角》，法律出版社 2008 年版。

18. 高家伟：《国家赔偿法》，商务印书馆 2004 年版。

19. 刘春堂：《国家赔偿法》，三民书局 1998 年版。

20. 廖义男：《国家赔偿法》，三民书局 1996 年版。

21. 林准、马原主编：《国家赔偿问题研究》，人民法院出版社 1992 年版。

22. 王利明：《侵权行为法研究》（上卷），中国人民大学出版社 2004 年版。

23. 张新宝：《侵权责任法》，中国人民大学出版社 2006 年版。

24. 魏振瀛主编：《民法》（第 3 版），北京大学出版社、高等教育出版社 2007 年版。

25. 王泽鉴：《侵权行为法》（第 1 册），中国政法大学出版社 2001 年版。

26. 张树义主编：《国家赔偿法实用手册》，法律出版社 1994 年版。

27. 薛刚凌主编：《国家赔偿法教程》，中国政法大学出版社 1997 年版。

28. 罗豪才、湛中乐主编：《行政法学》（第 2 版），北京大学出版社 2008 年版。

29. 马怀德主编：《完善国家赔偿立法基本问题研究》，北京大学出版社 2008 年版。

30. 胡建淼编：《外国行政法规及案例述评》，中国法制出版社 1997 年版。

31. 何源：《德国联邦行政法院典型判例研究：行政决定篇》，法律出版社 2020 年版。

32. 《行政诉讼法及司法解释关联理解与适用》编委会编：《行政诉讼法及司法解释关联理解与适用：行政诉讼法与最新行政诉讼法解释条文关联解读、适用指导及典型案例》（下册），中国法制出版社 2018 年版。

33. 中华人民共和国最高人民法院行政审判庭编：《中国行政审判指导案例》（第 1 卷），中国法制出版社 2010 年版。

34. 何海波：《行政诉讼法》（第 3 版），法律出版社 2022 年版。

35. 最高人民法院行政审判庭编著：《最高人民法院行政审判庭法官会议纪要》（第 2 辑），人民法院出版社 2023 年版。

36. 沈岿：《国家赔偿法：原理与案例》（第 3 版），北京大学出版社 2022 年版。

37. 马怀德：《国家赔偿法的理论与实务》，中国法制出版社 1994 年版。

38. 张俊浩主编：《民法学原理》，中国政法大学出版社 1998 年版。

二、译著

1. ［日］盐野宏：《行政法总论》，杨建顺译，北京大学出版社 2008 年版。

2. ［英］威廉·韦德：《行政法》，徐柄等译，中国大百科全书出版社 1997 年版。

3. ［德］奥托·迈耶：《德国行政法》，刘飞译，商务印书馆 2004 年版。

4. ［美］汉密尔顿、杰伊、麦迪逊：《联邦党人文集》，程逢如、在汉、舒逊译，商务印书馆 2015 年版。

5. ［法］莫里斯·奥里乌：《行政法与公法精要》，龚觅等译，春风文艺出版社、辽海出版社 1999 年版。

6. ［德］哈特穆特·毛雷尔：《行政法总论》，高家伟译，法律出版社 2000 年版。

7. ［英］威廉·韦德、克里斯托弗·福赛：《行政法》（第 10 版），骆梅英等译，中国人民大学出版社 2018 年版。

8. ［韩］金熙东：《行政法Ⅱ》（第9版），赵峰译，中国人民大学出版社 2008 年版。

9. ［德］汉斯·J．沃尔夫、奥托·巴霍夫、罗尔夫·施托贝尔：《行政法》（第2卷），高家伟译，商务印书馆 2002 年版。

10. ［德］平纳特：《德国普通行政法》，朱林译，中国政法大学出版社 1999 年版。

11. ［日］盐野宏：《行政救济法》（第4版），杨建顺译，北京大学出版社 2008 年版。

12. ［日］盐野宏：《行政组织法》（第4版），杨建顺译，北京大学出版社 2008 年版。

13. ［日］室井力主编：《日本现代行政法》，吴薇译，中国政法大学出版社 1995 年版。

14. ［法］莱昂·狄骥：《公法的变迁》，郑戈、冷静译，辽海出版社、春风文艺出版社 1999 年版。

15. ［日］南博方：《行政法》，杨建顺译，中国人民大学出版社 2009 年版。

16. ［美］理查德·J．斯图尔特：《美国行政法的重构》，沈岿译，商务印书馆 2003 年版。

17. ［日］南博方：《行政法》，杨建顺译，商务印书馆 2020 年版。

三、中文期刊

1. 杨建顺：《计划行政的本质特征与政府职能定位》，载《中国人民大学学报》2007 年第 3 期。

2. 沈岿：《监控者与管理者可否合一：行政法学体系转型的基础问题》，载《清华法学》2016 年第 1 期。

3. 应松年：《中国行政法法典化的基本思想》，载《法学评论》2023 年第 1 期。

4. 宋华琳：《部门行政法与行政法总论的改革》，载《当代法学》2010 年第 2 期。

5. 《陈某诉庄河市公安局行政赔偿纠纷案》，载《中华人民共和国最高人民法院公报》2003 年第 3 期。

6. 章剑生：《行政诉讼合法性审查中"法"的重述》，载《中外法学》2023 年第 1 期。

7. 姜明安：《论党内法规在依法治国中的作用》，载《中共中央党校学报》2017 年第 2 期。

8. 欧爱民、李政洋：《党内法规构成行政法渊源——以新时代二元法治规范体系为分析视角》，载《上海政法学院学报》2020 年第 5 期。

9. 《田某诉北京科技大学拒绝颁发毕业证、学位证行政诉讼案》，载《中华人民共和国最高人民法院公报》1999 年第 4 期。

10. 沈岿：《重构行政主体范式的尝试》，载《法律科学》2000 年第 6 期。

11. 耿宝建、殷勤：《〈行政复议法〉修改如何贯彻"行政一体原则"》，载《河南财经政法大学学报》2020 年第 6 期。

12. 朱新力、高春燕：《行政行为的重新定位》，载《浙江大学学报（人文社会科学版）》2003 年第 6 期。

13. 江必新：《从跨区划管辖到跨区划法院》，载《人民司法（应用）》2017 年第 31 期。

14. 《马某忠与宁夏回族自治区固原市人民政府行政批复、宁夏回族自治区固原市住房和城乡建设局房屋拆迁行政裁决案》，载《中华人民共和国最高人民法院公报》2019 年第 12 期。

15. 《陆某霞诉南通市发展和改革委员会政府信息公开答复案》，载《中华人民共和国最高人民法院公报》2015 年第 11 期。

16. 《陈某诉徐州市泉山区城市管理局行政处罚案》，载《中华人民共和国最高人民法院公报》2003 年第 6 期。

17. 何海波：《走出行政诉讼的"卡夫丁峡谷"——行政争议实质性解决纵论》，载《中国法律评论》2024 年第 3 期。

18. 《余姚市甬兴气体分滤厂与余姚市住房和城乡建设局燃气经营许可纠纷案》，载《中华人民共和国最高人民法院公报》2022 年第 2 期。

四、裁判文书

1. 哈尔滨市汇丰实业发展有限责任公司诉黑龙江省哈尔滨市规划局行政处罚案，最高人民法院［1999］行终字第 20 号行政判决书。

2. 张某文、陶某等诉四川省简阳市人民政府侵犯人力客运三轮车经营权案，最高人民法院指导案例 88 号。

3. 甘某诉暨南大学开除学籍决定案，最高人民法院［2011］行提字第 12 号行政判决书。

4. 杨某诉广州市律师协会履行职责案，广州铁路运输中级法院［2016］粤 71 行终 35 号行政裁定书。

5. 陈某飞诉宁波市鄞州区横溪镇梅岭村村民委员会不履行建房用地上报法定职责案，浙江省宁波市中级人民法院［2007］甬行终字第 112 号行政判决书。

6. 朱某义等诉郑州市人民政府道路更名案，最高人民法院［2018］最高法行申 1127 号行政裁定书。

7. 罗某仔诉江西省上饶市铅山县人民政府、上饶市人民政府林业行政登记及行政复议案，最高人民法院［2018］最高法行申 1701 号行政裁定书。

8. 李某志诉北京市公安局公安交通管理局朝阳交通支队呼家楼大队公安交通管理行政处罚决定和北京市朝阳区人民政府行政复议决定案，北京市第三中级人民法院［2020］京03 行终 393 号行政判决书。

9. 齐某诉海口市美兰区应急管理局、美兰区人民政府行政处罚案，海南省海口市中级人民法院［2020］琼 01 行终 262 号行政判决书。

10. 朱某明、朱某一诉江苏省启东市公安局追截车辆行为案，南通市港闸区人民法院［2001］港行初字第 12 号行政判决书，江苏省南通市中级人民法院［2001］通中行终字第 67 号行政判决决书。

11. 臧某凤诉安徽省宿州市砀山县人民政府土地行政登记，最高人民法院［2016］最高法行申 2560 号行政裁定书。

12. 张某生诉河南省鲁山县人民政府为栗某杰颁发房屋所有权证案，最高人民法院［2017］最高法行再 77 号行政裁定书。

13. 俞某诉无锡市城市管理局行政处罚案，《中国行政审判指导》（第 3 卷）第 113 号案例。

14. 上海九峰水泥有限公司诉中华人民共和国环保部案，北京市第一中级人民法院［2017］京 01 行初 230 号行政判决书。

15. 深圳碳中和生物燃气股份有限公司诉深圳市龙华区环境保护和水务局环保行政许可案，广东省深圳市中级人民法院［2018］粤 03 行终 215 号行政判决书。

16. 孙某武诉辽宁省沈阳市浑南区人民政府给第三人颁发宅基地使用证案，最高人民法院［2015］行提字第 34 号行政裁定书。

17. 宋某利诉某市人民政府驳回行政复议申请决定案，浙江省杭州市中级人民法院［2020］浙 01 行初 113 号行政裁定书，浙江省高级人民法院［2020］浙行终 1352 号行政裁定书。

18. 马某青诉辽宁省大连市人民政府、辽宁省大连市公安局集会游行示威许可及行政复议案，最高人民法院［2018］最高法行申 2905 号行政裁定书。

19. 王某华诉北京市东城区人民政府行政征收决定违法案，最高人民法院［2017］最高法行申 8830 号行政判决书。

20. 王某强诉广东省人民政府信访答复告知书案，最高人民法院［2023］最高法行申 1645 号行政裁定书。

21. 陈某东诉浙江省人民政府不履行行政复议法定职责案，浙江省杭州市中级人民法院［2015］浙杭行初字第 288 号行政判决书，浙江省高级人民法院［2016］浙行终 193 号行政判决书，最高人民法院［2018］最高法行申 6453 号行政裁定书。

22. 李某诉蒸湘区人民政府行政复议案，最高人民法院［2023］最高法行申 3963 号行政裁定书。

23. 王某春诉郑州市中原区人民政府等撤销行政决定案，最高人民法院［2017］最高法行申 5835 号行政裁定书。

24. 某出租汽车公司诉北京市东城区社保基金管理中心及北京市东城区人力资源和社会保障局行政复议案，北京市东城区人民法院［2018］京 0101 行初 224 号行政判决书，北京市第二中级人民法院［2018］京 02 行终 1081 号行政判决书。

25. 广州德发房产建设有限公司与广东省广州市地方税务局第一稽查局税务处理决定纠纷案，广州市天河区人民法院［2010］天法行初字第 26 号行政判决书，广州市中级人民法院［2010］穗中法行终字第 564 号行政判决书，最高人民法院［2015］行提字第 13

号再审行政判决书。

26. 杨某登诉湖南省新晃侗族自治县中寨镇省溪村岩咀村民小组等林业行政裁决及行政复议案，最高人民法院［2019］最高法行再115号行政判决书。

27. 叶某等3人诉武昌区人民政府不履行法定职责案，最高人民法院［2020］最高法行申9586号行政裁定书。

28. 李某秀诉山东省人民政府不履行法定职责案，最高人民法院［2016］最高法行申2864号行政裁定书。

29. 刘某务诉山西省太原市公安局交通警察支队晋源一大队道路交通管理行政强制案，最高人民法院［2016］最高法行再5号行政判决书。

30. 余某诉武汉东湖新技术开发区管理委员会行政补偿案，最高人民法院［2018］最高法行申9030号行政裁定书。

31. 晏某林诉安阳市文峰区人民政府信息公开案，最高人民法院［2018］最高法行申543号行政裁定书。

五、资讯类（网页、微信公众号等）

1. 曹红歌：《河南高院出台行政案件异地管辖问题的规定》，载 http://www.hncourt.gov.cn/public/detail.php？id＝146731，最后访问时间：2024年12月17日。

2. 《河南高院行政案件异地管辖补充规定来袭 快收藏扩散吧》，载微信公众号"郑州中院"2015年6月13日，最后访问时间：2024年6月5日。

3. 林晔晗、关维、黎楚君：《广铁法院：打造行政案件集中管辖改革"羊城样本"》，载 https://www.chinacourt.org/article/detail/2021/02/id/5790447.shtml，最后访问时间：2024年12月17日。